# Die blaue Stunde der Informatik

Die blaue Stunde – die Zeit am Morgen zwischen Nacht und Tag, die Zeit am Abend ehe die Nacht anbricht. Wenn alles möglich scheint, die Gedanken schweifen, wenn Zeit für anregende Gespräche ist und Neugier auf Zukünftiges wächst, auf alles, was der nächste Tag bringt.
Genau hier setzt diese Buchreihe rund um Themen der Informatik an: Was war, was ist, was wird sein, was könnte sein?
Von lesenswerten Biographien über historische Betrachtungen bis hin zu aktuellen Themen umfasst diese Buchreihe alle Perspektiven der Informatik – und geht noch darüber hinaus. Mal sachlich, mal nachdenklich und mal mit einem Augenzwinkern lädt die Reihe zum Weiter- und Querdenken ein. Für alle, die die bunte Welt der Technik entdecken möchten.

Weitere Bände in der Reihe http://www.springer.com/series/15985

Gunther Schmidt

# Rückblick auf die Anfänge der Münchner Informatik

## Dokumente, Belege, Veröffentlichungen und Erinnerungen von früh und lange Beteiligten

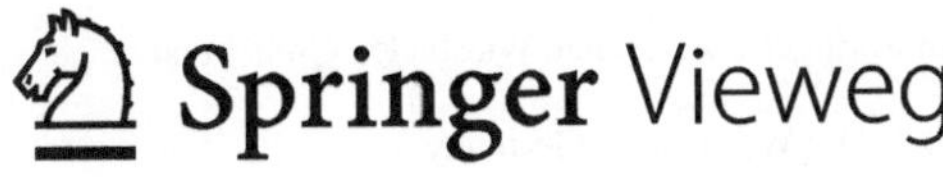

Gunther Schmidt
Universität der Bundeswehr München
Neubiberg, Deutschland

Die blaue Stunde der Informatik
ISBN 978-3-658-28754-2 ISBN 978-3-658-28755-9 (eBook)
https://doi.org/10.1007/978-3-658-28755-9

Die Deutsche Nationalbibliothek verzeichnet diese Publikation in der Deutschen Nationalbibliografie; detaillierte bibliografische Daten sind im Internet über http://dnb.d-nb.de abrufbar.



Springer Vieweg ist ein Imprint der eingetragenen Gesellschaft Springer Fachmedien Wiesbaden GmbH und ist ein Teil von Springer Nature.
Die Anschrift der Gesellschaft ist: Abraham-Lincoln-Str. 46, 65189 Wiesbaden, Germany

# Vorwort

Im Jahr 2017 wurde von den Informatik-Fakultäten der drei Münchner Universitäten das Jubiläum *50 Jahre Informatik München* mit einer Reihe von Veranstaltungen begangen; im Juni 2019 hat man in Dresden, zusammen mit den anderen frühen Standorten, *50 Jahre Informatik-Studiengänge in Deutschland* gefeiert.

Wie konnte eine Wissenschaft fast aus dem Nichts entstehen? Zur Größenordnung: Damals zählte die gesamte TH München 10-11.000 Studenten — heute studieren allein an der Fakultät für Informatik der TU München mehr als 6.000. Damals gab es naturgemäß überhaupt noch keinen Informatiker; wer hat die Ausbildung geleistet? Juristen werden doch von Juristen ausgebildet und Mediziner von Medizinern. Woher kamen die Mitarbeiter — einmal als Personen, aber vor allem hinsichtlich der ja stets raren und zunächst garnicht vorhandenen Stellen? Woher stammten die Finanzmittel? Wer gab die Räume? Woher die technischen Mitarbeiter? Woher kamen Literatur und Unterrichtsmaterialien? Dazu aus der heutigen Situation heraus gefragt: Hat eigentlich jemand den Studiengang akkreditiert? Wer verfasste die Modul-Handbücher?

Zur Entstehung der Informatik in München werden Quellen befragt und mit Erinnerungen der frühen Beteiligten unterlegt. Für eine Rückbesinnung boten sich weitere Anlässe: Im Jahr 2018 hatten wir das 150jährige Bestehen der TUM, den 120sten Geburtstag von Robert Sauer und den 100sten von Klaus Samelson zu feiern. Vor 60 Jahren wurde — nach Zuses Plankalkül und Backus' `FORTRAN` — die erste algorithmische Programmiersprache vorgeschlagen, `ALGOL 58`. Dann konnten wir 50 Jahre der Existenz des Begriffs *Software Engineering* feiern, geprägt anlässlich der von Friedrich L. Bauer ausgerichteten Garmischer Konferenz von 1968. Ebenfalls vor 50 Jahren entstand damals innerhalb der *Fakultät für Allgemeine Wissenschaften* die *Abteilung Mathematik* als Keimzelle der beiden heute so großen Fakultäten für *Mathematik* und für *Informatik* der TUM.

Wie eine unser heutiges Leben derart bestimmende Wissenschaft sich aus dem Nichts entwickeln konnte, bedarf später sicherlich der historischen wie biografischen Aufarbeitung und Würdigung. Die hier bereitgestellte Sammlung von Quellen und Erinnerungen wird eine solche künftige Bemühung stützen. Nachdem 2007 die große Festschrift *40 Jahre Informatik in München* [25] den Beginn und die Entwicklung bis 2007 umfassend abgebildet hat, die *50-Jahre-Chronik* [78] des Leibniz-Rechenzentrums 2012 viele denkbare Ziele wissenschaftlich-technischen Hochleistungsrechnens der Zukunft vorwegnahm, das Büchlein *50 Jahre Universitäts-Informatik in München* von 2017 die Vielfalt der aktuellen Arbeitsgebiete [46] andeutete und 2018 die KI an der TUM mit [45] historisierend aufzuarbeiten versucht wurde, soll die hier vorliegende Sammlung weitgehend komplementär zu den vieren stehen, und sich dem Aspekt widmen, woher die damals Beteiligten eigentlich kamen und wie sie sich auch später noch entwickelt haben.

Das gesammelte Material ist äußerst heterogen: persönliche Erinnerungen, Protokolle, Pläne, Fotos, Publikationen, Statistiken, Zeitungsartikel; dieses auch noch in ehemals unterschiedlicher Intention, rein privat, als Förder-Antrag, zur Außendarstellung oder als Element eines historischen Rückblicks. Das machte es kompliziert, eine adäquate Anordnung zu erreichen. Es greift vieles so ineinander, dass man nur schwer kohärente Bereiche herauspräparieren kann. Die reine Zeitachse hätte Zusammenhänge oder Erinnerungen einzelner zerrissen; daher vorab eine

Entschuldigung, falls man die Abfolge mit den vielen Querverweisen gelegentlich als sprunghaft empfinden sollte. Immerhin ist der Index recht umfassend, und mit Haarlinien wurde eine Gliederungsebene oberhalb des Absatzniveaus eingezogen.

Sehr zu danken habe ich bei meiner Quellensammlung und -erforschung etlichen Helfern: Im Archiv der TUM war dies Frau Hölzl und in der Registratur Herr Borkowski. Auch das Magazin der Bibliothek der TUM war mehrfach zu konsultieren; hier erwiesen sich die Magazinmitarbeiter als freundliche Helfer. Viele (frühere) Mitarbeiter, Kollegen und/oder Freunde haben Beiträge geliefert, mich mit Materialien versorgt, Textteile gelesen oder mich auf Inkorrektheiten hingewiesen — und sie haben meine vielen Rückfragen ertragen. Ihnen allen gebührt ein sehr herzliches Dankeschön. Wenn ich diese vielen hier nicht noch einmal einzeln aufzähle, dann deswegen, weil sie alle aus den folgenden Texten heraus bestens erkennbar sind.

Vorversionen dieser Sammlung gelesen und kommentiert sowie weiter beigetragen haben Hans-Joachim Bungartz, Jürgen Eickel, Michael Koch, Christian Reinsch, Josef Stoer, Inge und Thomas Ströhlein und Rudolf Zirngibl. Anregungen und Kritik kamen auch mehrfach von Gerhard Goos. Ernst Mayr half mir über lange Zeit immer wieder mit Text- und Gruppierungs-Ideen als ein ständiger „Ko-Referent". Hans Langmaack ergänzte manches zur frühen Mainzer Situation und Heinz-Gerd Hegering zu der späteren am LRZ. Kollegen haben schließlich einen Kontakt zum Verlag Springer-Vieweg hergestellt, aus dem sich eine angenehme Betreuung durch Sybille Thelen entwickelte. Allen diesen gebührt mein sehr herzlicher Dank.

Warum sammle all dies gerade ich? Ich bin weder Diplomand noch Doktorand und nicht einmal ein Student von Bauer, Samelson, Sauer oder auch nur der TH München gewesen. Ich wurde im März 1962 über einen Kommilitonen angeworben, der absagen musste, weil sein Examen noch zu fern lag. Robert Sauer ging der Emeritierung entgegen; aber er galt — weit wichtiger, aber mir damals keineswegs bewusst — als der nächste Präsident der *Bayerischen Akademie der Wissenschaften.* Er brauchte für den allerletzten Teil seiner Professoren-Amtszeit noch einen jungen Mitarbeiter; Hans-J. Stetter, der arrivierteste seiner fünf Assistenten, hatte sich gerade habilitiert und wollte in die USA gehen. Als ich mich im März 1962 zunächst bei Stetter vorstellte, zeigte dieser — aus dem Bestelmeyer-Süd-Trakt der TH — diagonal über die Kreuzung auf das alte Bunkergelände: „Da drüben bekommen wir bald ein neues Institut!"

Man wird erkennen, dass ich durchaus *nicht* zu jenen allerersten gehörte, welche in der Informatik arbeiteten, ich vielmehr (noch an der LMU promovierend) Sauer, wie auch später Bauer und Samelson, hinsichtlich ihrer Verpflichtungen in der Ingenieurmathematik unterstützte. Ich war sehr nah dabei und kenne viele Details, verfüge jedoch über zu wenig Abstand, um mich in größerem Ausmaß wertend zu äußern. Jedenfalls hat der damalige Hinweis meinen weiteren Lebenslauf entscheidend beeinflusst, so kurios er auch zustande gekommen ist: Der erwähnte Kommilitone hatte als Schüler einmal zusammen mit der späteren Frau Stetters in einer Theatergruppe gespielt und über diese Bekanntschaft vom Stellenangebot erfahren. Dafür, dass ich in diesen Aufbruch hineingezogen wurde, kann ich nur dankbar sein — bei aller Arbeit, die mir aber selbst über das Berufsleben hinaus stets Freude bereitet hat.

Neubiberg Gunther Schmidt

# Inhaltsverzeichnis

# 1 Einführung und Abgrenzung

Was Rechner, Handy, Laptop etc. heute leisten, weiß jeder; auch wie Fotographie und Bildverarbeitung sich entwickelt haben, wenn man sie mit der Leica von damals vergleicht zuzüglich notwendiger Arbeiten in der Dunkelkammer. Allgemein wird akzeptiert, dass die Informatik — jedenfalls Deutschlands — ihren großen Durchbruch in München erlebte, wo sie ausgehend von der TH *drei* Informatik-Fakultäten und dazu das Leibniz-Rechenzentrum LRZ hervorbrachte.

Rechnerentwicklung und Computer Science gab es auch anderenorts; was also war in München besonders? Man hatte bis 1956 zusammen mit den Ingenieur-Kollegen der TH die PERM als Rechenanlage gebaut. Man war seit Jahren mit einer Überfülle von numerischen Anwendungsproblemen aus der Gasdynamik, der Geodäsie und der Berechnung von Hochspannungsnetzen ausgestattet, und so wurde bereits 1959 die Zeitschrift *Numerische Mathematik* gegründet. Man ging mit Feuer an die Informatik heran und diese Numerik wirkte als Brandbeschleuniger: Es sind an der TH damals zwei Disziplinen zu Bedeutung gekommen!

Großer Physik-Hörsaal; heute: Carl-von-Linde-Hörsaal

Aber wie konnte sich das im vollen Betrieb eines unter der Mathematik-Ausbildung aller Ingenieure der TH ächzenden Instituts entwickeln? Es war dermaßen ausgelastet, dass die Vorlesungen in dem riesigen *Großen Physik-Hörsaal* 1962 zeitweise *doppelt* zu lesen waren.


G. Schmidt, *Rückblick auf die Anfänge der Münchner Informatik*, Die blaue Stunde der Informatik, https://doi.org/10.1007/978-3-658-28755-9_1

Die Ausrichtung zweier großer internationaler Tagungen umgrenzt die Anfangsphase: 1962 der zweite IFIP-Kongress in München und 1968 die Software-Engineering Conference[1] in Garmisch, auf welcher der Begriff des *Software Engineering* geprägt worden ist.

Man darf aber auch die „Konstellation“ nicht aus den Augen lassen, die die stürmische Entwicklung überhaupt erst ermöglichte: Auf der Einladung zur Einweihung der PERM, Seite 16, erscheinen drei wichtige Personen der TH; sie waren nacheinander deren Rektoren: Hans Piloty 1948–1951, gefolgt von August Rucker[2] 1951–1953 und Robert Sauer 1953–1955, später noch zweimal Prorektor, und im Begriff, Präsident der Bayerischen Akademie der Wissenschaften zu werden. Über diese Station avancierte Sauer zum Ersten Vizepräsidenten des Bayerischen Senats. Als dieser Senat noch existierte, war Sauers Position eine der allerhöchsten im Freistaat. Dann war Friedrich L. Bauer aus Mainz zurückberufen worden, der sich bei seinen Berufungsverhandlungen — sonst im Grunde bescheiden — weiterhin Zutritt zum verhandlungsführenden Ministerialdirigenten Freiherrn von Elmenau zusichern ließ. Auf lange Sicht führte ihn dies in die vielzitierte Interministerielle Kommission, die sehr machtvoll im Hintergrund agierte. Als Dritter ist Klaus Samelson zu erwähnen, noch 1969 in Senat,[3] Kuratorium und Kommission für Rechenanlagen der Deutschen Forschungsgemeinschaft DFG.

Zudem stand in Heinz Gumin über viele Jahre ein aktiver Förderer bereit; er war 1969–1989 Mitglied im Vorstand der Siemens AG — zuvor schon seit 1964 Honorarprofessor an der TH und später deren Ehrensenator.

Die nächste Seite gliedert diese Konstellation mit den ersten Entwicklungen zeitlich in

- Aufbau der PERM, Betrieb und Fortentwicklung,
- herausgehobene Positionen als Rektor, Akademie-Präsident, Minister, Vorstand etc.,
- neu — und bestimmend durch Mitglieder des Instituts — herausgegebene Zeitschriften,
- Gründungen: Fachgesellschaft und (aus-)gegründete Fakultäten.

Die genannte Seite deutet zudem einen Zeitbereich an. Die darin wurzelnden Protagonisten wurden auch hinsichtlich ihrer ein oder anderen viel späteren Aktivität beobachtet.

In der sich entwickelnden Sammlung von Erinnerungen sind als Aspekte herausgehoben

- die teils ungewöhnlichen Umstände, durch welche die ersten hineingezogen wurden,
- der nicht ohne Konflikte erreichte Umbruch in der Fakultäts-Organisation der TH,
- die spontan sich entwickelnde Informatik *bevor* sie in den 1970er Jahren planbarer wurde,
- deren frühe Ausstrahlung in die Schul- und Berufsschul-Ausbildung.

[1]SOFTWARE ENGINEERING — Report on a conference sponsored by the NATO SCIENCE COMMITTEE Garmisch, Germany, 7th to 11th October 1968

[2]Bald darauf sogar Kultusminister im Kabinett Hoegner

[3]In „Personelle Zusammensetzung der Organe der Deutschen Forschungsgemeinschaft“ von 1969 ist auch erwähnt, dass Ministerialdirigent Johannes von Elmenau darin vertreten war — inmitten von Kultusministern der anderen Bundesländer.

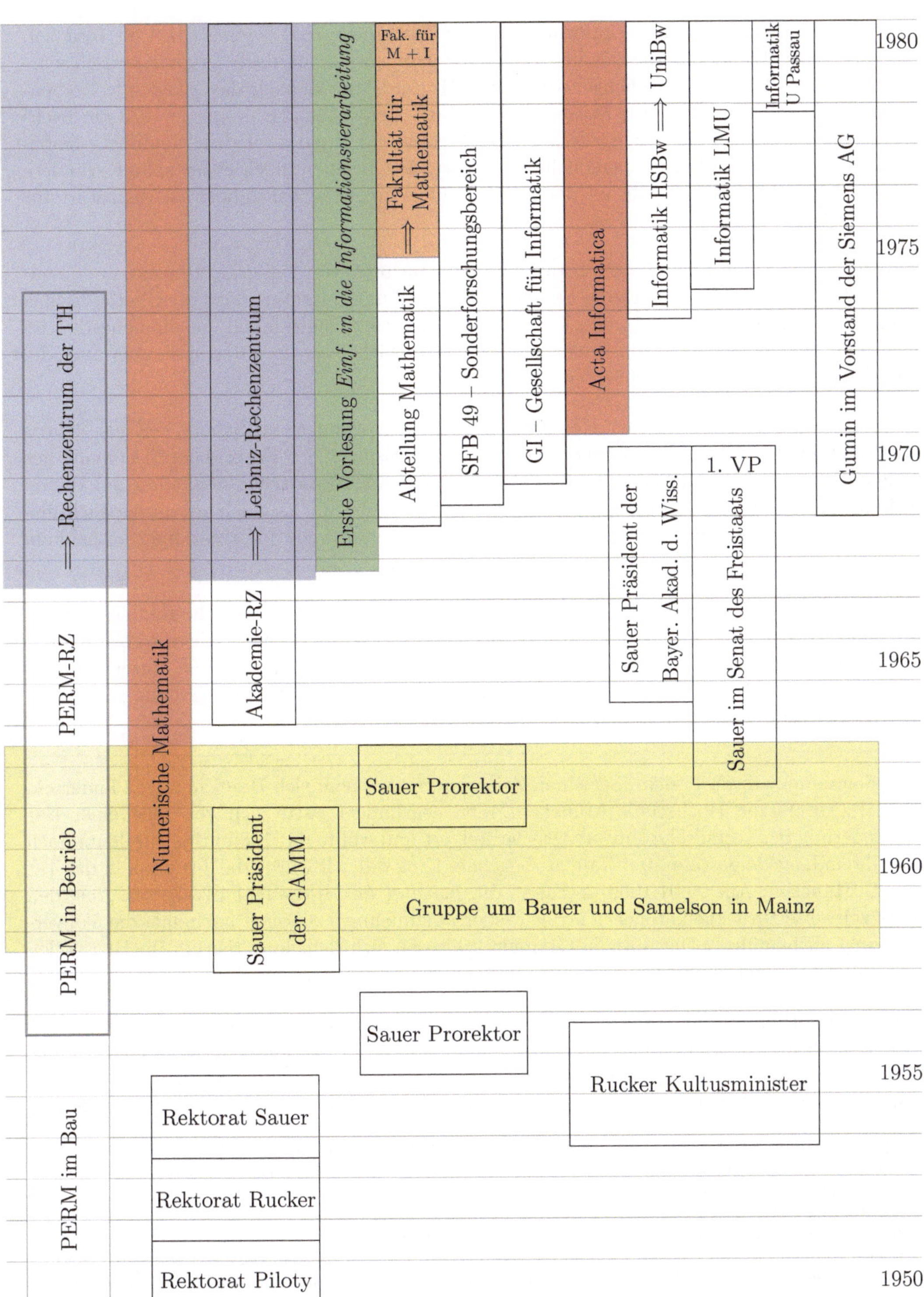
1980
1975
1970
1965
1960
1955
1950
PERM im Bau
PERM in Betrieb
PERM-RZ
⟹ Rechenzentrum der TH
Numerische Mathematik
Akademie-RZ
⟹ Leibniz-Rechenzentrum
Erste Vorlesung *Einf. in die Informationsverarbeitung*
Abteilung Mathematik
⟹ Fakultät für Mathematik
Fak. für M + I
SFB 49 – Sonderforschungsbereich
GI – Gesellschaft für Informatik
Acta Informatica
Informatik HSBw ⟹ UniBw
Informatik LMU
Informatik U Passau
Gumin im Vorstand der Siemens AG
Sauer Präsident der Bayer. Akad. d. Wiss.
1. VP
Sauer im Senat des Freistaats
Sauer Prorektor
Sauer Präsident der GAMM
Gruppe um Bauer und Samelson in Mainz
Sauer Prorektor
Rucker Kultusminister
Rektorat Sauer
Rektorat Rucker
Rektorat Piloty

Innerhalb Münchens begann die Informatik in der Tat an der TH, deren PERM als Keimzelle des Rechenzentrums der Bayerischen Akademie gesehen werden darf. Organisatorisch wurde die PERM 1967 zum „Rechenzentrum der TH“ und kurz danach das Akademie-Rechenzentrum umgetauft zum *Leibniz-Rechenzentrum* LRZ. Schon recht früh wurde 1973 ein Fachbereich der damals gerade neugegründeten Hochschule der Bundeswehr[4] in Neubiberg einbezogen, mit dem sich vielfältige personelle Verflechtungen ergaben; noch etwas später gründete man das Institut für Informatik an der LMU — ganz zu Anfang dezidiert als Heimstatt für den Leiter des LRZ.

Dass sich — mit der PERM als Attraktion — Münchner Mathematik-, Physik- und Ingenieurstudenten beider Universitäten, Lehrer, Polytechnikum-Dozenten, dazu oft Überläufer aus „fremden“ Fächern,[5] ergänzt durch „Zuagroaste“[6] aus ganz Deutschland, zusammentaten, ist sicher persönliches Verdienst von Bauer und Samelson. Nicht vergessen darf man aber auch die sich ankündigende unruhige 1968er Situation.

Es wird — auch mangels eigener Kenntnis — nicht eingegangen auf Sauers Zeit als Rektor und Prorektor. Ebenso fehlen Details seiner Zeit als Präsident der Bayerischen Akademie der Wissenschaften. Und schließlich ist seine Mitgliedschaft im Bayerischen Senat nur am Rande erwähnt, die ihn bis zum Ersten Vizepräsidenten erhob. Immerhin kann ich auf das Gedächtnis-Bändchen [33] zu seinem 10. Todestag verweisen, dem man viele Informationen entnehmen kann.

Übrigens: Wenn hier oft einfach nur von „Sauer“, „Bauer“, „Samelson“ etc. die Rede ist, deutet dies keine Abkehr von dem hohen Respekt an, den ich ihnen allen nach wie vor zolle; es soll nur die Darstellung knapp gehalten werden. Eine Gender-Korrektheit in den Bezeichnungen existierte seinerzeit noch nicht — und soll hier, soweit es nur um die Bezeichnung geht, auch nicht rückwirkend aufgepfropft werden.

---

Diese Sammlung erstreckt sich über einen Zeitraum, in welchem sich Bezeichnungen änderten. Die TH (Technische Hochschule München, 1868 gegründet) hatte sich vor 1968 einer Namensänderung in „Technische Universität“ verweigert und wollte das 100jährige Jubiläum noch unter ihrem lange angestammten Namen[7] begehen. Kurz danach wurde die TH dann in der Tat zur TU München: Am 09.01.1969 beschloss die *Fakultät für Allgemeine Wissenschaften*, den derart zeitweise zurückgehaltenen Antrag wieder aufzunehmen — ohne nochmals die Vollversammlung zu bemühen. Die übrigen Gremien schlossen sich dem kurz darauf an. Hier sollen beide Bezeichnungen, möglichst dem Zeitablauf entsprechend, verwendet werden.

Selbst den Begriff „Informatik“ aus dem Titel als Bezeichnung des Faches gab es anfänglich noch nicht. Beim Start entsprechender Vorlesungen 1967 an der TH verwendete man den Terminus „Informationsverarbeitung“, war aber wohl seit 1968 froh, das kürzere „Informatik“ gefunden zu haben. Ich erinnere mich noch, wie Bauer den in Frankreich geprägten und im Bonner

[4]später: *Fakultät für Informatik* der *Universität der Bundeswehr München*; so mit Karlsruhe wohl die älteste Informatik-Fakultät in Deutschland. An anderen Standorten blieb die Informatik zunächst eingebettet in bestehende ältere Fakultäten.

[5]Zeitweise arbeiteten drei Slawisten in unserem Institut an Algorithmischer Linguistik.

[6]aus Augsburg, Kiel, Münster, Würzburg, Erlangen, Göttingen, Mainz, etc.

[7]Der ursprüngliche Name von 1868 war allerdings längst vergessen: *Königlich polytechnische Schule*. Erst im Jahr 1877 wurde sie in *Technische Hochschule* umbenannt — als erste unter dieser Bezeichnung in Deutschland.

Wissenschaftsministerium einmal in deutscher Lautung verwendeten Begriff „informatique" mit Freuden zu übernehmen beschloss. Für diesen Text wurde allerdings die platzsparende Version „Informatik" bereits von Beginn an verwendet — sofern es nicht gerade wie hier um die Abgrenzung des Übergangs der Bezeichnung geht.

---

Das Wort „Informatik" war in Deutschland allerdings schon in den 1950er Jahren genutzt worden. Von einigen Karlsruher Kollegen erfuhr Hans Langmaack, dass dieses Wort wohl 1958 geprägt worden sei durch den als Hardware-Pionier und Visionär einer Informationsgesellschaft bekannt gewordenen Karl Steinbuch.[8] Dieser hatte bei der Standard Elektrik AG,[9] später SEL (Standard Elektrik Lorenz), in Stuttgart schon ein sogenanntes „Informatik-System" entwickelt, einen halbleiterbestückten Rechner, der im Versandhaus Quelle zum Einsatz kam. Von der freien Programmierbarkeit war dieser Automat weit entfernt.

Steinbuch hielt am 7. Mai 1968 einen großen — gut 30 Jahre vorausschauenden — Festvortrag *Technik und Gesellschaft im Jahre 2000* [129] anlässlich der Jahresversammlung des Deutschen Museums in München und der Eröffnung der neuen Abteilung Nachrichtentechnik. Darin verwendet er das Wort „Informatik" nicht ein einziges Mal, obwohl er sich vielem widmet, was heute unter dieser Bezeichnung läuft.

Im GAMM/NTG-ad hoc-Ausschuss, eingerichtet 1967–69 am Wissenschaftsministerium, zur Definition des universitären Diplomstudiengangs Informatik, in welchem Hans Langmaack mehrfach Samelson zu vertreten hatte, tauchte Steinbuch zur großen Verwunderung nicht auf. Die Karlsruher Kollegen kannten keine Erklärung für die Zurückhaltung. Langmaack hält es für möglich, dass Rechenmaschinen wie die Zuse Z22 Steinbuch die Schau gestohlen hatten, und er sich deshalb nicht am Informatik-Diplomstudiengang beteiligte. Im Alter war Steinbuch für Äußerungen mit politischer Konnotation etwas in Verruf geraten, was nicht hinderte, ihn 2008 als Namensgeber des *Steinbuch Centre for Computing* für das Rechenzentrum des KIT in Karlsruhe zu ehren.

---

[8] * 1917, † 2005

[9] Sie baute 1959 mit Steinbuchs Beteiligung den ER56, den ersten volltransistorierten Rechner Deutschlands, ausgeliefert an die TH Stuttgart und die Universitäten Bonn und Köln; siehe [91].

# 2 Ausgangssituation

Als ich am 1. Oktober 1962 im Mathematischen Institut der TH München, gerade noch 22jährig, meinen Dienst als *Verwalter der Dienstgeschäfte eines Wissenschaftlichen Assistenten* antrat, konnte ich Aufräumungsarbeiten beobachten: Es war soeben der zweite IFIP-Kongress[1] (27. August–1. September 1962) zu Ende gegangen.

**Beginnender Elektronengehirn-Kongreß**

In München selbst schauten sich die bereits eingetroffenen Teilnehmer des großen Kongresses der Internationalen Vereinigung für Informationsverarbeitung, der in dieser Woche stattfindet, die Stadt an. Zu dem Münchner Kongreß der Rechenautomaten-Spezialisten haben sich 2600 Wissenschaftler und Wirtschaftler aus 36 Staaten angemeldet. Er wird heute um 10 Uhr in der Bayernhalle eröffnet. Die Teilnehmer werden auch noch ein Zipfelchen der Münchner Opernfestspiele erwischen: nämlich eine Festvorstellung der „Entführung aus dem Serail" von Wolfgang Amadeus Mozart im Cuvilliéstheater. *Edith Eiswaldt*

Abgehalten an der TH München, letztlich veranstaltet durch Robert Sauer, sicherlich unterstützt von Bauer und Samelson, sowie organisatorisch betreut von Hans-J. Stetter, war dies die zweite — und diesmal wirklich globale — Veranstaltung der Informatiker (nach Paris 1959); auch mit vielen Ostblock-Wissenschaftlern. Eine Zeitungsnotiz wies damals auf dessen 2600 (es waren 2800) Teilnehmer hin — nicht ohne ihn naiv als „Elektronengehirn-Kongress" zu qualifizieren.

## 2.1 Institutsstruktur vor 1963

Als Startsituation sollte ich vielleicht am ehesten diese im Sommersemester 1961 bestehende Dreiheit der Institute fixieren, mit durchschnittlich 5 Assistenten pro Ordinarius:

— *Mathematisches Institut*[2] mit zwei Direktoren auf identisch bezeichneten Lehrstühlen
  - *Höhere Mathematik und Analytische Mechanik* : Robert Sauer
  - *Höhere Mathematik und Analytische Mechanik* : Georg Aumann

— *Institut für Angewandte Mathematik* mit dem Direktor und Inhaber des Lehrstuhls für
  - *Angewandte Mathematik und Mathematische Statistik* : Josef Heinhold
  - sowie einem Extraordinariat für *Mathematik* : Ernst Lammel

— *Institut für Geometrie* mit dem Direktor und Inhaber des Lehrstuhls für
  - *Geometrie* : Othmar Baier
  - sowie der Hochschuldozentur für *Reine und Angewandte Mathematik* : Hanfried Lenz

---

[1]International Federation for Information Processing. Hans Langmaack berichtete, dass ursprünglich Alwin Walther als Vizepräsident der IFIP den IFIP-Kongress „nach Deutschland geholt" habe, aber dann in Mainz bei Bauer und Samelson Unterstützung erbat, weil ihm seine eigenen Ressourcen in Darmstadt als nicht ausreichend erschienen. Das deckt sich mit der Bemerkung *Die Darmstädter Eigenentwicklung stand unter einem weniger glücklichen Stern und wurde nach vielen Enttäuschungen 1959 endgültig aufgegeben* ... in [142].

[2]Dieses — damals einzige — Mathematische Institut der TH hatte 1874 Felix Klein gegründet; siehe [77].


G. Schmidt, *Rückblick auf die Anfänge der Münchner Informatik*, Die blaue Stunde der Informatik, https://doi.org/10.1007/978-3-658-28755-9_2

Hinzu kamen als Privatdozenten Klaus Pöschl, bereits Mitarbeiter bei Siemens, Rudolf Albrecht, Dietrich Suschowk, sowie als Lehrbeauftragter Wolfram Urich (Mitarbeiter am PERM-Rechenzentrum). In der Umgebung des Rechenzentrums — damals noch keine hochschulglobale Institution „Rechenzentrum der TH“ wie seit 1967 — sind zu nennen Wilhelm Anacker, Ferdinand Peischl, Gerhard Seegmüller und Wolfgang Werner.

Der damalige IFIP-Kongress hatte die Spätfolge, dass man am 27. März 1985 die *25th Anniversary Celebration of IFIP* in München feierte. Deren Proceedings[3] gab Heinz Zemanek heraus, [146].

THE INTERNATIONAL FEDERATION FOR INFORMATION PROCESSING

THE INTERNATIONAL FEDERATION FOR INFORMATION PROCESSING THE FIRST 25 YEARS

F.L. Bauer

Professor M. Paul and Professor Dr. R. Piloty

THE INTERNATIONAL FEDERATION FOR INFORMATION PROCESSING THE FIRST 25 YEARS

THE INTERNATIONAL FEDERATION FOR INFORMATION PROCESSING

*25th Anniversary Celebration of IFIP* in München: 27. März 1985

[3]Die Inkonsistenz der Titulierungen findet sich wirklich so in diesem Frontispiz der Proceedings.

Man sagte mir gleich bei meinem Arbeitsantritt, dass bald ein neu berufener Professor kommen werde. Mein Assistentenkollege Hartmut Huber deutete an, dass es ein sehr dynamischer sei, und machte dabei eine schnell kreisende Handbewegung „... der wurrlt immer herum“. Zum 1. Januar 1963 kehrte Bauer aus Mainz zurück und übernahm ein Parallel-Ordinariat zu Sauers Lehrstuhl; Samelson kam gegen Ende desselben Jahres auf ein Parallel-Ordinariat für Georg Aumanns Lehrstuhl.

Die zu wenigen Dozenten waren durch die Mathematikausbildung[4] für Ingenieure der gesamten TH mehr als ausgelastet, zumal ja auch noch ein Mathematik-Studium[5] angeboten wurde. Neben Spezialvorlesungen verschiedener Art und Seminaren dafür hatten Sauer und seine 5 Assistenten um das WS 62/63 hauptsächlich diese Vorlesungen zu betreuen:

> *Höhere Mathematik für Ingenieure I–IV*, 4 V + 2 Ü, beides teils in doppelter Ausführung, dazu 4 mal 1-stündig sog. Vorübungen.[6]

Am schnellsten leerte sich stets die Vorlesung; am besten wurden die Vorübungen besucht.

Um 1963 bestanden die Vordiplomprüfungen in Mathematik nach dem Sommersemester darin, weit über 1000 Ingenieurstudenten fast aller Fakultäten der TH schriftlich zu prüfen. In 15 Hörsälen — darunter auch der damalige Große Physik-Hörsaal von Seite 1 — führten 55 Assistenten gleichzeitig Aufsicht. Da dies die Mitarbeiterzahl des Mathematischen Instituts bei weitem überstieg, stammten die Aufsichtführenden zwangsläufig aus ganz anderen Bereichen der TH. Es war nicht einfach,[7] einen geordneten Ablauf sicherzustellen.

Auch die Erst- und die unumgänglich nötige Zweit-Korrektur erforderten einen sehr großen Zeitaufwand. Hinzu kamen Vordiplomprüfungen des Wintersemesters in etwa dem halben Umfang — aber mühseliger, weil mit höherem Anteil an zuvor bereits durchgefallenen Kandidaten.

Die 1963er Parallelisierung des Sauer-Lehrstuhls (durch Bauer) und analog des Lehrstuhls von Aumann[8] (durch Samelson) war daher sicherlich vollauf gerechtfertigt. Die Lehrstuhlbezeichnungen lauteten allerdings nur noch *Höhere Mathematik*; die Analytische Mechanik hat man bei Bauer und Samelson eingespart.

## 2.2 TH-Mathematik der 1950er Jahre

Vorangegangen waren die 1950er Jahre, in denen noch Josef Lense den späteren Aumann-Lehrstuhl und Frank Löbell jenen von Othmar Baier innehatte. Kaum jemand weiß, dass Josef Lense 1918, mithin vor genau 100 Jahren und noch in seiner Wiener Zeit, den Lense-Thirring-Effekt prognostiziert hat. Heute sieht man in Wikipedia nach und findet: *Der Lense-Thirring-Effekt (auch: Frame-Dragging-Effekt) ist ein im Jahr 1918 von dem Mathematiker Josef Lense und dem Physiker Hans Thirring theoretisch vorhergesagter physikalischer Effekt, der sich aus der Allgemeinen Relativitätstheorie ergibt. ... Derzeit wird noch diskutiert, ob den Wissenschaftlern um Ignazio Ciufolini von der Universität Lecce und Erricos Pavlis von der University of Maryland in Baltimore im Jahr 2004 der experimentelle Nachweis des Effektes gelungen ist ...*

---

[4] Schon in [77] ist die Situation der frühen Mathematik-Ausbildung der TH eingehend dargestellt.

[5] Letzteres lastete auch stark auf den Instituten für Angewandte Mathematik und für Geometrie.

[6] Im Vorlesungsverzeichnis: Übungsergänzungen

[7] Seit 1963 war das für etliche Jahre meine Aufgabe.

[8] ∗ 11.11.1906, † 04.08.1980

Seit Anbeginn im Jahre 1868 war die Mathematik der TH in deren Fakultät für Allgemeine Wissenschaften auch durch die **Geometrie** bestimmt. Die Dozenten marschierten im Kittel (weiß oder grau) mit Lineal, Zirkel und Dreieck sowie diversen Wisch-Utensilien in den jeweiligen Hörsaal. Robert Sauer war ebenfalls als Geometer ausgewiesen und ursprünglich sicher als solcher berufen worden.

Diesen Geometern hat die deutsche Maschinenbau-Industrie traditionell viel zu verdanken; hatten sie doch erhebliche Beiträge geleistet, die von rein ingenieurmäßig ausgebildeten Leuten schwerlich hätten erbracht werden können. Zahnrad-Flanken oder Verschneidungen wurden z.B. konstruktiv entwickelt. Othmar Baier war einer derjenigen, die dem Wankel-Kreiskolbenmotor die nötige Gestalt gegeben hatten. Deswegen trug er später mit Stolz eine diamantenbesetzte Wankel-Nadel als Schmuck.

Dass die Geometrie auch heute noch nicht ausgedient hat, bewies die begeisternde Gauss-Vorlesung 2017 von Helmut Pottmann (TU Wien) im Saal der Bayerischen Akademie der Wissenschaften: Fast alle neuere Architektur, vor allem jene mit geschwungenen Glasflächen, ist geprägt durch geometrische Überlegungen zur Flächen-Abwicklung.

Robert Sauer war aber bereits weit über die Geometrie hinausgekommen, nicht zuletzt durch seine im Krieg notwendig gewordenen Arbeiten zur **Gasdynamik**. Der Zusammenhang ist nicht ohne weiteres ersichtlich: Sauer konnte aus seinem geschulten Geometrie-Verständnis heraus stets Zusammenhänge erkennen, wenn es sich um irgendwelche Nullstellenflächen gewisser Diskriminanten handelte. Entlang solcher Linien oder Flächen — etwa Stoßfronten — pflegte er die herrschenden partiellen Differentialgleichungen mit linearen Ansätzen approximativ zu lösen. Das war auch der Beginn seines Interesses für die **Numerische Mathematik** und, über dieses Zwischenglied, an der Entwicklung von Rechenanlagen, also letztlich der vielzitierten und erst noch zu besprechenden PERM.

Sauers Beiträge zur Gasdynamik müssen wirklich bedeutend gewesen sein. Sofort nach dem Krieg hat man sein Buch in mehrere Sprachen übersetzt, davon zweimal ins Russische — anscheinend unabhängig voneinander; jedenfalls mit ganz unterschiedlich übersetztem Titel. Im ersten erkennen wir wenigstens noch „gasovuju dinamiku“; der zweite erfordert genauere Kenntnis des Russischen. Auch gibt es eine unterschiedliche Transkription[9] des Autor-Namens „Sauer“. Man könnte Sauer den Erfolg seiner Bücher neiden, wüsste man nicht, dass es sich — finanziell gesehen — um teils unvergütete „Raubkopien“ gehandelt hat.

So wurde die TH München zu einer der Keimzellen der Numerik, verbunden mit den Namen Robert Sauer, Friedrich L. Bauer, Klaus Samelson, Hans-J. Stetter und später Roland Bulirsch, Josef Stoer und Christian Reinsch. An anderen deutschen Universitäten[10] beharrte die Mathematik öfter noch in einer eher reservierten Haltung gegenüber solchen praktischen Aspekten.

[9]Im Russischen kennt man nicht nur die Vokale a e i o u, sondern auch deren präpalatalisierte Form, primitivst erklärt mit einem jeweils vorangesetzten „j“, also ja je ji jo ju, und unterschiedlich angeglichen/verschmolzen mit den umgebenden Konsonanten. Im linken Buch der unteren Reihe der fünf folgenden Innentitel schrieb man gewissermaßen „Sau-e-r“ und im mittleren „Sau-je-r“: **Э Е** .

[10]Eine Ausnahme davon war sicherlich Alwin Walther in Darmstadt. In der Art der Geräte-Ausstattung am ehesten dem Heinhold-Bereich in München entsprechend, mit einem Institut von über 100 Mitarbeitern, war er den Münchner Mathematikern in technischen Dingen zunächst weit voraus. Auch die TH Dresden muss insofern erwähnt werden, als N.-J. Lehmann 1963/64 den ersten PC (Rechner D3) gebaut hat; XEROX PARC folgte erst mehr als 10 Jahre später!

Theoretische Einführung in die Gasdynamik

Von

Dr. Robert Sauer

Mit 99 Abbildungen im Text

Berlin
Springer-Verlag
1943

INTRODUCTION TO THEORETICAL GAS DYNAMICS

by

DR. ROBERT SAUER
Professor of Applied Mathematics
Technische Hochschule, Aachen

WITH 99 ILLUSTRATIONS IN THE TEXT

Translated by
FREEMAN K. HILL, PH.D.
Applied Physics Laboratory
The Johns Hopkins University
and
RALPH A. ALPHER, M.S.
Applied Physics Laboratory
The Johns Hopkins University

J. W. EDWARDS -:- ANN ARBOR—1947

Р. ЗАУЭР

ВВЕДЕНИЕ В ГАЗОВУЮ ДИНАМИКУ

ОГИЗ
ГОСУДАРСТВЕННОЕ ИЗДАТЕЛЬСТВО ТЕХНИКО-ТЕОРЕТИЧЕСКОЙ ЛИТЕРАТУРЫ

Р. ЗАУЕР

ТЕЧЕНИЯ СЖИМАЕМОЙ ЖИДКОСТИ

Перевод с французского

И • Л
ИЗДАТЕЛЬСТВО ИНОСТРАННОЙ ЛИТЕРАТУРЫ

ÉCOULEMENTS DES FLUIDES COMPRESSIBLES

PAR
R. SAUER

PARIS ET LIÈGE
LIBRAIRIE POLYTECHNIQUE CH. BÉRANGER
1951
Tous droits réservés

Vier Übersetzungen, davon zwei ins Russische mit unterschiedlicher Transkription von Sauers Name

Die Orientierung auf rechnende Numerik wirkte sich auf die bestehenden Lehrpläne aus:

— Es gab die *Angewandte Mathematik* mit ihren ratternden — teils immerhin bereits elektromechanischen — Rechnern, ihren Planimetern oder Integratoren und später Analogrechnern. Aber die Studenten stimmten mit den Füßen ab.

— Es gab die *Darstellende Geometrie*, die im Maschinenbau große Erfolge vorweisen konnte. Spätestens mit dem Graphomaten und der beginnenden CAD wurden das Tuschezeichnen und das graphische Konstruieren abgelöst. Schon 1968/69 fiel alles aus dem Prüfungsplan, wenn auch zunächst gegen massiven Protest von Othmar Baier; siehe Seite 96.

## 2.3 Elektro-Ingenieure beginnen den Bau der PERM

Nicht zuletzt wegen des eben genannten Bedarfs an schnelleren Rechnern für die numerische Behandlung von Differentialgleichungen, wie in der Gasdynamik, regte sich bei den Mathematikern das Interesse an der Entwicklung der (auch andernorts vielfach beschriebenen) PERM.[11]

Ähnlich bedarfsgetrieben verlief es in der Fakultät für Elektrotechnik: Der Elektroingenieur und Nachrichtentechniker **Hans Piloty** (* 01.11.1894, † 12.08.1969) hatte einen Kontrakt mit Telefunken in Ulm zwecks Entwicklung einer Mehrfrequenz-Telefonie. Dies erforderte viele Filter bei Eingang wie Ausgang und deren Berechnung durch seine Assistenten. Für diese Berechnungen hatten sie das beste, was damals an mechanischen und auch bereits elektromechanischen Rechnern zur Verfügung stand. Zwangsläufig ergab sich aber ein Interesse an noch besser geeigneten Rechenanlagen. Die Leitung des so entstehenden Projektes übertrug Piloty seinem Sohn **Robert Piloty**,[12] der gerade Computerbau-Vorhaben in den USA studiert hatte.

Die Pilotys hatten ursprünglich an eine eher minimalistische Maschine mit recht wenigen Stellen und noch ohne Exponentendarstellung der Zahlen gedacht, und wohl auch ohne jede Möglichkeit, gegen die sich stets akkumulierenden Rundungsfehler vorzugehen. Vielleicht kann man [96] als Beleg nehmen; dort berichtet Samelson: *So wird zum Beispiel bei der Münchner* PERM *(nach einem Vorschlag von R. Piloty) der Rechenmodus (festes oder gleitendes Komma) eingestellt und tritt im einzelnen Befehl gar nicht in Erscheinung.* Geplant war ursprünglich gewissermaßen das elektronische Analogon eines mechanischen Tischrechners und dieser Schalter ließ die frühere Variante weiterhin zu.

Näheres dazu berichtete **Walter Proebster**[13] (* 02.04.1928) nachdem ich ihm als Vorsitzender des Informatik-Club e.V. zu seinem 90. Geburtstag gratuliert hatte. Er war seit 1950 Mitarbeiter bei Piloty. Dieser verschaffte ihm eine der allerersten DFG-Vollzeitstellen und ließ ihn Zentraleinheit und E/A-Geräte der PERM konstruieren. Verwenden musste er dafür Radioröhren, da es keine geeigneteren Bauelemente gab. Mit ihren 2000 Vakuum-Röhren soll die PERM eine kurze Zeit lang der schnellste (weil Parallel-)Rechner der Welt gewesen sein. Diese intensiven technischen Arbeiten fanden zuerst gegenüber dem Turm der TH auf der anderen Seite der Gabelsbergerstraße statt.

Proebsters Kollege **Alfred Krösa** (* 20.04.1924) kümmerte sich unter Nutzung von acht Motoren aus zerbombten Trambahnen, gepaart zu vier Motor/Generator-Einheiten, und nachgeschalteten Kondensatoren um glatten Gleichstrom; siehe dazu auch auf Seite 73, wie man noch 20 Jahre später mit derartigen Problemen umzugehen hatte.

Verantwortlich für die Entwicklung des Trommelspeichers war **Hans-Otto Leilich**[14] — vor

[11]In der Fakultät für Elektrotechnik soll man das Akronym persifliert haben als **P**ilotys **e**rstes **R**echen**m**onster.

[12]* 06.06.1924 in München, † 21.01.2013; später Ordinarius in Darmstadt

[13]Proebster erhielt 1951 sein Diplom als Elektroingenieur und 1956 seine Promotion im Zusammenhang mit dem „Hochgeschwindigkeits-Parallelrechner PERM". Danach ging Proebster allerdings zur IBM in Zürich und auch in Yorktown Heights. Erst im — wie in der Industrie üblich recht frühen — Ruhestand konnte er ab 1989 als Professur-Vertreter und dann 1995 als Honorar-Professor ins Institut für Informatik zur TUM zurück kommen.

[14]* 25.11.1925, † 19.06.2015. Gleich nach seinem Studium der Elektrotechnik war Hans-Otto Leilich ab Mai 1952 Hilfskraft, dann Verwalter und seit August 1953 bis Juli 1956 Assistent bei Hans Piloty. Nach kurzer Industrietätigkeit wurde er Ordinarius in Braunschweig.

allem für dessen über der mit Hochgeschwindigkeit rotierenden Trommel im Luftstrom schwebende Magnetköpfe. Als Ergebnis der Leilich-Bemühungen erhielt die PERM einen für damalige Zeiten fantastischen Trommelspeicher. Der fasste 8192 Wörter zu 51 Bit. Ihr wirklich noch gefädelter — schnellerer — Magnet-Kern-Speicher hatte nur 2048 Wörter zu 51 Bit und kam erst 1959 hinzu. Zu diesen Größenordnungen siehe Seite 179, wie auch die Einladung für die Feier zum 15. Jahrestag der PERM-Einweihung auf Seite 58.

## 2.4 PERM-Ausbau nach Forderungen der Mathematiker

Wegen etlicher Schwierigkeiten fanden schließlich die Arbeitsgruppen von Hans Piloty (aus der Elektrotechnik) und Robert Sauer (aus der Mathematik) zusammen; insbesondere des letzteren Assistenten Bauer, Samelson und Schecher. Bauer und Samelson forderten für die Zahldarstellung sehr energisch Exponenten und zusätzliche Binärstellen; siehe auch [91].

Diese Mathematiker gingen Proebster damals im Grunde ziemlich auf die Nerven. Manches hätte sich durchaus — zu Beginn eingeplant — ganz gut realisieren lassen, war in dieser späten Phase aber nicht leicht zu bewerkstelligen; siehe auch [92]. Es gab manchmal Zwiste, die aber Sauer stets auszugleichen verstand. Proebster arbeitete insbesondere viel für Schecher bezüglich der Adressensubstitution [109]. Das geschah manchmal durchaus gegen den Willen von Piloty, aber Proebster hat es dennoch gemacht.

Bauer und Samelson hatten mithin auf die Entwicklung der PERM steuernd eingewirkt. Sie waren allerdings 1958 nach Mainz berufen worden und konnten zunächst nicht unmittelbar weiter dafür tätig sein. Zuvor, um 1956/57, erstellte Bauer aber noch dieses zukunftweisende Manifest:

---

**Ausbildung in Numerischer Mathematik an der Technischen Hochschule München**

Privatdozent Dr. F. L. Bauer (Technische Hochschule München)

Für die Ausbildung in Numerischer Mathematik an der Technischen Hochschule München erscheinen im augenblicklichen Zeitpunkt folgende 4 Punkte besonderer Berücksichtigung wert:

1) Einbau einer informatorischen Ausbildung in den Grundlagen des Rechnens mit modernen Rechenanlagen und in den Grundverfahren der Numerischen Mathematik in die Ausbildung der Ingenieure, Physiker, Lehramtskandidaten und anderer in dem Maße, in dem es ohne stoffliche Mehrbelastung durch Verlagerung der Schwerpunkte möglich ist.

2) Ausbau des Studiengangs für Diplom-Mathematiker unter Verzweigung in 2 Richtungen:

   a) Ausbildung für technisch-naturwissenschaftliche Forschungstätigkeit,

   b) Ausbildung für betriebswirtschaftlich-statistische Tätigkeit einschließlich Versicherungsmathematik.

3) Erörterung der Möglichkeiten für ein verlängertes Studium, das der Vertiefung in die Numerische Mathematik dient, wobei etwa an eine besondere Betonung gewisser Spezialgebiete wie

   a) Technik und Betrieb von Rechenautomaten

   b) numerische Verfahrenstechnik

   c) analytische Methoden der angewandten Mathematik

   zu denken ist.

   Die Sammlung weitgehender Erfahrungen auf mindestens diesen drei Gebieten wird man in absehbarer Zeit vom Hochschullehrernachwuchs, der sich der angewandten Mathematik widmet, verlangen müssen.

4) Vorübergehende Überbrückung des derzeitigen personellen Mangels an Rechenautomaten-Spezialisten durch ein Sonderausbildungsprogramm mit Unterstützung der Deutschen Forschungsgemeinschaft.

**Derzeitige bzw. für die nächste Zeit geplante Studienmöglichkeiten.**

Den Punkten 1–3 wird durch eine Zusatzvorlesung für untere Semester teilweise Rechnung getragen werden. In dieser Vorlesung soll, ähnlich wie in Zürich, der grundsätzliche Aufbau moderner Rechenanlagen erklärt, ihre Wirkungsweise durch Demonstration dem Studierenden nähergebracht und ihm so ein Urteil über die Anwendungsmöglichkeiten dieser Geräte und ihren Leistungsbereich ermöglicht werden.

Den Punkten 2 und 3 trägt ein Grundkurs „Praktische Mathematik I–IV" Rechnung, der 4-semestrig mit je 4 Wochenstunden abgehalten wird und der einen Abriß sowohl der numerischen Verfahrenstechnik wie der analytischen Methoden der Angewandten Mathematik bringt.

Die Punkte 2, 3 und gegebenenfalls 4 werden weiterhin durch Spezialvorlesungen, wie sie bereits üblich sind, berührt.

Von besonderer Bedeutung für Examenskandidaten unter Punkt 2 sowie für Punkt 3 und 4 ist die nunmehr anlaufende praktische Ausbildung an modernen Rechenanlagen, insbesondere an der PERM und an einer modernen elektronischen Integrieranlage, die je etwa 1 Dutzend Personen, die ganztägig arbeiten, erfassen kann. Dazu kommt ein bereits seit einigen Semestern laufendes „Seminar über numerische Verfahrenstechnik", das insbesondere der Erörterung aktueller Probleme dient.

**Allgemeine Tendenzen und Ausbildungsgrundsätze.**

Wir halten folgende Gesichtspunkte derzeit besonderer Beachtung wert:

1) Abzulehnen ist die Fixierung eines **ausschließlich** abstrakten Denkens bei den Studierenden.

2) **Anzustreben** ist die gleichberechtigte Pflege des konkreten, konstruktiven algorithmischen Denkens; beispielsweise sind konstruktive Definitionen und Beweisführungen, wo immer sie möglich sind, von Vorteil; insbesondere wenn sie, wie es häufig der Fall ist, mit geringer Mühe auf praktische Verfahren zurückgeführt werden können.

3) **Gewarnt** werden muß vor einer Vernachlässigung der analytischen Methoden, die gegenüber den algebraisch orientierten Algorithmen in den Hintergrund gedrängt werden könnten. Analytische Aussagen sind wegen ihrer Schärfe, soweit immer möglich, als Ergänzung numerischer Resultate oder zu deren Kontrolle heranzuziehen, insbesondere da bei der hohen quantitativen Leistungsfähigkeit moderner Rechenanlagen numerische Unsicherheiten eine weit größere Rolle spielen als beim Rechnen von Hand. Die Meisterschaft in der Behandlung angewandter Probleme zeigt sich in einer ausgewogenen Kombination von Numerik und Analytik.

3) **Als stete Gefahr** möge man sich vor Augen halten den oft zu beobachtenden Mißbrauch der numerischen Methoden und damit der modernen Rechenanlagen, der letztlich auf der Tendenz beruht, ein kompliziertes Problem durch rücksichtsloses numerisches Experimentieren zahlenmäßig zu erschlagen. Der praktische Erfolg eines solchen Vorgehens ist meist gering und vernachlässigbar gegenüber dem hohen Aufwand an Maschinenzeit. Wohl kann man eine experimentelle Sondierung eines komplizierten Sachverhaltes zulassen, nicht aber eine experimentelle Klärung einer unklaren Fragestellung.

**Spezielle Ausbildungsfragen.**

Die Ausbildung an Rechenautomaten wird erschwert durch das Fehlen methodischer und didaktischer Vorbilder für eine Darstellung dieses Gebietes. Bereits die Beseitigung unklarer und unsystematischer Ausdrücke und Begriffe, wie sie vom Programmierungsausschuß der GAMM angestrebt wird, kann hierbei Erleichterung bringen. Im übrigen sind die Schwierigkeiten nicht zu verkennen, die einer vorlesungs- oder kursmäßig gegebenen vollständigen Programmierungslehre im Rahmen einer akademischen Ausbildung entgegenstehen. Solches Vorgehen ist für den Hörer ermüdend. Es ist schwer zu kontrollieren, in welchem Maße er praktische Sicherheit erreicht hat. Überdies führt jedes Dozieren über den Gegenstand zur Erzwingung willkürlicher Schemata. Deshalb halten wir es für besser, nach einer generellen Information durch die Zusatzvorlesung für Anfänger sogleich zur praktischen Ausbildung an der Rechenanlage selbst überzugehen. Diese praktische Ausbildung kann insbesondere während der Anfertigung einer Examensarbeit erfolgen, noch besser ist es, wenn eine Examensarbeit aus einer solchen praktischen Ausbildung hervorwächst.

Im übrigen streben wir an, die lästige orthodoxe Programmierung möglichst bald durch Verwendung von Formelübersetzungsprogrammen überflüssig zu machen. Als Übergangsstufe verwenden wir derzeit bereits fast ausschließlich eine sogenannte Compilersprache. Wir halten jedoch diesen Schritt noch nicht für ausreichend, insbesondere da der irrelevante Adressenbegriff noch nicht beseitigt ist und Anlaß zu häufigen Irrtümern wie falschen Zählungen und dergl. gibt.

Die mit einer Formelübersetzung verbundene algorithmische Sprache hat den Vorteil, daß sie

a) unmittelbar an die übliche formelmäßige Beschreibung von Algorithmen anknüpft,

b) eine klare und dem prüfenden Mathematiker unmittelbar überschaubare Formulierung der Aufgabe erzwingt und

c) einen direkten Austausch von Formelprogrammen ermöglicht.

Augenblicklich kann der Fortfall der unrationellen expliziten Programmierung auch dazu helfen, daß der personelle Mangel an Rechenautomaten-Spezialisten gemildert wird.

Nur noch eine Spezialgruppe wird in Zukunft explizite Programmierung beherrschen müssen, zunächst um die Detail-Programmierung der Formelübersetzungsprogramme vorzunehmen, später um an der Entwicklung der logischen Prinzipien der Rechenautomaten weiterarbeiten zu können.

Als geeignete Arbeitsform für den Betrieb eines Rechenzentrums hat sich bei uns ein kontrollierter und auf gewisse Schwerpunkte gezielter open-shop-Betrieb herausgestellt — die eigentliche Arbeitsform des wissenschaftlichen Lehr- und Forschungsinstitutes. Die Kontrolle erstreckt sich dabei vor allem auf die Verfahrenstechnik, die Schwerpunktbildung dient der Auswertung numerischer Erfahrungen und dem Ausbau einer Programmbibliothek.

Schließlich halten wir es für notwendig, jede Gelegenheit zu benutzen, auch eine breite Öffentlichkeit über das Wesen und die Leistungsfähigkeit von Rechenautomaten nüchtern zu informieren, weitverbreiteten pseudowissenschaftlichen Vorstellungen wie „Spielmaschine" oder „Elektronengehirn"[15] entgegenzutreten, und im Laufe der Zeit die modernen Rechenanlagen zu einem selbstverständlichen Hilfsmittel[16] des täglichen Lebens werden zu lassen.

---

Entkleidet man diesen Text der damals üblichen Diktion, so wird darin womöglich erstmalig klar gemacht, dass maschinennahe Programmierung von der (damals natürlich nur numerisch gedachten) Anwendungsprogrammierung begrifflich und organisatorisch zu trennen sei, und man Übersetzer zwischenzuschalten habe, um solch höchst unterschiedliche Arbeitsfelder sauber zu trennen. Heute weiß man, dass es seit der Software-Engineering-Konferenz 1968 in Garmisch zu weit allgemeineren „ingenieurmäßig" zu verstehenden Ansätzen solcher Art kam. Jenen ist aber dieses Manifest um 12 Jahre vorausgegangen!

Vermutlich ist es in Vorbereitung auf diese internationale Tagung an der TH entstanden:

---

Arbeitstagung über die Ausbildung von Ingenieuren und Mathematikern in numerischer Mathematik unter Berücksichtigung der elektronischen Rechenanlagen

München 29.5.1957

[15]Auf Seite 6 kann man sehen, dass dies auch 1962 noch nicht gelungen war!

[16]Dies ist gewiss eine sehr frühe Voraussage der heutigen Situation.

**Resolution**

In der Zeit vom 27. bis 29. Mai 1957 fand in München am Mathematischen Institut der Technischen Hochschule eine Arbeitstagung über die Ausbildung von Ingenieuren und Mathematikern in numerischer Mathematik unter Berücksichtigung der elektronischen Rechenanlagen statt, an der Deutschland, Frankreich, Österreich und die Schweiz durch Fachexperten vertreten waren.

In Referaten und Diskussionen kam übereinstimmend die Ansicht zum Ausdruck, daß die modernen Großrechenanlagen einen maßgebenden Einfluß auf die Mathematik als Ganzes, ihren Anwendungsbereich in anderen Wissenschaften und ihre Auswirkungen in Technik und Wirtschaft ausüben. Daraus ergeben sich insbesondere weitgehende Auswirkungen auf die Gestaltung des mathematischen Unterrichts in allen Stufen.

Die Arbeitstagung empfiehlt daher ihren Teilnehmern sich in ihren Ländern für die Erfüllung folgender Forderungen einzusetzen:

1. Stärkere Berücksichtigung des numerischen Rechnens und seiner mit den modernen Rechenanlagen verknüpften Weiterentwicklung im mathematischen Unterricht der Technischen Hochschulen und Universitäten, wobei weniger an eine Vermehrung der Stunden als an eine der neuen Entwicklung angepaßte Auswahl des Stoffes gedacht wird.
2. Es wird empfohlen, das Fach Numerische Mathematik in die Abschlußprüfung für Mathematiker und Physiker (Lehramtsprüfung und Diplomprüfung) aufzunehmen und auch den Ingenieuren in der Abschlußprüfung Gelegenheit zu geben Kenntnisse auf diesem Gebiet nachzuweisen.
3. Auch an den mittleren und höheren Schulen ist eine Reform und Vertiefung des Unterrichts im numerischen Rechnen erforderlich, welche hauptsächlich durch eine richtige Ausbildung der Lehramtskandidaten und eine entsprechende Orientierung der bereits tätigen Lehrer erreicht werden muß.

Es sei noch darauf hingewiesen, daß sich durch den zunehmenden Einsatz der modernen Rechenanlagen in Wissenschaft, Technik und Wirtschaft erfolgsversprechende Berufsaussichten für die Absolventen mittlerer und höherer Schulen ergeben.

Die Teilnehmer der Tagung sind übereingekommen, zu gegebener Zeit erneut zusammenzutreten, um über die in den einzelnen Ländern inzwischen getroffenen Maßnahmen zu berichten und einen weiteren Erfahrungsaustausch zu pflegen.

gez. Bauer, Cremer, Heinhold, Sauer, Strubecker (Deutschland)
gez. Brillouet, Durand, Kuntzmann, Ville (Frankreich)
gez. Inzinger (Österreich)
gez. Stiefel (Schweiz)

---

## 2.5 PERM-Fertigstellung

Die schließliche Fertigstellung markiert eine Notiz von Ulrich Kulisch:[17]

*Im Herbst 1954 kündigte Herr Heinhold ein Proseminar über Rechenmaschinen an. Das Institut für Angewandte Mathematik an der TH München verfügte über eine große Palette analoger und digitaler mechanischer Rechenmaschinen, Integraphen, Integrimeter, Planimeter, Fourieranalysatoren, Stieltjesintegratoren und alle Arten mechanischer digitaler Rechenmaschinen. Mir wurde die Aufgabe zugewiesen, die verschiedenen Arten digitaler Rechenmaschinen, Staffelwalzen-,*

[17]Aus: Nachträgliche Niederschrift eines Vortrages, den der Autor Ulrich Kulisch während eines Festkolloquiums gehalten hat, das die Fakultät für Mathematik und das Institut für Angewandte und Numerische Mathematik in Karlsruhe anlässlich seines 75sten Geburtstages am 27. Juni 2008 veranstaltet haben.

*Sprossenrad-, Schaltklinken-, Proportionalhebelmaschinen und andere, zu erklären und typische Rechenbeispiele damit vorzuführen ...*

*Am Ende des Semesters wurde der Hörsaal, in dem ich meinen Vortrag gehalten hatte, geschlossen und man erfuhr, dass hier ein Zwischengeschoss eingezogen wird, und dass dort eine große elektronische digitale Rechenanlage aufgebaut werden soll. Die DFG hatte für ein Gemeinschaftsprojekt von Prof. Robert Sauer, Mathematik und Prof. Hans Piloty, Elektrotechnik eine Million DM bewilligt.*

Die PERM wurde um 1955/6 funktionsbereit und alsbald sogar durch Annette von Aretin im Fernsehen vorgestellt. Die förmliche Einweihung am 7. Mai 1956 war aufwendig gestaltet; s.u.

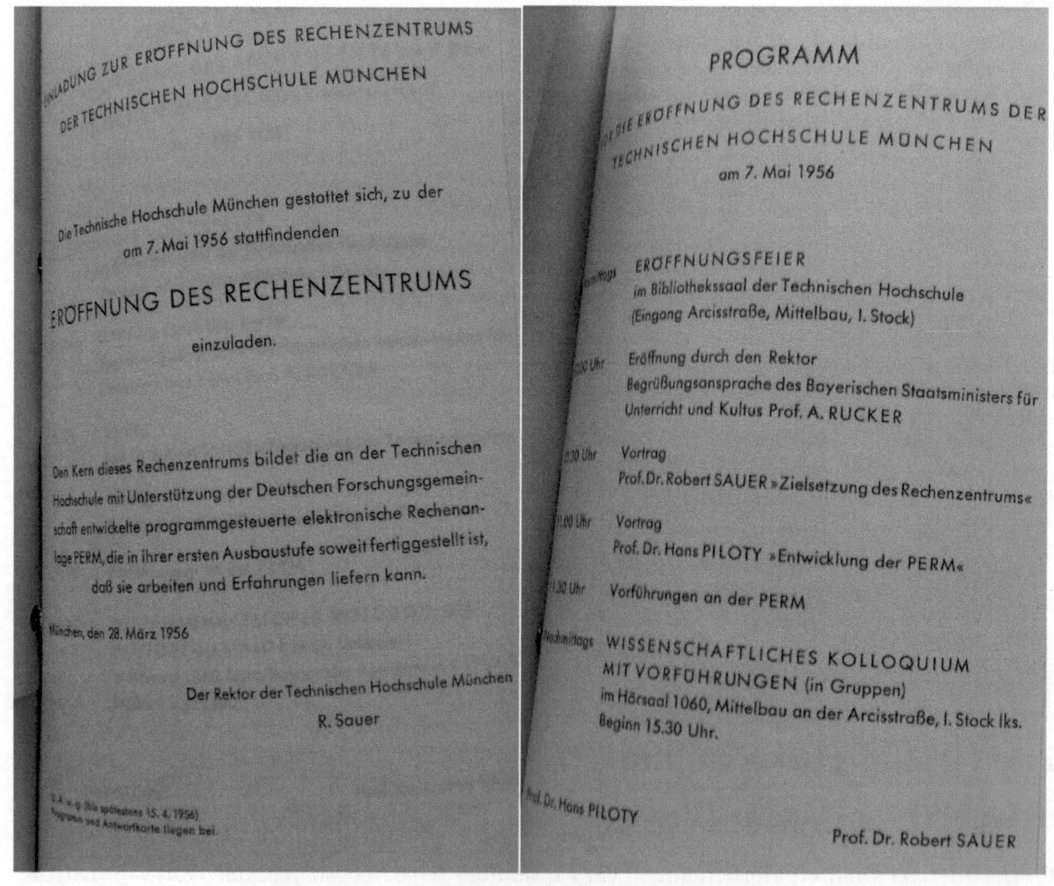

EINLADUNG ZUR ERÖFFNUNG DES RECHENZENTRUMS
DER TECHNISCHEN HOCHSCHULE MÜNCHEN

Die Technische Hochschule München gestattet sich, zu der
am 7. Mai 1956 stattfindenden

ERÖFFNUNG DES RECHENZENTRUMS

einzuladen.

Den Kern dieses Rechenzentrums bildet die an der Technischen Hochschule mit Unterstützung der Deutschen Forschungsgemeinschaft entwickelte programmgesteuerte elektronische Rechenanlage PERM, die in ihrer ersten Ausbaustufe soweit fertiggestellt ist, daß sie arbeiten und Erfahrungen liefern kann.

München, den 28. März 1956

Der Rektor der Technischen Hochschule München
R. Sauer

U. A. w. g. (bis spätestens 15. 4. 1956)
Programm und Antwortkarte liegen bei.

PROGRAMM

FÜR DIE ERÖFFNUNG DES RECHENZENTRUMS DER TECHNISCHEN HOCHSCHULE MÜNCHEN
am 7. Mai 1956

…mittags ERÖFFNUNGSFEIER
im Bibliothekssaal der Technischen Hochschule
(Eingang Arcisstraße, Mittelbau, I. Stock)

…0 Uhr Eröffnung durch den Rektor
Begrüßungsansprache des Bayerischen Staatsministers für Unterricht und Kultus Prof. A. RUCKER

…30 Uhr Vortrag
Prof. Dr. Robert SAUER »Zielsetzung des Rechenzentrums«

…00 Uhr Vortrag
Prof. Dr. Hans PILOTY »Entwicklung der PERM«

…30 Uhr Vorführungen an der PERM

Nachmittags WISSENSCHAFTLICHES KOLLOQUIUM
MIT VORFÜHRUNGEN (in Gruppen)
im Hörsaal 1060, Mittelbau an der Arcisstraße, I. Stock lks.
Beginn 15.30 Uhr.

Prof. Dr. Hans PILOTY

Prof. Dr. Robert SAUER

Einladung zur PERM-Eröffnung am 7. Mai 1956

Vielleicht zitiere ich am besten, was Sauer und Piloty selbst um 1959 in der Zeitschrift *Bayernland* geschrieben haben. Dann wird klar, dass der Trommelspeicher am Anfang stand, und der Kernspeicher[18] erst 1959 dazu kam. Auch die Einrichtung eines Rechenzentrums ist damit

[18]Ich hatte mich damals immer mal wieder gewundert, wieso die Adressen der Trommel *vor* denen des Kernspeichers lagen, der doch viel schneller war.

dokumentiert und die damals erstmalig zu konzipierende Aufgabenverteilung zwischen dem RZ und den dieses nutzenden Wissenschaftlern:

*Die PERM ist, entgegen den ursprünglichen Plänen, eine recht große und komplizierte Maschine geworden. In technischer Fachsprache beschrieben ist sie eine Röhren-Parallelmaschine mit gemeinsamem Befehls- und Zahlenspeicher (8192 Worte mit je 51 Binärziffern), welcher die Zahlen intern binär, extern dezimal darstellt, und zwar wahlweise mit festem und gleitendem Komma (zwölf Dezimalziffern in der Mantisse). Ihre Eingangs-Information erhält sie durch Lochstreifen, ihre Resultate liefert sie an eine leicht abgeänderte handelsübliche (Siemens & Halske) Fernschreibmaschine ab.*

*Besonders erwähnenswert ist der Magnettrommelspeicher, eine Speicherart, die zur Zeit unserer Planung als die technisch sicherste galt. Den modernen schnelleren Magnetkernspeicher gab es damals noch nicht. Es galt daher, den Trommelspeicher so schnell wie irgend möglich zu machen, das heißt, seine Umdrehungszahl so hoch wie möglich zu wählen. Mit Hilfe der Firma Kugel-Müller in Nürnberg gelang es, einen zuverlässigen Speicher* [siehe Seite 179] *mit 15 000 U/min, das heißt also 2 msec mittlerer Zugriffszeit, bei einer Kapazität von 8192 Zahlen oder Befehlen zu bauen. Es ist dies wohl eine Spitzenleistung. Im Jahre 1955 war es so weit, daß die Anlage mit einer zunächst provisorischen Ein-und Ausgabevorrichtung zusammengeschaltet und erprobt werden konnte. Nach einigen Monaten Prüfbetriebes stand die Rechenanlage zur Lösung wissenschaftlicher Probleme bereit. Für ihre Leistungsfähigkeit ist die Angabe, daß sie eine Speicherkapazität von 8192 Worten hat und im Mittel 250 Operationen je Sekunde ausführt, ein gutes Maß.*

*Es mag vielleicht noch erwähnt werden, daß ein großer Teil der im Institut geleisteten Arbeit Werkstudenten anvertraut werden konnte, die sich so ihre Studienkosten verdienten, gleichzeitig aber auch mit einem neuen Zweig der Nachrichtentechnik vertraut wurden.*

*Ungefähr zu dem Zeitpunkt, in welchem die PERM in ihrer ersten Ausbaustufe betriebsfähig wurde, gelang es der Hochschule, unter großzügiger Unterstützung durch das Bayerische Staatsministerium für Unterricht und Kultus, ein „Rechenzentrum" zu gründen, dessen Aufgabe der Betrieb der neuen Anlage zu wissenschaftlichen Zwecken war. Seit seiner Gründung im Monat Mai 1956 hat das unter der Leitung der Professoren Sauer und Piloty stehende Rechenzentrum eine umfangreiche Programmbibliothek an Unterprogrammen zusammengestellt und eine Vielzahl von Problemen aus den Gebieten der Kernphysik, Hochfrequenztechnik, Starkstromtechnik, Baustatik, Strömungsmechanik, Übertragungstechnik, Verkehrsstatistik und anderen Gebieten gelöst, wobei die Programmierung und Ausführung der Rechnung entweder ganz vom Rechenzentrum übernommen oder dem von einem fremden Forschungsinstitut kommenden Benützer Hilfe beim Programmieren und beim Benützen der Anlage geleistet wurde.*

*Unter Führung der Herren Dr. Samelson und Dr. Bauer — jetzt beide Professoren an der Universität Mainz — entstand in Gemeinschaftsarbeit mit anderen wissenschaftlichen Rechenzentren eine für alle Maschinen brauchbare Formelsprache, und ein umfangreiches Programm, ein sogenanntes Compilerprogramm, wurde entworfen, welches automatisch diese allgemeine Formelsprache in die spezielle Sprache der PERM übersetzt.*

*In der Zwischenzeit wurde auch in technischer Beziehung die PERM weiterentwickelt. Neben zahlreichen anderen Verbesserungen und Ergänzungen ist hier besonders ein zusätzlicher Magnetkernschnellspeicher mit einer Kapazität von 2048 Worten zu erwähnen, der noch im Laufe des Jahres 1959 in Betrieb kommen soll und die Leistungsfähigkeit der* PERM *auf mindestens 2500 Operationen je Sekunde steigern wird.*

Lässt man die Entwicklung der PERM Revue passieren, so sind insbesondere jene Punkte zu benennen, die Samelson schon 1977 im Heft zur Feier des 10jährigen Bestehens der Informatik angeführt hat:

— die bei der frühen Entwicklung der PERM erarbeiteten Beiträge zur Rechner- und Programmorganisation (1955: Schecher, Bauer, Samelson, Baumann, [7, 96, 109]),

— das Konzept des formelgesteuerten Rechners mit dem Prototyp des deterministischen Kellerautomaten als Kern, wie es später für die Syntaxanalyse formaler Sprachen üblich wurde (1956: Bauer, Samelson, [99, 100]),

— die wesentliche Beteiligung bei der Erarbeitung der höheren Programmiersprache ALGOL 60 aus ALGOL 58 im Rahmen eines internationalen Komitees (1958–60: Bauer, Samelson),

— das richtungsweisende Übersetzerkonzept mit einer dem Übersetzungsprozess angepassten programmierten Version des Kellerautomaten und die Entwicklung des auf der Welt ersten ALGOL-Übersetzers (1959: Bauer, Samelson, Paul),

— und in kurzem Abstand weitere ALGOL-Übersetzer für andere Anlagen (1960–63: Hill, Langmaack, Paul, Seegmüller, Wiehle),

— hierauf aufbauend erste Systeme zur Erzeugung von Syntaxanalysatoren (1962: Eickel, Paul, Bauer, Samelson),

— und ein erstes Betriebssystem für die Telefunken-Rechenanlage TR 4 1963, i.w. von Seegmüller [125]. Peischl schrieb den Assembler TEXAS und Wiehle den Debugger, [143].

Damit endete aber auch die Rechnerentwicklung an Hochschulen; in [15] schreibt Bauer: *Etwa 1956 entschied die Deutsche Forschungsgemeinschaft, daß sie den weiteren Bau von „Institutsmaschinen“ nicht mehr unterstützen würde, weil mittlerweile die Firmen Zuse, Siemens, SEL und auch Telefunken bei der Entwicklung ihrer Rechner genügend weit fortgeschritten waren, um den erforderlichen Bedarf der Wissenschaft in absehbarer Zeit zu decken.*

---

Es sollte versucht werden, sich in die Zeit zurück zu versetzen, um zu erahnen, in welch großem Rahmen vorausgedacht wurde. Vielleicht kann es am besten beurteilen, wer sich die allerersten Aktivitäten nach der Rückkehr von Bauer und Samelson aus Mainz (zwischen Januar und Oktober 1963) ins Gedächtnis ruft.

Nach Inbetriebnahme der PERM 1956 sicherlich längst vorbereitet, erschien bereits 1964 das Buch *Moderne Rechenanlagen — Eine Einführung* bei Teubner mit den vier Autoren Bauer, Heinhold, Samelson und Sauer auf 357 Seiten [31]; siehe Seite 146. Es spannte einen weiten Bogen von der Wahl des mathematischen Verfahrens über die numerischen Methoden, deren Formulierung in einer algorithmischen Sprache, den Aufbau des Rechenautomaten, dessen Peripherie, maschinenorientierte Programme, Schaltwerke, bis hin zu einer Darstellung des Analogrechnens.

Robert Sauer beschreibt bereits 1964 im Vorwort des Buches — gewiss in Abstimmung mit seinen Koautoren — ganz unmissverständlich das Ziel der Münchner Informatik-Vorarbeiten: *Es sei ausdrücklich darauf hingewiesen, dass das vorliegende Buch weder eine reine Programmierungsanleitung noch ein Handbuch numerischer Methoden ist. Wir haben uns das Ziel gesetzt, den präsumtiven Benutzer in die gesamte Problematik der Rechenanlagen und ihres Gebrauchs einzuführen. Der Leser des Buches soll lernen, seine Aufgaben für die Rechenautomaten „aufzubereiten" und sinnvoll zu formulieren. Er wird mit den dabei auftretenden Besonderheiten des numerischen Rechnens und der Problematik des Programmierens vertraut gemacht. Im Gegensatz zu dem noch weitverbreiteten, der historischen Entwicklung folgenden Weg, bei digitalen Rechenautomaten mit der Maschinenprogrammierung zu beginnen, gehen wir konsequent von einer problemorientierten Sprache — in Anlehnung an* ALGOL 60 *— aus, und entwickeln erst daraus die Grundzüge der Aufstellung von Maschinenprogrammen und der maschinellen Übersetzung von der problemorientierten Sprache in die Intern-Sprache, die wenigstens bei größeren Rechenanlagen häufig nicht mehr Sache des Normalbenutzers ist. Durch diese Zielsetzung und didaktische Methode unterscheidet sich das Buch wesentlich von den zahlreichen bereits erschienenen Werken über Rechenanlagen und den Büchern über numerische Mathematik.*

Bauer und Samelson haben diesen hier gewiesenen Weg später stets konsequent weiter verfolgt. In dem genannten Buch kann man schon viele Ideen ihrer Arbeiten aus den 1970er Jahren vorgezeichnet finden. Die Anbindung an die Numerik ist klar ausgedrückt. Die Anlage und Konzeption einer algorithmischen Sprache wird skizziert, der Umgang mit peripheren Geräten, die maschinennahe Programmierung, ja die Theorie der Schaltwerke abgehandelt. Allerdings muss man (heute) immer an all jenen Stellen schmunzeln, an denen von Rechenzeiten und Speichergrößen die Rede ist.

**F. L. Bauer — J. Heinhold — K. Samelson — R. Sauer,** Moderne Rechenanlagen. Eine Einführung. (Leitfäden der angewandten Mathematik und Mechanik, Band 5) 357 S. m. 193 Abb. Stuttgart 1964. B. G. Teubner Verlagsgesellschaft. Preis geb. DM 46,80.

Dieses Buch wendet sich an alle, die sich für Arbeitsweise und Problematik moderner Rechenanlagen interessieren. Im Gegensatz zu anderen Werken gleicher Zielsetzung wird der Leser hier nicht gezwungen, sich zunächst mit den verschiedensten technischen, mathematischen oder logischen Details zu befassen. Den Verfassern ist es vielmehr gelungen, eine neue und wohl recht glückliche Art der Darstellung zu finden. Es wird nicht, wie vielfach üblich, von den Gegebenheiten einer Maschine (oder einer algorithmischen Sprache) ausgegangen, sondern von den Forderungen und Aufgaben, die der Benutzer an einen Automaten stellt. Nach einleitenden globalen Betrachtungen wird zunächst auf die Besonderheiten des numerischen Rechnens eingegangen. Vor- und Nachteile von Fest- und Gleitpunktrechnung, Rundungsfehler, numerische Stabilität, Finitisierungs- und Diskretisierungsfehler werden in ihren wesentlichen Zügen diskutiert und an einigen geschickt gewählten Beispielen illustriert. Dann werden die Grundlagen der Programmierung mit einer problemorientierten Sprache (ALGOL 60) nach und nach erschlossen. Hier bewährt es sich sehr, den Leser nicht von Anfang an mit dem Formalismus einer algorithmischen Sprache zu konfrontieren, sondern anhand zahlreicher Beispiele Schritt für Schritt die Notwendigkeit der einzelnen Vereinbarungen zu erläutern. So wird zwar nicht lückenlose Kenntnis, wohl aber Verständnis gewonnen. Anschließend werden Strukturen und Anwendungsmöglichkeiten peripherer Speicher dargestellt und danach der Übergang von problemorientierten zu maschinenorientierten Programmen erörtert. Auch hier steht die Erörterung der Grundlagen im Vordergrund. Da die Darstellung sich nicht auf einen bestimmten Maschinentyp beschränkt, müssen Details ohnehin unterbleiben. Ein weiteres Kapitel über Schaltnetze und Schaltwerke macht mit den Prinzipien der technischen Realisierung des bisher Gebotenen bekannt. Auf ingenieurtechnische Details wird verzichtet.

Das letzte Kapitel (50 S.) ist elektronischen Analogrechnern gewidmet. Die einfachere Struktur der Geräte ließ es hier angezeigt erscheinen, Probleme und Aufbau einer solchen Anlage von den einzelnen Rechenelementen und ihrer Arbeitsweise her darzustellen.

Das Buch wird wegen seines klaren Aufbaues, der geschickten Herausstellung der wesentlichen Dinge und nicht zuletzt seiner Aktualität wegen bald Freunde finden unter allen denen, die sich umfassend über moderne Rechenanlagen informieren wollen, ohne sich in Einzelheiten zu verlieren.

Dresden J. Uhlig

Review zu *Moderne Rechenanlagen*

Dass daneben noch weitere Bücher von Robert Sauer erschienen, vervollständigt das Bild: Neuauflagen seiner *Ingenieur-Mathematik* I[19] und II[20] für die Anfängervorlesungen.

Dann erschienen als nächste große Unternehmung 1967–1970 vier geradezu monumentale Bände unter dem Obertitel *Mathematische Hilfsmittel des Ingenieurs – in Einzeldarstellungen mit besonderer Berücksichtigung der Anwendungsgebiete*; [105, 107, 106, 108]. Schaut man auf den einen der Herausgeber, Robert Sauer, die Herausgeber-Mitwirkenden H. Neuber, K. Pöschl, E. Truckenbrodt, die Autoren des Bandes III (u.a. Friedrich L. Bauer, Josef Stoer, Robert Sauer, Roland Bulirsch, Klaus Samelson) und vor allem auf die Autoren des Bandes IV, (u.a. Georg Aumann, Friedrich L. Bauer, Roland Bulirsch, Klaus Samelson, Robert Sauer, Josef Stoer), so entstanden sie nicht zuletzt an der TH München. Weitere Mitwirkende waren Wolfgang Hahn, Volker Mammitzsch und Dietrich Morgenstern.

Eingerahmt wurden diese Aktivitäten durch Sauers Bände *Anfangswertprobleme bei partiellen Differentialgleichungen* [101] von 1958 und *Nichtstationäre Probleme der Gasdynamik*[21] 1966 [103]; siehe Seiten 133, 133, 146. An der Fertigstellung des letzteren durfte ich noch ein wenig teilhaben. Sauer schrieb mir 1968, er wolle es ins Englische transferieren; dazu ist es aber nicht mehr gekommen. Auch von Bauer, Baumann und Samelson gab es wichtige Vorarbeiten; etwa [98, 99, 96, 90].

## 2.6 Arbeitssituation nach den 1963er Parallelisierungen

Die Zusammenstellung [1] zeigt sehr schön die Entwicklung der 1960er Jahre in den wichtigen Fächern:

| | 1962/63 | 1971/72 |
|---|---:|---:|
| Mathematik | 121 | 732 |
| Lehramt (6/7 davon halb Mathematik) | 221 | 772 |
| Physik | 682 | 840 |
| Chemie | 332 | 421 |
| Geologie | 32 | 34 |
| Bauwesen | 2.248 | 1.957 |
| Maschinenbau | 1.909 | 1.337 |
| Elektrotechnik | 1.515 | 1.617 |
| Brauerei, Lebensm.-Techn., | 311 | 248 |
| Landwirtschaft, Gartenbau | 315 | 699 |
| **Summe** | 7.686 | 8.642 |

[19] Im Herbst 1959 ging der Dank im Vorwort an: Dr. H.J. Stetter, Priv.-Doz. Dr. D. Suschowk, H. Huber, R. Schätz sowie seine Kollegen Lense und Heinhold. Im Herbst 1963, bei der dritten Auflage von Teil I, richtet Sauer im Vorwort seinen Dank an Dr. H. Huber und G. Schmidt, sowie Dr. R. Bulirsch und C. von Conta.

[20] Im Frühjahr 1960, bei der ersten Auflage von Teil II, formuliert Sauer im Vorwort seinen Dank an Priv.-Doz. Dr. D. Suschowk, Dr. H.J. Stetter, Dipl.-Phys. H. Huber und Dipl.-Math. R. Bulirsch. Dem folgt in der dritten Auflage im Juli 1967 ein Dank an Hochschuldozent Dr. R. Bulirsch, Dipl.-Phys. H. Kuss, Dr. G. Schmidt und Dipl.-Math. L. Zagler

[21] Im Frühjahr 1966 bedankt sich Sauer im Vorwort bei Dipl.-Phys. H. Kuss, Dr. G. Schmidt, OStR Dr. A. Schöttl, Dipl.-Math. L. Zagler.

Wachsende Studentenzahlen gab es während dieses Jahrzehnts mithin „nur“ in der Mathematik, und zwar gewaltig wachsend. Das Lehramt verteilte sich weit überwiegend auf Kombinationen mit Mathematik (zumeist mit Physik) und ganz wenigen in den Kombinationen Chemie-Biologie-Erdkunde oder Physik-Geographie; auch die Lehramtlerzuwächse sind also weitgehend der Mathematik zuzuschlagen:

| | 1962/63 | 1971/72 | |
|---|---|---|---|
| Mathematik-nah[22] | 216 | 1.063 | nahezu verfünffacht |
| Rest der TH | 7.470 | 7.579 | minimal erhöht |
| **Summe** | 7.686 | 8.642 | |

Es war damit vollauf berechtigt, dass die Lehrstühle von Aumann und Sauer „parallelisiert“[23] wurden, wie später auch das Ordinariat im Institut für Angewandte Mathematik und der Geometrie-Lehrstuhl. Dabei sollte man sich in das damalige Jahrzehnt mit einer von 8.360 auf 10.512 steigenden Gesamtstudentenzahl[24] an der gesamten TH zurückversetzen.

Man stelle sich das vor: Zwei Professoren werden 1963 nach München (zurück-)berufen. Sicherlich waren sie während ihrer Mainzer Zeit kurzgeschlossen mit der Weiterentwicklung der

[22] $121 + \frac{1}{2} \cdot \frac{6}{7} \cdot 221 \approx 216 \qquad 732 + \frac{1}{2} \cdot \frac{6}{7} \cdot 772 \approx 1063$

[23] durch Bauer und Samelson

[24] Der Zuwachs beruhte — neben graduellen Veränderungen — auf der 1964 neu aufgenommenen Berufsschullehrer-Ausbildung (+348), den seit 1967 neuen Medizinern (+487), sowie den neuen Geologen, Mineralogen, Lebensmittelchemikern und Biologen (+141). Die genannte Gesamtstudentenzahl umfasst dann noch eine Anzahl Gasthörer, das Arbeitswissenschaftliche Aufbaustudium, Studienkollegiaten, etc.

PERM, dem Bau von deren Übersetzern und den Bemühungen um die tiefergehenden Programmierprinzipien. Mit ihnen entsteht — nach Gründung der gleichnamigen Zeitschrift 1959 — sofort die Numerische Mathematik in Büchern. Es beginnt eine neue digitale Ära der Wissenschaft bei gleichzeitiger Verfünffachung der Studentenzahlen in wenigen Jahren.

Klar ist, dass dies nicht quasi-statisch/adiabatisch geschah, sondern geradezu als „Revolution" angesehen werden muss. Revolutionen benötigen Revolutionäre, als die man Bauer und Samelson sicher ansehen darf; sie erfordern aber auch den gärenden Ur-Sumpf, den Revolutionäre aufpeitschen können. Das war, stets zusammenstehend, „das Institut" oder wahlweise „das Rechenzentrum". Man wanderte zusammen, trank am frühen Nachmittag rituell gemeinsam Kaffee, ging miteinander ins Dantebad und traf sich danach beim „Jugo" in der Lothstraße, einem der ersten jugoslawischen Restaurants — ja, und man genoss nach kollektiven Vorbereitungen den Institutsfasching.

Mit welchem Tempo die Arbeit damals aufgenommen wurde, zeigt 1968 eine treffende Skizze aus der MAFAZ, der Faschingszeitung des Mathematischen Instituts, s.o.

Sichtbar gemacht wurde aber auch die Vielfachbelastung der Professoren mit Witzchen[25] in eben dieser MAFAZ:

FLB ≈ **F**ern **l**esender **B**rofessor

S T E L L E N A N G E B O T !

Gesucht werden etliche Doubles
für TH-Professor, um dessen
gleichzeitige Anwesenheit auf
mehreren Kongressen und in der
Vorlesung zu ermöglichen.
Genügsamkeit beim Mittagessen
(Semmel und Schokolade) ist
erforderlich ...

Letzteres war schon in [25] zu sehen. Oder im Stile der Anfragen an Prawda/Radio Eriwan:

— Ist sich möglich, dass Professor ist gleichzeitig auf Kongress
in Mexiko, Tagung in Prag und in Vorlesung Höhere Mathematik?
— Ist sich möglich, dass einer Reinsch heißt in Mathematisches Institut?

Dann wird in der MAFAZ die Neuerscheinung dieses Buches inseriert:

F. L. Bauer: Theorie und Praxis der Vorlesung.
Der im Vorwort beschriebenen Theorie folgen die Kapitel über Praxis, welche von den Mitarbeitern des Autors verfasst sind.

[25] Allgemein war bekannt, dass Bauer mittags aus Zeitmangel oft im Beisein von Mitarbeitern, mit denen etwas zu bereden war, ein Schokoladestück in eine Semmel presste und diese dann verspeiste.

Seinerzeit erregte Rolf Hochhuths Papst-Drama *Der Stellvertreter* viel öffentliche Aufmerksamkeit. Seiner Rezeption in der MAFAZ 1968 kann man ansehen, wie Bau(er und Sa)melson als Einheit zu agieren verstanden:

Spielplan des THters an der Arcusstr. für das
Wintersemester 1967/68

Tägl. 12 - 13

**Der Stellvertreter**

Improvisations-Drama in 5o Akten

Mitwirkende: Deussen, Eickel, Goos, Hofmann, Niegel, Schmidt
u.v.a.

Souffleur und Regisseur : Baumelson

Kartenvorverkauf: Einschreibstelle der TH
( Es stehen nur Beschränkt(en) Plätze zur Verfügung)

Auch im besagten Jugo zeigte Bauer seine Schlagfertigkeit. Beim Bier hatte er ein wenig von seiner Militärzeit berichtet. Er ging ja zum Baden stets mit einem Gummi- oder Plastik-Schuh und musste zeitlebens ganz minimal hinken. Darauf angesprochen, berichtete er, dass das auf einer Schussverwundung aus dem Kriege beruhe und sagte, in dem Moment ganz Mathematiker: „... und plötzlich war ich mehrfach zusammenhängend". Sofortige Folgerung eines ebenfalls der Mathematik[26] entstammenden späteren Kollegen: „... also vom Geschlecht Null". Darauf Bauer „... naa, des ham's net troffa."

---

Wenn man einmal kurz etliche Jahre voraus schaut, so perpetuierte sich diese Vertretungssituation bis in die 1980er Jahre. Mich selbst traf es zu jener Zeit kaum mehr, weil ich mit Bauer nun in großen Vorlesungen jahres- resp. semesterweise alternierte, vor allem bei *Algorithmische Sprache und Programmentwicklung I, II* (4 V, 3 Ü) und *Algebraische Strukturen in der Informatik* (3 V, 2 P). Es war bereits eine neue Generation von Kollegen, die — Deussen, Eickel, Goos, Hofmann, Niegel und mich ersetzend — solche Vertretungen zu übernehmen hatte.

Beispiel: Auch Berghammer vertrat Bauer öfter in den Vorlesungen. Im Februar 1984 erfolgte Berghammers Promotion mit Bauer als Zweit- und mir als Erstgutachter. Es traf sich, dass Berghammers Rigorosum ausgerechnet um 13 Uhr, kurz nach der Vorlesungsvertretung um 10 Uhr stattfinden sollte. Berghammer wies leise hin auf diese unglückliche zeitliche Abfolge, erhielt aber als Antwort nur ein kurzes: „Jetzt ham's Eana doch net so!". Es ging in der Tat alles gut: SUMMA CUM LAUDE und der Preis des Bundes der Freunde der TUM.

Bauer las den Zyklus *Einführung in die Informatik I bis IV* wieder ab dem WS 84/85 bis SS 86. Übungsassistenten bei I und II waren damals Walter Dosch und Berghammer. Wegen einer

[26]Mathematisch fehlerhaft hatte dieser bei „Durchschuss" gewiss an die geometrische Gestalt der 0 gedacht; aber: Topologisch meint Genus 0 die Kugel, Genus 1 den Reifen/Torus oder Genus 3 die bayerische Standardbreze.

Erkrankung Bauers musste Dosch ihn in fast jeder Vorlesung vertreten, so dass Berghammer den gesamten Übungsbetrieb (mit 27 Übungsgruppen in *Informatik I*) praktisch alleine regelte. Bei *Informatik IV* wiederholte sich dieses Spiel mit Helmuth Partsch an Stelle von Dosch. An *Informatik III* war Berghammer nicht beteiligt; er leitete zusammen mit Stefan Eichholz im WS 85/86 die Übungen zu *Einführung in die Informatik I* bei Fred Kröger.

## 2.7 Erste Vorstellungen zu Programmier-Prinzipien

Trotz all diesen Wirbels folgte man einer klaren Linie, die Programmierung — und damit die Programmiersprachen — zu gestalten.

Den insgesamt vier Beiträgen der Münchner Bauer/Samelson/Schecher zum Internationalen Mathematiker-Kolloquium 1955 [87] in Dresden[27] lässt sich die Situation gut entnehmen: Man findet eine Kaskade, beginnend mit Bauers Iterationsnotwendigkeiten [6, 7] herrührend aus der Numerik, dann Samelsons Diskussion offen/geschlossener Unterprogrammorganisation [96] mit polnischer Termnotation und Kellerprinzip zu deren Abwicklung und schließlich Schechers dazu erforderlicher Hardware-Technologie der automatischen Adress-Substitution [109].

Die darauf aufbauend in München verfolgten Programmierprinzipien unterschieden sich gewaltig von den mit COBOL und FORTRAN aus Amerika kommenden: Man wollte nicht mehr nur handwerklich vorgehen, sondern mathematisch fundiert. Samelson beschreibt es in [96] sehr deutlich: *Vielleicht darf daran erinnert werden, daß zu Beginn die Programmierung mit Flußdiagrammen und Befehlslisten als Kunst bezeichnet wurde. Nun, sie war es schon einmal vor 500 Jahren, für die Rechenmeister des ausgehenden Mittelalters und der Renaissance. Wir sollten uns darüber klar werden, daß die Programmierung als die formale Seite des Maschinenrechnens die Entwicklung der formalen Seite der Mathematik an sich völlig wiederholt, und daraus die nötigen Konsequenzen ziehen. Sie bestehen darin, daß man sich von vornherein bemüht, die Programmierung soweit wie nur irgend möglich der in jahrhundertelanger Entwicklung entstandenen Symbolik der Mathematik anzugleichen. Erst wenn dies geschehen ist, ist der Schritt vom Zahlen- zum Buchstabenrechnen, von der Arithmetik zur „Algebra“, der in dem Übergang von der Handrechenmaschine zum programmgesteuerten Automaten enthalten ist, wirklich vollzogen.*

Auch dem Ansatz mit der späteren, etwas fortschrittlicheren Sprache PL/I aus Wien folgte man in München nicht; sicherlich zu Recht. Angesichts der Markt-Dominanz der IBM war das nicht einfach durchzuhalten. Eine Dekoration beim damaligen Instituts-Fasching bringt die Münchner Haltung auf den Punkt — wie auch die MAFAZ:[28]

[27] — anlässlich der Einweihung der neuen Räume des Mathematischen Instituts der TH Dresden

[28] Nach mehr als 50 Jahren zum Verständnis: A.P.O ≈ **A**ußer**p**arlamentarische **O**pposition, SDS ≈ **S**ozialistischer **D**eutscher **S**tudentenbund

Was für den Stier ein rotes Tuch
für CDU-ler Maos Buch
was für die Bayern die Berliner
für Vegetarier ein Paar Wiener
was für die SDS-ler gar
die Ordinarien im Talar
was für die A.P.O. Axel Springer
das ist, wenn ich es recht beseh'
wohl PL/I für F.L.B. ...

Überhaupt — unsere Faschingsfeste! Bauer wie Samelson nahmen stets aktiv daran teil, einer wild kostümiert, der andere im Smoking.

Leider lief die im Prinzip vernünftige `ALGOL 60`-Idee aus dem Ruder. Die Münchner Informatiker gingen — wenngleich sehenden Auges — solidarisch mit den anderen Teilnehmern dieser internationalen Kooperation der `ALGOL 68`-Katastrophe entgegen. Soweit ging es um das Design von Programmiersprachen.

Im Herbst 1968 aber begann man sich um allgemeinere Prinzipien der Programmierung zu kümmern: Damals, also vor nunmehr gut 50 Jahren, fand der erste Software-Engineering Kongress in Garmisch statt — unter Leitung von Bauer und Samelson.

In ganz natürlicher Weise folgte 1979 an der TU München dessen 4. Ausfertigung [12] unter dem Gesamtvorsitz von Bauer; siehe Seite 160.

Es war zu dieser Zeit, dass Bauer wieder sein Talent einsetzte, um ein Problem zeichnerisch zu erfassen:

SOFTWARE

ENGINEERING

by

FRIEDRICH L. BAUER

*Software Engineering is that part of Computer Science which is too difficult for the Computer Scientist*

A Computer Scientist is given the problem: 'Build a fork with three prongs'.

After some formalisation, he arrives at the

picture

as a semantic model. He discovers, that there is also

a fork with four prongs in use

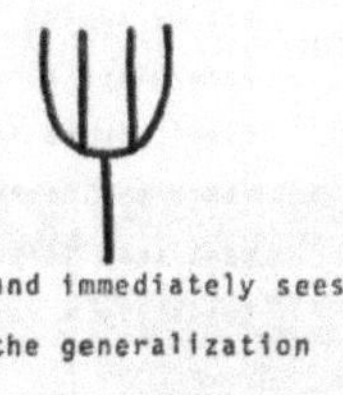

and immediately sees the generalization to n prongs.

Objections, that n is variable, are met by saying 'n is determined at run-time'. So he invents an instrument that is potentially a rake.

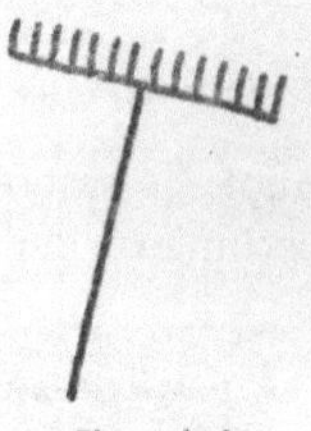

*The rake's progress*

But instead of wasting time to apply it, he leaps forward to a recursive fork, after he has suddenly realized that in principle a 2-prong fork is enough.

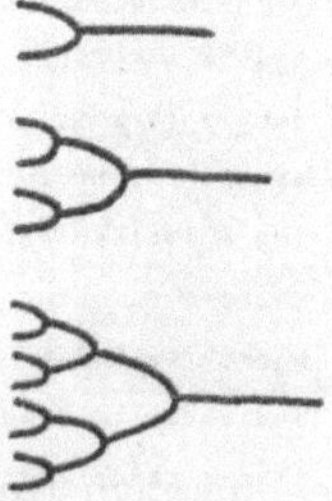

The question on how to manufacture such a fork is answered by introducing a bootstrapping technique, using a macro-fork. For individual demands, like a candelaber,

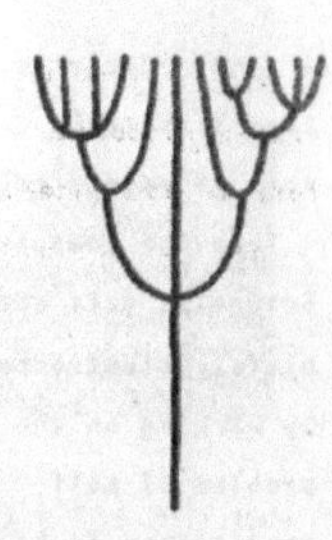

a syntax-directed, tree-structured fork is advocated.

Then the Computer Scientist gets completely sidetracked by working on the problem of self-reproducing forks.

In the meantime, there is still an unsatisfied demand for the initial 3-prong fork. It is finally met by accident, with the help of a

recursive 4-prong fork that has lost one of its prongs.

## 2.8 Der Umbruch von 1968

Nicht zuletzt die Steigerung der Studentenzahl, aber auch die 1968er Situation allgemein, führte zu Emanzipationsbestrebungen der Mathematik innerhalb der riesigen — und dadurch nahezu amorphen — *Fakultät für Allgemeine Wissenschaften*,[29] welche damals Mathematik, Physik, Chemie, Biologie, Geologie, Mineralogie, Patentrecht, Geschichte der Naturwissenschaften und die Wirtschafts- und Sozialwissenschaften vereinigte.

Wie konnte die dynamische Entwicklung der Informatik innerhalb einer derart heterogenen Fakultät funktionieren? Dazu sollte man sich erinnern, dass 1957, letztlich durch Heinz Maier-Leibnitz, das Garchinger Atom-Ei erbaut und installiert worden war und dass Rudolf Mössbauer, der 1961 den Nobelpreis für Physik erhalten hatte, 1964 an die TH zurückberufen worden war.

Der in Verbindung damit ausgelöste sogenannte „2. Mössbauer-Effekt" — Gründung des *Physik-Departments* —, wie auch allgemein die 1968er Situation waren sicherlich hilfreich für die Umgestaltung der riesigen Fakultät.

Mathematisches Institut
der Technischen Hochschule
M ü n c h e n

den 5.11.1968

E i n l a d u n g

zur 20. S M Z - Sitzung

Ort: Zimmer 1221, Mathematisches Institut
Zeit: Dienstag, den 12.11.1968, 16 Uhr c.t.

Ich lade ein zur Teilnahme an einer Besprechung betreffend:

Tagesordnung:
1. Bestätigung des Protokolls der 18. SMZ-Sitzung vom 4.10.68
2. Konstituierung der "Abteilung Mathematik" innerhalb der Fakultät für Allgemeine Wissenschaften
3. Wahl des Abteilungsvorstands
4. Antrag der Studenten betreffend Durchführung der Prüfungen (Anrechnungsfähigkeit von Noten, die während des Studiums erzielt wurden - Fixierung eines einheitlichen Prüfungsniveaus - Änderung von Durchfallsgrenznoten - )
5. Feststellung der ernannten Mitglieder des Prüfungsausschusses (Lehramt) - Weiterleitung der Aufgabenvorschläge.
6. Verschiedenes

gez. Aumann

Zunächst traf man sich, die Fakultätssitzungen vorzubereiten, regelmäßig in der SMZ.[30] Dann konnte im Dezember 1968 die *Abteilung Mathematik* gegründet werden, aber noch *innerhalb* der

[29] Auch schon mal „Restbestände- und Sammelsurium-Fakultät" genannt.
[30] Ständige Mathematiker-Zusammenkunft — informeller Vorläufer der Abteilung Mathematik

großen alten Fakultät, neben den ebenfalls neuen Abteilungen *Physik*, *Chemie* und *Wirtschafts- und Sozialwissenschaften.* Es gelang, die so erzeugten doppelten Strukturen Abteilung/Fakultät nach und nach auszureduzieren. Übrigens wirkte 1970/71 Klaus Samelson als Dekan der großen Fakultät.

Auch die Mathematik erhielt damit so etwas wie eine Department-Struktur, die sich in Teilen bis heute erhalten hat. Zwar sind unter den neu ankommenden Professoren immer wieder solche, die sich nach der Struktur eines im Ordinarius gipfelnden Ingenieur-Lehrstuhls sehnen, doch manch einer akzeptiert nach kurzer Zeit die fakultäts-globalen Abwicklungen, die ja den neu aufzubauenden Lehrstuhl auch entlasten und vor allem schon zu Beginn mit Know-how versorgen. Auch gibt es keine Bindung der Lehrveranstaltungen an Lehrstühle oder Personen. Alle Veranstaltungen werden für das akademische Jahr auf die Dozenten verteilt, und jede kann im Prinzip von mehreren Dozenten übernommen werden, wenn sich auch naturgemäß gewisse Schwerpunkte herauszubilden pflegen.[31] Ebenso verteilen sich die Mitarbeiter entsprechend den Bedürfnissen des Unterrichts auf die Veranstaltungen des jeweiligen Semesters.

Erinnern sollte man sich auch daran, dass im Dezember 1968 der große Festvortrag zum 100jährigen Bestehen der TH von Robert Sauer gehalten wurde, dem Akademiepräsidenten: *Anteil der Mathematik am heutigen Denken.*

Protokoll über die 20. SMZ-Sitzung am 12.11.1968

\- Konstituierende Sitzung der Abteilung Mathematik -
16.15 Uhr - 18.30 Uhr, Zimmer 1221

Anwesend:

Aumann, Baier, Bauer, Baumann, Heinhold, Lammel, Langmaack, Lenz,
Samelson, Schneeberger, Suschowk;:
Eickel, Paul, Pöschl;
Gnatz, Riedmüller, Schmidt;
Studentenvertreter: Schorn, Weißgerber.
Entschuldigt: Gumin, Kuntze.

---

In der Tagesordnung wird nach Punkt 5 eingefügt: Lehrauftrag

1. Bestätigung des Protokolls der 18. SMZ-Sitzung am 15.10.1968

   Gegen das Protokoll werden keine Einwände erhoben. - Die Fakultät für Allgemeine Wissenschaften hat sich die Änderungsvorschläge der Mathematiker zur Nuegliederung der Fakultät (18. Sitzung, Punkt 3) zu eigen gemacht.

2. Konstituierung der "Abteilung Mathematik" innerhalb der Fakultät für Allgemeine Wissenschaften.

   Die Fakultät hat in ihrer Sitzung am 23.10.1968 beschlossen, nach dem vorgelegten Entwurf (vgl. Anlage zur 18. SMZ-Sitzung) Abteilungen zu errichten.

   Der Antrag von Prof. Bauer und Dr. Paul, die Abteilung Mathematik auf der Grundlage dieses Fakultätsbeschlusses zu konstituieren, wird einstimmig angenommen.

[31] War jemand gerade wegberufen worden oder ging jemand ins Freisemester, wurde ich immer wieder einmal vergattert, dessen Vorlesungen zu übernehmen. So las ich mit Hilfe von Büchern und Skripten mir zunächst gänzlich unbekannte Stoffe, so z.B.: *Mathematische Logik*, *Übersetzerbau*, *Informations- und Codierungstheorie*, *Rechnergestützter Entwurf digitaler Systeme* (VLSI-Entwurf). Insofern habe ich persönlich davon durchaus profitiert.

Die Abteilung Mathematik wurde später zur „Fakultät für Mathematik", nachmals die „Fakultät für Mathematik und Informatik"[32] etc. Vor etwa 25 Jahren — 1992 — wurde dies schließlich aufgespalten in „Fakultät für Mathematik" und „Fakultät für Informatik".

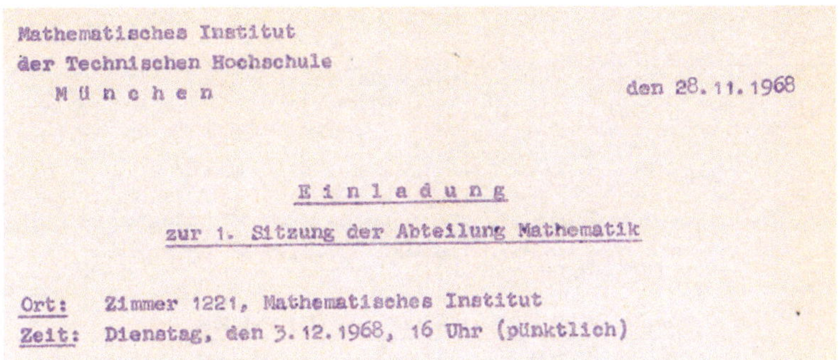

Mathematisches Institut
der Technischen Hochschule
München

den 28.11.1968

Einladung

zur 1. Sitzung der Abteilung Mathematik

Ort: Zimmer 1221, Mathematisches Institut
Zeit: Dienstag, den 3.12.1968, 16 Uhr (pünktlich)

Gleich, noch bei der Gründung, stellte ich als damaliger Vertreter der Assistenten (in der Abteilung wie auch in der Fakultät) das Anwachsen der Belastung unserer Assistenten und Mitarbeiter tabellarisch zusammen:

Entwicklung des Tutorbetriebes der Abteilung Mathematik

| | WS 67/68 | SS 68 | WS 68/69 | SS 69 | WS 69/70 |
|---|---|---|---|---|---|
| HM I/II 4 std | 29 | 29 | 34 | 34 | 30 |
| Analysis I/II 4 std | 16 | 16 | 22 | 22 | 20 |
| Lin. Algebra I/II | 8 (4 std) | 8 (4 std) | 22 (2 std) | 22 (2 std) | 16 (4 std) |
| Elektronikprakt. 4 std | – | – | 2 | 2 | 2 |
| Math. Prakt. 4 std | 6 | 6 | 16 | 11 | 18 |
| HM III/IV | 1 (Übungen alter Art 2 std) | 1 | 40 (1 std) | 16 (2 std) | 30 (2 std) |
| Diff.gln. – Fkt.theorie | 1 (Übungen alter Art 2 std) | 1 | 12 (1 std) | 6 (2 std) | 20 (2 std) |
| Informatikprakt. 2 std | 4 | 6 | 11 | 9 | 10 |
| Einführungsprakt. 3 std | 25 | 24 | 22 | 22 | 16 |
| Wochenstunden: | 323 | 324 | 480 | 448 | 512 |

Schon im Protokoll der SMZ vom 15.10.1968 heißt es: „Prof. Bauer weist bei dieser Gelegenheit auf die das Zumutbare übersteigende Belastung der Assistenten durch die Lehraufgaben hin. Er wird sich im Kultusministerium nachdrücklich um weitere Stellen bemühen."

32 Der Senat der TUM hat am 25.06.1980 der Umbenennung der *Fakultät für Mathematik* in *Fakultät für Mathematik und Informatik* zugestimmt. „... Mit der Umbenennung will die Fakultät auch nach außen die vorhandenen Studienrichtungen demonstrieren."

Davon ausgehend verfasste Aumann diese Situationsbeschreibung, die sich anschließend gut für Argumente zur Stellengewinnung nutzen ließ:

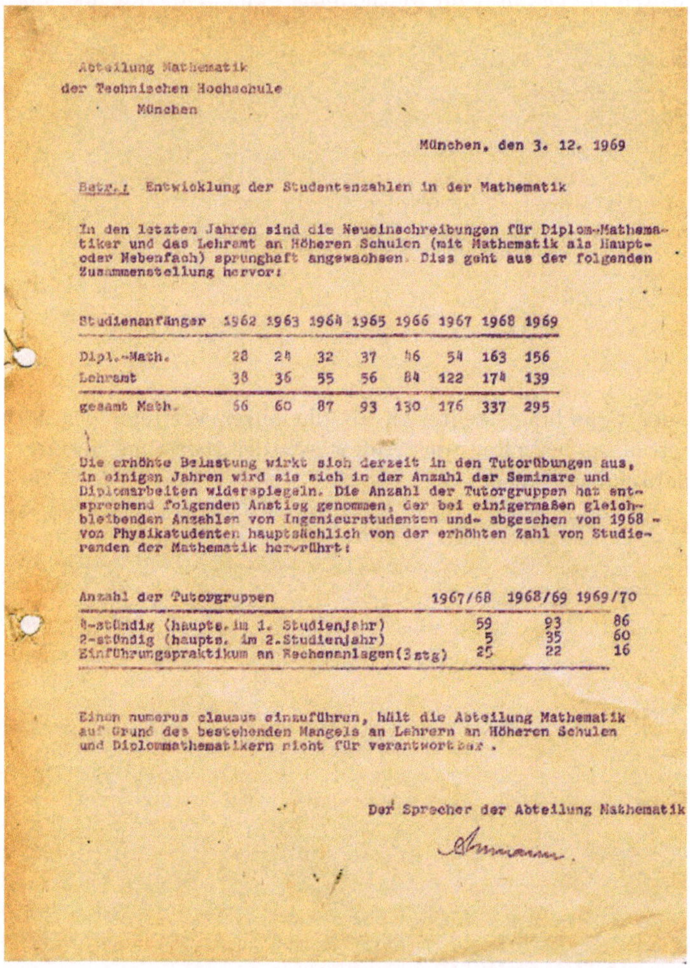

Abteilung Mathematik
der Technischen Hochschule
München

München, den 3. 12. 1969

Betr.: Entwicklung der Studentenzahlen in der Mathematik

In den letzten Jahren sind die Neueinschreibungen für Diplom-Mathematiker und das Lehramt an Höheren Schulen (mit Mathematik als Haupt- oder Nebenfach) sprunghaft angewachsen. Dies geht aus der folgenden Zusammenstellung hervor:

| Studienanfänger | 1962 | 1963 | 1964 | 1965 | 1966 | 1967 | 1968 | 1969 |
|---|---|---|---|---|---|---|---|---|
| Dipl.-Math. | 28 | 24 | 32 | 37 | 46 | 54 | 163 | 156 |
| Lehramt | 38 | 36 | 55 | 56 | 84 | 122 | 174 | 139 |
| gesamt Math. | 66 | 60 | 87 | 93 | 130 | 176 | 337 | 295 |

Die erhöhte Belastung wirkt sich derzeit in den Tutorübungen aus, in einigen Jahren wird sie sich in der Anzahl der Seminare und Diplomarbeiten widerspiegeln. Die Anzahl der Tutorgruppen hat entsprechend folgenden Anstieg genommen, der bei einigermaßen gleichbleibenden Anzahlen von Ingenieurstudenten und - abgesehen von 1968 - von Physikstudenten hauptsächlich von der erhöhten Zahl von Studierenden der Mathematik herrührt:

| Anzahl der Tutorgruppen | 1967/68 | 1968/69 | 1969/70 |
|---|---|---|---|
| 4-stündig (haupts. im 1. Studienjahr) | 59 | 93 | 86 |
| 2-stündig (haupts. im 2.Studienjahr) | 5 | 35 | 60 |
| Einführungspraktikum an Rechenanlagen(3 stg) | 25 | 22 | 16 |

Einen numerus clausus einzuführen, hält die Abteilung Mathematik auf Grund des bestehenden Mangels an Lehrern an Höheren Schulen und Diplommathematikern nicht für verantwortbar.

Der Sprecher der Abteilung Mathematik

Aumann

In den Sitzungen vom 14.01.1969 und 04.02.1969 beschloss man die gemeinschaftliche Einteilung der Tutoren, Praktikumsbetreuer und Hilfsassistenten für die gesamte Abteilung. Lammel (Angewandte Mathematik) und Baier (Geometrie) waren dagegen — es gab dort gewissermaßen „Erbhöfe". Es wurde ein Koordinierungsgremium bestehend aus Riedmüller und Schmidt bestellt; ersterer akzeptierte nur vorbehaltlich der Heinhold-Zustimmung. Baier wollte dies erst seinem „Institutsrat" vorlegen …

Erstmals gab es eine Mit-Nennung der Assistenten im Vorlesungsverzeichnis.

Ab Wintersemester 1968/69 wurden die Mathematik-Massenvorlesungen für Ingenieure gesplittet. Es gab *Höhere Mathematik I–IV* für Elektroingenieure und auch für Bau-, Vermessungs- und Maschinenbauingenieure.

Daneben war das Jahrzehnt sehr geprägt vom sog. Patat-Effekt: Der Professor für Technische Chemie Franz Patat, Rektor der TH von 1962 bis 1964, hatte ganz viel für den Ausbau von Chemie/Biologie/Radiochemie/Geographie/Geologie/Lebensmittelchemie/Mineralogie getan. Das musste später zurückgefahren werden, und es diente beim Ausscheiden von Mitarbeitern oder Professoren mittelbar als Reservoir, wenn die Informatik immer und immer wieder neue Stellen brauchte.

---

Die Zeit um 1968 drängte zum Umbruch; die Teilung der Fakultät für *Allgemeine Wissenschaften*, damit die Entstehung der *Abteilung Mathematik*, war dessen hochvernünftiges Ergebnis. Daran wirkten Professoren wie Mitarbeiter der Universität mit; die wechselseitigen Vorstellungen ließen sich einigermaßen ausgleichen. Nicht überall in Deutschland war dies so.

Natürlich haben die Ordinarien seinerzeit die Forderung nach Gremien-Beteiligung auch der Mitarbeiter nicht freudig aufgenommen. Vielleicht hat aber wenigstens Bauer aufgrund seiner eigenen Erfahrung die Forderung gut ertragen können: Für das akademische Jahr 1957/58 hatte man ihn im SS 57 zu einem der beiden Nichtordinarienvertreter im Senat gewählt, was anscheinend erst aufgrund der neuen Satzung der TH von 1957[33] möglich wurde.

Man sprach 1958 sicher noch nicht vom Muff unter den Talaren der Ordinarien. In seinem steten graphischen Gestaltungsdrang mit immer wieder durchbrechender Neigung zur Karikatur drückte Bauer aber sicherlich vergleichbare Empfindungen aus:

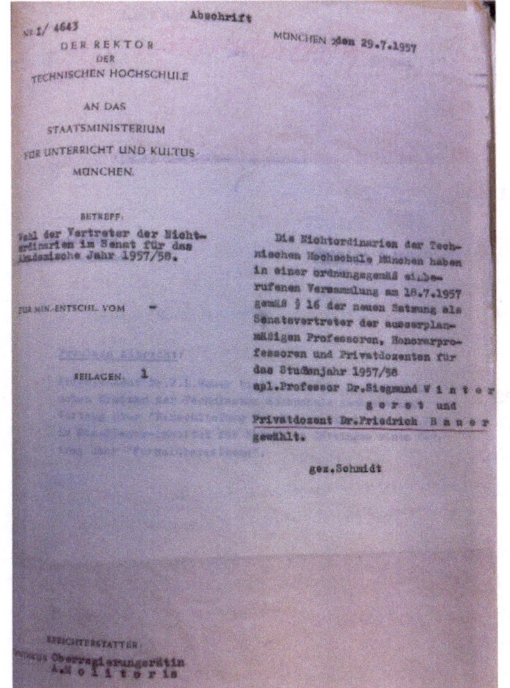

Abschrift

Nr. I/ 4643

DER REKTOR DER TECHNISCHEN HOCHSCHULE

MÜNCHEN, den 29.7.1957

AN DAS STAATSMINISTERIUM FÜR UNTERRICHT UND KULTUS MÜNCHEN

BETREFF: Wahl der Vertreter der Nicht-ordinarien im Senat für das akademische Jahr 1957/58.

ZUR MIN.-ENTSCHL. VOM –

BEILAGEN: 1

Die Nichtordinarien der Technischen Hochschule München haben in einer ordnungsgemäß einberufenen Versammlung am 18.7.1957 gemäß § 16 der neuen Satzung als Senatsvertreter der ausserplanmäßigen Professoren, Honorarprofessoren und Privatdozenten für das Studienjahr 1957/58 apl. Professor Dr. Siegmund Wintergerst und Privatdozent Dr. Friedrich Bauer gewählt.

gez. Schmidt

BERICHTERSTATTER: Oberregierungsrätin A. Molitoris

Neue Satzung der Techn. Hochschule (1956)

Die akademische Rangordnung

oder: Nach der Senatssitzung

---

[33]In den beiden vorangegangenen Jahren 1954–1956 war übrigens Sauer der Rektor der TH München! Das Heft 2 (2018) des TUMcampus schreibt dazu: *Eine neue, erstmals durch die Hochschule selbst erarbeitete Satzung tritt in Kraft mit der seit Jahrzehnten erstrebten Eigenschaft als Körperschaft des öffentlichen Rechts. Die Syndici sind nun weisungsberechtigte Vorgesetzte der Hochschulverwaltung (später Kanzler).*

# 3 Aufwuchs der frühen Ressourcen

Zu Beginn der 1960er Jahre waren die zu wenigen Dozenten mit der Mathematik für die Ingenieurausbildung mehr als ausgelastet, insbesondere weil — wie gezeigt — parallel die Studentenzahlen der Mathematik stark anstiegen. Unter Aufbietung aller Kräfte blieb dennoch soviel Raum, dass man als Student durchaus ein Mathematik-Physik-Studium an der TH absolvieren konnte; für weitere Spezialisierung stand ja auch noch die LMU zur Verfügung. Belege für Mathematik-Vorlesungen sind neben den Standardvorlesungen sicherlich diese Angebote:

| | |
|---|---|
| SS 61 | *Lineare und multilineare Algebra* (Albrecht) |
| | *Differentialgeometrie im euklidischen Raum* (Löbell) |
| | *Numerische Behandlung von Eigenwertproblemen* (Sauer) |
| | *Projektive Geometrie* (Lenz) |
| WS 61/62 | *Theorie der Darstellung endlicher Gruppen* (Suschowk) |
| | *Fragen der Flächentheorie* (Löbell) |
| SS 62 | *Reelle Funktionen* (Albrecht) |
| | *Differentialformen* (Suschowk) |
| WS 62/63 | *Partielle Differentialgleichungen* (Aumann) |
| | *Gewöhnliche Differentialgleichungen* (Gaede) |
| | *Einführung in die Zahlentheorie* (Lenz) |

## 3.1 Die, mit denen alles begann

Samelson, Bauer und Schecher wurden bereits beim Aufbau der PERM genannt. Danach war es aber schwer, irgendwie geeignete Mitarbeiter zu finden — Informatiker gab es ja noch nicht. So entschied ein manchmal eigenartig zufälliges Zusammentreffen irgendwelcher Umstände, dass jemand unerwartet hineingezogen wurde.

Schon bei **Klaus Samelson**[1] verlief der Weg alles andere als geradlinig: Er fasste seinen Lebenslauf so zusammen: *Im April 1937 legte ich die Reifeprüfung am Gymnasium am Zwinger* in Dresden *ab. Da ein Studium damals wegen meiner „halbjüdischen" Abstammung*[2] *nicht in Frage kam, begann ich im April 1937 eine kaufmännische Lehre bei einer Hamburger Aussenhandelsfirma. Nach Abschluß der Lehrzeit Ende 1939 kehrte ich nach Breslau zurück. Dort wurde ich im März 1940 zur Wehrmacht eingezogen, ein Jahr später aber meiner Abstammung wegen wieder entlassen. Danach war ich, abgesehen von einem vier Monate langen Aufenthalt in einem Zwangsarbeitslager in Ostfrankreich im Sommer 1944, bis Kriegsende in einem Breslauer Industriebetrieb als Kraftfahrer und Bürohilfe tätig. Sofort nach Kriegsende ging ich nach München und begann hier im Frühjahr 1946 an der Universität das Studium der Mathematik und Physik.*

[1] * 21.12.1918, † 25.05.1980

[2] an anderer Stelle auch einmal: „halbarischen"


G. Schmidt, *Rückblick auf die Anfänge der Münchner Informatik*, Die blaue Stunde der Informatik, https://doi.org/10.1007/978-3-658-28755-9_3

Welcher der heute stets als exzellent hervorgehobenen Bewerber um eine Professur, etwa an der TUM, würde gern solche Punkte in seinem Curriculum nennen?

| V. | Tätigkeit vor Eintritt in den öffentlichen Dienst *) | | | | | |
|---|---|---|---|---|---|---|
| | als | bei | von / bis | Prüfungen | | |
| | | | | Art | Zeit | Ergebnis (Note u. Platz) |
| | kaufm. Lehrling | Hamburg, H.A.Hansen,Chilehaus | 1.4.1937–31.12.1939 | Handlungsgeh'prüf. | 1939 Herbst | sehr gut |
| | Angestellter | E.Pfeifer, Breslau | 1.4.1941–31.1.1945 | | | |

Nach den Lehramtsprüfungen im Herbst 1949 und 1950 wurde er zunächst Studienassessor an der Mädchenoberrealschule München-West am Winthirplatz und promovierte[3] am 19.07.1951 bei Bopp an der LMU. Er übernahm 01.09.1952–31.03.1956 eine DFG-Stelle im Rahmen der Arbeitsgruppe für Planung und Entwicklung der PERM; später war er wissenschaftlicher Angestellter am neugegründeten Rechenzentrum zum Betrieb der PERM. Als solcher hat Samelson ganz persönlich den `ALGOL 58`-Report geschrieben, der dann nach Abgleich mit Darmstadt (Alwin Walther) und Zürich (Heinz Rutishauser) schnell via Alan Perlis als eine internationale Unternehmung herausgestellt und zirkuliert wurde.

---

Kurz nach Samelson wurde Ende 1952 auch **Heinz Schecher**[4] als Mitarbeiter in die Entwicklung der PERM einbezogen, nachdem er an der TH Physik studiert hatte. Mit seinen Überlegungen,[5] die 1956 zur Promotion führten, trug er ganz wesentlich zur Konzeption der PERM, und sogar zum Aufbau von Rechenanlagen generell, bei.

---

Lassen wir Bauer, von Samelson an die PERM geholt und andernorts mehrfach (auto-)biographisch behandelt, einmal außen vor, so war einer der frühesten Mitarbeiter **Richard Baumann.**[6] Er war drei Jahre älter als Bauer, und er wäre sicherlich Studienrat für Mathematik und Physik geworden, hätte es den Krieg nicht gegeben. Für diesen wurde er, wie auch Bauer, eingezogen; beide lernten sich bereits damals kennen und trafen sich wieder in einem Gefangenenlager in der Normandie, [13]. Baumann avancierte wohl bis zum Hauptmann und Bauer zum Oberleutnant. Nach Krieg und schließlich fortgesetztem Studium der Mathematik und Physik war Baumann kurz als Gymnasiallehrer tätig. Im Anschluss an seine Promotion bei Sauer mit einer geometrischen Arbeit[7] konnte er 1956 für das Rechenzentrum der TH abgeworben werden, wurde Kustos in Mainz, bei der Rückkehr nach München Oberkonservator, nach der Habilitation 1966 Wissenschaftlicher Rat, Abteilungsvorsteher und schließlich 1970 — zwecks Rufabwendung — Ordinarius. Danach erhielt er noch weitere nicht angenommene Rufe nach außerhalb.

Bei der Ehrung zu dessen 75ten Geburtstag erwähnte Bauer, dass Baumann in Kontinuität des elterlichen Betriebes auch die Gesellenprüfung für das Elektroinstallationshandwerk abgelegt

[3]Dissertation Samelson: *Bemerkungen zur Theorie der Unipolarinduktion und verwandter Effekte*
[4]∗ 26.04.1922, † 09.10.1984
[5]Dissertation Schecher: *Maßnahmen zur Vereinfachung von Rechenplänen bei elektronischen Rechenanlagen*
[6]∗ 04.10.1921, † 09.03.2009
[7]Dissertation Baumann: *Untersuchungen über den Darboux'schen Flächenkranz von Quasi-Rückungsflächen*

habe. Das erklärt womöglich die großen Erfolge, die er später in der numerischen Berechnung[8] von Lastflüssen in Hochspannungsnetzen erzielte. Auf Anregung des Bayernwerks begann er schon 1958 mit der Entwicklung eines Algorithmus zur Berechnung des Lastflusses. Ziel war es, bei vorgegebenen Leitungswiderständen des Netzes und bekannten Einspeisungen und Lasten an den Knotenpunkten die Spannungsverteilung zu berechnen und hieraus die Ströme auf den Leitungen. Diese Werte sind dann wichtige Hilfsmittel für die Planung eines Netzausbaus und für den Lastverteiler, um die Wirkung zusätzlicher Leitungen, Leitungsausfälle, Lastabwurf oder Kurzschluss im Voraus abzusehen.

Bis dahin wurden Netze mühsam mit analogen Schaltungen (Widerständen, Potentiometern, Spannungsquellen) nachgebaut und simuliert. Baumanns Algorithmus ging aus vom Netz, modelliert als Graph, und einem Iterationsverfahren zur Lösung eines schwach quadratischen Gleichungssystems mit komplexen Zahlwerten. Der Algorithmus konvergierte zwar in wenigen Iterationsschritten, der Engpass war jedoch der damals knappe Speicherplatz bei quadratisch wachsender Knoten- und damit Gleichungszahl und die nach wie vor zu lange Rechenzeit. Das Programm ALADIN (**Al**gorithmische **a**utomatisierte **di**gitale **N**etzberechnung) wurde in Mainz in Assemblersprache für den — damaligen — Großrechner SIEMENS 2002 geschrieben (von Dirk Krönig) und bereits bei Energieversorgungsunternehmen (EVU) eingesetzt. Das Mainzer Institut für Angewandte Mathematik verfügte daneben seit 1958 über eine Zuse Z22.

Der Durchbruch erfolgte 1963 in München durch Entwicklung einer — zunächst nur empirischen — Strategie zur Festlegung einer Reihenfolge der Eliminationsschritte beim Gaußschen Verfahren, bei der die anfänglich dünne Besetzung der Matrix möglichst lange erhalten blieb. Bald konnten die EVU Netze mit mehr als 100 Knoten auf ihren damaligen Rechenanlagen selbst untersuchen. Richard Baumann ist der von Robert Sauer vertretenen Linie, Grundlagen und Anwendungen in enger Verbindung zu sehen, gefolgt. Vom „Wissenstransfer“ sprach man damals noch nicht, aber genau diesen hat er geleistet.

Man sieht auch hier, wie ein gewichtiges praktisches Problem mit graphentheoretisch-numerischer Lösungsidee weitere Schubkraft für die Informatik entwickelte. Beispielsweise erinnert sich Jürgen Eickel, dass er als Gegenleistung für ALADIN-Nutzungen durch Siemens dort (die damals ja sehr teure) Rechenzeit für die Fertigstellung eines Parser Generators nutzen durfte. Später war sogar ich selbst betroffen: Baumanns Leute hatten natürlich diese Iterationen weiter analysiert. Dabei kam es 1983 zu einer Dissertation,[9] für die Baumann mich wegen des graphentheoretischen Hintergrundes als Erstgutachter vorschlug.

---

Gleich anschließen kann man bereits hier, wie Werner Rüb damals gewonnen werden konnte; siehe Seite 52: Er war Schüler von Baumann in dessen recht kurzer Zeit am Gymnasium gewesen und traf ihn später, gerade zur Zeit des schon erwähnten IFIP-Kongresses 1962 in München, zufällig auf der Straße ... Richard Henn stammte aus Mainz. Dort kamen ihm als Student die beiden wichtigsten Professoren abhanden, als Bauer und Samelson nach München (zurück)gingen. Also folgte er ihnen und wurde bald nach dem Examen Mitarbeiter bei Baumann.

[8]Bauer, F. L., Baumann, R.: Mathematische Behandlung von Netzwerksaufgaben mit Hilfe elektronischer Ziffernrechenanlagen. Elektrizitätswirtschaft, Bd. 57 (1958), S. 181–187.

Baumann, R.: Graphentheoretische Hilfsmittel zur Invertierung schwachbesetzter, symmetrischer, nichtzerlegbarer Matrizen. Interner Bericht der TH München, Mathematisches Institut, Februar 1966.

[9]Dissertation Wendel: *Zur Bestimmung optimaler Diagonalpivotfolgen für positiv definite Matrizen*

---

Etwas älter als Bauer, hatte **Wolfram Urich** (∗18.01.1922, †) nach seiner Zeit in der Marine an verschiedenen Universitäten Mathematik und Physik studiert und andernorts schon seit 1952 als promovierter Assistent Lehraufträge für *Methoden der Mathematischen Physik* erhalten. Im Sog der Reaktorentwicklung in Garching kam er 1956 nach München und 1958 an das PERM-Rechenzentrum.

Im Jahre 1960 schrieb Sauer in einem Antrag: *Die Ausbildung in numerischer Mathematik für den Einsatz elektronischer digitaler Rechenanlagen hat sich zu einer wichtigen Aufgabe ausgeweitet. Früher wurde diese Aufgabe von meinen nunmehr an die Universität Mainz berufenen Mitarbeitern Dr. F. L. Bauer und Dr. Kl. Samelson mit sehr gutem Erfolg durchgeführt. Für das laufende Semester habe ich ein „Praktikum für elektronische Digital-Rechenanlagen" angekündigt, das sehr gut besucht ist. Im Sommersemester beabsichtige ich eine 4-stündige Vorlesung „Numerische Mathematik beim Einsatz digitaler Rechenanlagen" zu halten und bin daher nicht imstande, auch noch das Praktikum für Digitalrechner selbst durchzuführen.*

So erhielt Urich von 1961 bis SS 63 einen 2-std. unbesoldeten Lehrauftrag *Programmierung elektronischer Digital-Rechenanlagen*, der später — vorhandene Mittel jeweils vorausgesetzt — auch vergütet wurde. Spätestens 1965 wird Urich in den Berichten der Akademie als Organisatorischer Leiter des Akademie-Rechenzentrums (später LRZ) geführt — ehe man schließlich das Direktorium mit dem Vorsitzenden Seegmüller und den weiteren Mitgliedern Bauer, Hämmerlin und Samelson einrichtete. Urich wechselte 1969 als Leiter an das aufzubauende Rechenzentrum in Düsseldorf und ging 1972 als Professor nach Braunschweig.

---

Ebenfalls noch als Kriegsteilnehmer diente **Ferdinand Peischl** (∗27.11.1925, † 08.04.2013) ehe er, dadurch verspätet und nach zunächst anderer Berufsentscheidung, dann doch 1952–1958 ein Studium der Physik an LMU und TH absolvierte. Anschließend wurde er 1958–1963 zunächst wissenschaftlicher Mitarbeiter an der PERM und 1963–1968 Leiter des PERM-Rechenzentrums. Einem Zwischenspiel mit Leitungsfunktionen in der Arbeitsgruppe für Betriebssysteme folgte ab 1972 die organisatorische Leitung des LRZ.

---

Als nächster in dieser Reihe zu nennen ist **Christoph Witzgall** (∗ 1929–). Er hatte an der LMU bei Maak über Modulfunktionen promoviert[10] und kam dann mit der Gruppe um Sauer, Bauer und Samelson in Kontakt. Die Programmierung der Simplexmethode war Einstieg in sein künftiges Hauptforschungsgebiet, die theoretische und numerische Analyse von Optimierungsproblemen. 1959 kam er kurz an das Institute for Advanced Study in Princeton, um zusammen mit Hans Maehly an der rechnerischen Approximation der Standardfunktionen (wie u.a. *sin*, *cos*) zu arbeiten; zurück in Deutschland stieß er wieder zu der Gruppe von Bauer, nun in Mainz. Hier traf er auch Josef Stoer, mit dem er sein in Princeton begonnenes Buch [136] über Optimierung vollendete, das 1971 in der Grundlehren-Reihe erschien; siehe dazu Seite 135. Auf Seite 144 sieht man ihn im frühesten `ALGOL 60`-Manual als Ansprechpartner benannt.

Ende der 1960er Jahre, bei Boeing in Seattle, entstanden Arbeiten auch zusammen mit Rudolf Bayer, ehe dieser nach München an die TH zurückkehrte.

[10]Dissertation Witzgall: *Über Rückkehrschnitte auf Riemannschen Flächen, die zu Hauptkongruenzuntergruppen der Modulgruppe gehören*

Eckart Deutsch, Hans-J. Stetter, Christoph Witzgall beim Kolloquium zu Sauers 10. Todestag

**Gerhard Seegmüller** (∗1931–) legte das Abitur 1950 in Nördlingen ab. Beeindruckt hat ihn dort unter seinen Lehrern ein ehemaliger Assistent von Sommerfeld. Mit einem Stipendium begann er sein Mathematik-Studium 1950 in München, wobei er an der LMU unter anderem Georg Aumann hörte. Bald aber wechselte er an die Universität Erlangen; bei etwa gleicher Dozentenausstattung saßen dort viel weniger Studenten in einem Jahrgang. Dort hörte er Haupt, Nöbeling und Specht, sowie Hans-Joachim Kowalsky (später Professor in Braunschweig).

Nach der Prüfung wurde er ganz normal Referendar in Würzburg. Als die DMV[11] ausgerechnet dort 1956 ihre traditionelle Jahrestagung abhielt, referierte Robert Sauer über die PERM. Nach dem Vortrag sprach Seegmüller ihn an, ob es Möglichkeiten zu einer Mitarbeit gebe, worauf Sauer wohl erst einmal zurückhaltend reagierte. Dennoch: Im Herbst 1957 ging Seegmüller ohne Zusage nach München. Mit „Jetzt sind Sie ja doch da!“ verwies ihn Sauer an Samelson. Es gab schlicht keinen Platz an der PERM, so dass man Seegmüller mit einschlägiger Literatur versehen in die daneben gelegene TH-Bibliothek mit Lesesaal schickte.

Nach acht Wochen nahm man ihn ernstlicher wahr und gedachte, ihn mit etwas zu beschäftigen: „Schreiben Sie einen Simulator“. Um diese Zeit begann `ALGOL 58`. Dafür wollte man einen — wie wir heute sagen würden — Interpreter. Seegmüller schien das zu wenig zielführend, er dachte an einen — wie wir heute sagen würden — Compiler, damals „Generator“ genannt. Manche Idee dazu stammte nach seiner Aussage auch von Wiehle, mit dem er dann in einem Raum saß. Insbesondere wollte man sehr bald besser auf die unvermeidlichen Programmierfehler reagieren, nach denen die PERM mehr oder weniger einfach stehen blieb. Zusammen erarbeiteten sie ein Konzept, mit dem wenigstens die Position des aktuellen Programm-Blocks irgendwie nach außen proliferiert werden konnte. Spätere Entwicklungen dazu haben Bayer, Gries, Paul und Wiehle mit [43] publiziert.

Danach arbeitete Seegmüller am Rechenzentrum der Akademie, dem späteren LRZ, für das BSM, wofür Bauer und Samelson recht viel Geld eingeworben hatten, zusammen mit Peischl,

[11]Deutsche Mathematiker-Vereinigung

Wiehle und Urich. Die nachstehenden Arbeiten geben einen guten Überblick über die Tätigkeit in diesen Jahren: [125, 143].

1965 traf er in New York auf Paul und Samelson, die von ihm verlangten: „Jetzt schreiben Sie aber endlich Ihre Doktorarbeit!“ In der Tat erreichte er Ende 1966 seine Promotion.[12] Die Prüfung fand kurioserweise in der Privatwohnung von Robert Sauer als Vorsitzendem statt, der sich gerade das Bein gebrochen hatte. Neben Sauer waren Heinhold und Baier die weiteren Kommissionsmitglieder, ergänzt durch die eigentlichen Gutachter Bauer und Samelson.

Bald ging Seegmüller zur IBM nach Sindelfingen. Von dort hat ihn die IBM sehr schnell für 2 Jahre in die USA abgeordnet. 1967 kam er dort in eine Stabsabteilung, die die US-Software beurteilen sollte. Pauschal gesagt empfand er sie als schlecht — nicht zuletzt, wenn man von Programmierern auf COBOL-Niveau verlangte, mal eben ein Programm für das Halteproblem[13] zu schreiben. In den USA hielt er etliche Fernseh-Vorträge über Software und Compiler. Danach ging er zurück nach Sindelfingen und diskutierte mit dem Abteilungsleiter Albert Endres[14] seine weitere Verwendung. Er wurde Leiter für systemnahe Anwendungsprogrammierung mit der Folge, dass er dauernd Dienstreisen durch die ganzen USA zu absolvieren hatte, wo die jeweiligen Programmierer saßen. Aber schon Ende 1969 hatte ihn Günter Hämmerlin angerufen, ob er evtl. einen Ruf an die LMU, verbunden mit der Leitung des LRZ, annehmen wolle. Diesem folgte er schließlich, nachdem feststand, dass der Erstplatzierte auf der Liste, Heinz Rutishauser, krankheitsbedingt nicht mehr zur Verfügung stand.

Seegmüller wurde dann in der Tat 1970 an die LMU berufen, wo er 1974[15] die Gründung des *Instituts für Informatik* mitbewirkte, aber weitgehend als Chef des LRZ absorbiert und ansonsten der einzige Informatiker im Institut an der LMU war. Erst 1986 kam mit Fred Kröger ein weiterer Professor hinzu. Recht lange versuchte die LMU wohl, ihre Informatik klein zu lassen, und nur wenige Mittel dafür vorzuhalten, um diese anderswo verfügbar zu haben. Es kam zu Gesprächen mit dem Rektor Lobkowitz und mehreren Dekanen; Seegmüller begegnete dem Tenor, dass das mit der Informatik ja nun ganz gut geregelt und kaum mehr davon zu erwarten sei. Er konterte mit der Bemerkung, dass die Informatik bald alles durchdringen werde. Wie Recht er hatte, zeigt der weitere Ausbau der LMU-Informatik.[16]

---

**Manfred Paul** (*25.04.1932–) begann 1951 sein Studium an der TH. Er berichtet: *Von Beginn meines Studiums war ich an der Entwicklung der* PERM *interessiert, von der ich durch die Vorlesungen von Sauer wusste. Konsequenterweise habe ich gleich nach dem Vordiplom in Mathematik alle Vorlesungen bei Bauer gehört, der 1952 frisch promoviert von der LMU an Sauers Lehrstuhl gekommen war und sich dort bereits 1954 habilitierte. Schon zu der Zeit war ich dann, von Bauer dazu eingeladen, Gast der täglichen Kaffeerunde des Mathematischen Instituts. Die Diskussionen dort, die Teilnahme an Bauers Seminaren, und meine von Bauer*

[12] Dissertation Seegmüller 1966: *Zum Begriff der Prozedur in den algorithmischen Sprachen*

[13] Das Problem ist unentscheidbar; folglich kann es keinen Algorithmus dafür geben.

[14] Von 1993 bis 1997, bereits im Ruhestand, auch noch Professor an der TUM.

[15] In dieses Zeitintervall fällt die Entstehung seines Buches [126], überhaupt des ersten in deutscher Sprache, das sich solchen Fragen widmete; siehe auch Seite 149.

[16] Ab 1988 war Seegmüller auf Drängen von Fritz Rudolf Güntsch als Chef der GMD nach Bonn-Birlinghoven gegangen. Schon 1992 hat er dort gekündigt und nach Rücksprache mit MR Kiessling das Recht auf Rückkehr als beurlaubter LMU-Professor wahrgenommen — die Leitung des LRZ verblieb jedoch bei Hegering.

*betreute Diplomarbeit bei Sauer führten mich unmittelbar über die Numerische Mathematik zur Mitarbeit am Übersetzer für* `ALGOL`.

Über Paul lief ein Kontakt nach Münster zu Hans Hermes: *Dieser hatte in jener Zeit (wahrscheinlich schon 1958, aber sicher seit 1959) einen Mitarbeiter, Dr. Wohlfahrt, der sich außerordentlich für unsere Arbeiten am* `ALGOL`*-Übersetzer interessiert hat. Deshalb hat Hermes geäußert, dass er gern einen von Bauers Mitarbeitern zu Gesprächen mit Herrn Wohlfahrt über die o.a. Arbeiten einladen möchte. Bauer hat sich über dieses Interesse natürlich gefreut und zugesagt.* Auf diese Weise ist Paul mehrmals in Münster mit Wohlfahrt zu ausführlichen Gesprächen zusammen gekommen. Wohlfahrt hat in der Folge den `ALGOL`-Übersetzer übernommen und in Münster in Forschung und Lehre eingesetzt.

---

Gelegentlich hat **Roland Bulirsch** (∗ 10.11.1932–) im kleinen Kreis über seinen äußerst ungewöhnlichen Weg in die höchsten Ränge der Wissenschaft berichtet: Aufgewachsen war er in Reichenberg/Liberec im heutigen Tschechien. Erst als „nicht genügend deutsch“ angesehen, wies man ihn nach Kriegsende als „nicht genügend tschechisch“ aus.[17] Er wurde in Deutschland Maschinenschlosser mit Facharbeiterprüfung und arbeitete als Monteur für Siemens-Schuckert bei der Einrichtung großer elektrischer Maschinen. Parallel bereitete er sich auf ein „externes“ Abitur vor, ohne je ein Gymnasium besucht zu haben — daher erschwert durch zahlreiche Zusatzprüfungen. Sein beginnendes Studium der Mathematik und Physik, erst LMU dann TH, war zunächst noch belastet durch weitere praktische Montagetätigkeit. Aber dann ging es schnell: Diplom an der TH, ausgezeichnete Promotion 1961 und Habilitation 1966.

Über einen Gastaufenthalt (1967–1969) an der UCSD[18] kam er 1969 auf ein Ordinariat in Köln und (nach weiteren Rufen) bereits 1972 zurück an die TUM. Seine Mitgliedschaft in der Bayerischen Akademie der Wissenschaften und der hohe in dieser erreichte Rang, z.B. als „Sekretar“ der Mathematisch-Naturwissenschaftlichen Klasse oder 1998 als Mitglied des *Bayerischen Maximiliansordens für Wissenschaft und Kunst*, liegen dann bereits außerhalb des hier zu besprechenden Zeitrahmens.

Ab Oktober 1962 saß ich für mehrere Jahre mit ihm und drei weiteren Assistenten Sauers in dem „blauen“ Mitarbeiter- und Bibliotheksraum 1227. Daran knüpfen sich auch viele Erinnerungen (siehe Seite 79), z.B. an ein Ereignis besonderer Art: Ein älterer Wissenschaftler freute sich vor Assistenten, die Riemannsche Vermutung bewiesen zu haben. Roland Bulirsch sah sich das an, fand — beinahe natürlich — einen Fehler und brachte es fertig, die gerade abgesandte Arbeit noch aus dem Post-Auslauf der Poststelle der TH herauszufingern.

---

Ein Münsteraner, **Hans-Rüdiger Wiehle**,[19] stieß früh zu den Mitarbeitern am PERM-Rechenzentrum, als der er bereits im Vorlesungsverzeichnis des SS 62 genannt wird; siehe die Seiten 18 und 86. Manfred Paul war ab 1958/9 von Mainz aus mehrfach nach Münster zu Gesprächen mit der Hermes-Gruppe gefahren, und er schrieb mir seine Vermutung: *Die genaueren Kenntnisse über den* `ALGOL`*-Übersetzer und der Einsatz von* `ALGOL` *im Unterricht haben wohl das Interesse von Wiehle geweckt und so zu dem Übereinkommen zwischen den Professoren Hermes und Sauer geführt, Wiehle nach seiner Promotion*[20] *in Münster in München anzustellen.*

[17] Ungeachtet dessen wurde er inzwischen mit einem Ehrendoktorat der TU Liberec bedacht.

[18] University of California at San Diego

[19] ∗ 30.05.1933, † 25.01.2018

[20] Dissertation Wiehle 1958: *Über die wettheoretische Begründbarkeit von Wahrscheinlichkeitsaxiomen*

Wiehle kam Anfang 1959 an das PERM-Rechenzentrum und saß zeitweise mit Seegmüller in einem Raum. Er und Paul sind 1962, fast unmittelbar nach des letzteren Promotion in Mainz, nach Urbana geflogen. Dort haben sie im Computer Lab der University of Illinois zusammen mit David Gries die Arbeiten am ALCOR 7094 Illinois begonnen, die sie dann 1966 am Rechner der Physik in Garching abgeschlossen haben.

Im Sommer 1963 ging Wiehle an das neugegründete Rechenzentrum der Bayerischen Akademie der Wissenschaften, später LRZ, in München und 1964 als Leitender Mitarbeiter zu Telefunken in Konstanz. Erst 1969 kam er als Verbindungsmann von Telefunken zum Projekt BSM (Betriebssystem München) und später, 1972, auf eine Forschungsstelle am LRZ, ehe er an die Hochschule der Bundeswehr München berufen wurde.

---

Zum WS 55/56 wechselte **Josef Stoer**[21] „für ein Auswärtssemester" von Münster an die LMU München. In dieser Zeit lernte er Roland Bulirsch kennen. Mit größtem Interesse verfolgten beide den Bau eines der ersten Digitalrechner an einer Hochschule, der PERM an der TH München. Dies bewog Stoer, an die TH zu wechseln — anfänglich nur als Gasthörer. Dort erhielt er über eine Diplomarbeit mit numerischem Thema Zugang zu diesem neuen Arbeitsinstrument. Er folgte Bauer 1959 an die Universität Mainz und konnte erleben, wie unter Bauer und Samelson die ersten Compiler für die algorithmische Sprache ALGOL gebaut wurden. Damit waren schon entscheidende Schritte zur Entwicklung der Informatik und zur Entfaltung der Numerischen Mathematik getan.

Wallberg-Wanderung des Instituts am 29.09.1963: Josef Stoer, Manfred Paul, David Gries, NN, Gunther Schmidt, Herta-Maria Scheerer, Werner Rüb

---

Nach seinem 60. Geburtstag schrieb mir **Hans Langmaack**,[22] wie er zur Informatik gestoßen war: *Herr Behnke ... gab mir ein Dissertationsthema aus der Funktionentheorie mehrerer komplexer Veränderlicher.* 1959 schrieb Bauer aus Mainz an Behnke wegen Empfehlung eines

[21] * 1934–
[22] * 1934–

seiner promovierten Kandidaten als Assistenten des Kollegen Samelson. Weil Behnke keinen vorweisen konnte, verlas er den Bauerschen Brief im Doktorandenseminar. Langmaack war der nächste in der Reihe, doch hielt er seine Arbeit noch längst nicht für abgabereif; aber: *„Genau das Richtige für Sie", sagte Herr Behnke zu mir ...*

*Samelson suchte mich in meiner Studentenbude in Münster auf und hatte den Brief vom Anfang November 1959 in der Hand, den Behnke als Antwort an Bauer geschickt hatte. Ich bin in der Tat nach dem Rigorosum im Mai 1960 sofort nach Mainz gegangen.*

Bereits damals tauchten Probleme auf, mit denen wir auch später immer wieder konfrontiert wurden: Zunächst wollte man Samelson die Assistentenstelle überhaupt wegnehmen, falls er nicht bald einen geeigneten Kandidaten vorweisen könne. Und dann konnte Langmaack — obwohl promoviert — kein regulärer wissenschaftlicher Assistent werden (siehe Seite 69), sondern nur Verwalter einer wissenschaftlichen Assistentenstelle und mußte in die Angestelltenversicherung einzahlen. Erst zum April 1961 wurde er Beamter auf Widerruf.

Bauer, Institut für *Angewandte Mathematik*, war damals in Mainz in einem Flachbau untergebracht, einer ehemaligen Garage des früheren Flak-Kasernengeländes. Schon dort gab es die hier auch sonst oft erwähnte Kaffeerunde nach dem Mittagessen. Da wurde recht viel aus dem privaten Leben geplaudert, auch von den Chefs Bauer, Samelson und Baumann. Von diesen wiederum am bereitwilligsten von Bauer; insbesondere aus dem Leben und Denken in der NS-Zeit und im Krieg. Samelson hingegen gehörte zum Institut für *Reine Mathematik*, wie auch Langmaack als Assistent. Als Baumann 1963 nach München ging, wechselte Langmaack in den Flachbau hinüber und versah zusätzlich kommissarisch Baumanns Posten als Konservator. Am 01.10.1963 wechselte er als wissenschaftlicher Assistent von Samelson an die TH München.

Nach seiner Habilitation ging Langmaack schon 1970 als Ordinarius von München an die Universität des Saarlandes in Saarbrücken und von dort später nach Kiel. Ihm folgten dabei Peter Kandzia und Ulrich Peters; letzterer dann in Kiel ersetzt durch Henner Kröger.

---

Bei **Jürgen Eickel**[23] ging es im SS 61 recht skurril zu: In Münster regnete es eines Tages stark, und er suchte mit seiner (späteren) Frau Zuflucht im Bahnhofsrestaurant. Dort traf er auf Hans Langmaack, der schon nach Mainz gewechselt war. Tags darauf erfuhr Langmaack in Mainz, dass Bauer gerade wieder händeringend einen weiteren Mitarbeiter suche. So kam am 01.01.1962 noch ein Funktionentheoretiker[24] als wissenschaftlicher Assistent zur beginnenden Informatik. Er wurde ebenfalls in der Analysis der Funktionen mehrerer komplexer Variablen bei Behnke promoviert — wie übrigens auch ich selbst dem Thema nach, allerdings bei Behnkes Schüler Karl Stein in München.

Auch Eickel ging dann 1963 — in Mainz noch kaum akklimatisiert — mit Bauer und Samelson nach München. Die dort entstehende Gruppe war gerade erst (zurück-)gekommen; man war jung, die meisten noch nicht familiär etabliert, und verbrachte viel Zeit auch außerhalb des Dienstes miteinander. Die ersten vier Mitarbeiter[25] wohnten einige Monate in der Gabelsberger

[23] * 1935–

[24] Dissertation Langmaack 1960: *Zur Konstruktion von Holomorphiehüllen unverzweigter Gebiete über* $\mathbb{C}^n$
Dissertation Eickel 1961: *Glatte starre Holomorphiegebiete vom topologischen Typ der Hyperkugel*
Dissertation Schmidt 1965/6: *Fortsetzung holomorpher Abbildungen unter Erweiterung des Bildraumes*

[25] Nach einer frühen Aktennotiz von Jürgen Eickel kamen insgesamt 27 Personen von Mainz nach München. Dieser Zuzug war also eine wesentliche Komponente beim Aufbau der Münchner Informatik.

Straße gemeinsam in einer Wohnung. Die gerade anliegenden wissenschaftlichen Themen im Hintergrund alberte man herum; man, mich selbst nicht ausgeschlossen, wettete immer wieder, um 3 Flaschen Sherry, eine Flasche Pommery oder um ein Fass Bier; siehe Seiten 70 ff. Man wettete sogar, dass jemand am betreffenden Tag keine Wette mehr *gewinnen* werde.[26]

Liebe Freundinnen und Freunde der Bierfeste,

unserer Tradition folgend, findet unser nächstes Bierfest am

**Dienstag, den 25. Juli 2000 (ab ca. 17 Uhr) im Innenhof der Informatik**

statt.
Dazu werden die Biereinheiten mit den Nummern **11 bis 52** aufgerufen. Die Betroffenen werden gebeten, Ihre Einheiten bis Montag, den 17.7. bei Frau Remmes (Raum 3221) abzugeben bzw. ihr zuzusenden.

Bis dahin auf Wiedersehen!

gez. Prof. Eickel

**Eine Biereinheit beträgt 30,- DM**

| | | | | | | | |
|---|---|---|---|---|---|---|---|
| Paul | 1 | Preuß | 31 | Edenhofer | 61 | Schmidt, A.B | 91 |
| Wimmer | 2 | Hayes-Widmann | 32 | Ritter | 62 | Philips | 92 |
| Lövenich | 3 | Bode | 33 | Schreiber, W. | 63 | Sandner | 93 |
| Bulirsch | 4 | Herzog | 34 | Borgeest | 64 | Lötzbeyer | 94 |
| Ströhlein | 5 | Sautter | 35 | Schreiber, S. | 65 | Weiske | 95 |
| Ciesinger | 6 | Heun | 36 | Spies | 66 | Braun | 96 |
| Bartel | 7 | Leutbecher | 37 | Dimke | 67 | Huber, F. | 97 |
| Erlebach | 8 | Hill-Samelson | 38 | Heinrich | 68 | Slotosch | 98 |
| Wittner | 9 | Zenger | 39 | Vollath | 69 | | |
| Rüb | 10 | Siegert | 40 | Regensburger | 70 | | |
| Müller-Haas | 11 | Kredler | 41 | | 71 | | |
| Lahner | 12 | | | Rothenhöfer | 72 | | |
| Gerold | 13 | Welty | 43 | | | | |
| Lonczewski | 14 | Haßmann | 44 | Broy | 74 | | |
| Eichholz | 15 | Roesler | 45 | Schieder | 75 | | |
| Zagler | 16 | Pleier | 46 | Penzkofer | 76 | | |
| Vachenauer | 17 | Bauer | 47 | Angstl | 77 | | |
| Poetsch-Heffter | 18 | Karl | 48 | Krammer | 78 | | |
| Breinbauer | 19 | Nießl | 49 | | | | |
| Eickel | 20 | Schmidt, G. | 50 | Mayr | 80 | | |
| van Bellen | 21 | Riedmüller | 51 | Goebl | 81 | | |
| Henrichs | 22 | Schlichting | 52 | Brandl | 82 | | |
| Pahnke | 23 | Lamberts | 53 | Huber, A. | 83 | | |
| Jochum | 24 | Kaplan | 54 | Pusch | 84 | | |
| Prochaska | 25 | Höllerer | 55 | Ulbrich, S. | 85 | | |
| Reiser | 26 | Bayer | 56 | Ulbrich, M. | 86 | | |
| | | Meyberg | 57 | König | 87 | | |
| Vojik | 28 | Kierstein | 58 | | | | |
| Heise | 29 | | | Brügge | 89 | | |
| Willmertinger | 30 | Kellersch | 60 | Trinitis | 90 | | |

[26]Leicht einzuhalten, sollte sich der betreffende entschließen, gar nicht mehr zu wetten; aber dann bei Chef oder Kollegen allen möglichen Feigheitsvorwürfen ausgesetzt …

Die daraus resultierenden Bierfeste wurden zu einer festen Tradition an Eickels Lehrstuhl, die bis zum Umzug nach Garching 2002 Bestand hatte. Auch nach der Aufteilung 1992 in die zwei Fakultäten für Mathematik und für Informatik boten sie noch lange einen Ort vielfältiger Begegnungen. Es bürgerte sich ein, dass Eickels jeweilige Sekretärin[27] eine Liste führte, wer wann welche Wette zu begleichen gehabt oder z.B. wegen bestandenen Examens, eines Geburtstages oder eines weiteren Kindes „einen auszugeben" hatte. Stand wieder ein Bierfest an, so wurde eine Reihe dieser auf 30 DM genormten Einheiten zu dessen Finanzierung aufgerufen.

Bei der Durchführung dieser Veranstaltungen hat sich Klaus Wimmer (†) ein bleibendes Verdienst erworben. Viel später, im Jahr 2000, ergab es sich, dass auf der Liste mein Sohn — inzwischen Mitarbeiter am Institut — auf Platz 91 zugleich mit mir selbst auf Platz 50 auftauchte. Dem Blatt kann man auch entnehmen, wie breit gestreut diese Aktivität geblieben ist. Noch immer findet man — um nur die Informatik-näheren Professoren zu nennen — Bauer, Bayer, Bulirsch, Eickel, Paul, Siegert und Zenger, aber teils als Nachfolger bereits Broy, Brügge, Mayr und Spies. Es handelte sich somit gewiss um eine Klammerfunktion, das Institut zusammen zu halten.

---

Zwei Stockwerke über dem Institut von Samelson in Mainz hatte **Wolfgang Niegel**[28] 1962 in Physik über *Die Kopplung zwischen erstem und zweitem Schall im Helium II* promoviert. Er suchte um eine Stelle bei seinem Doktorvater nach, der nicht sofort eine zur Verfügung hatte, und erfuhr, dass Bauer bzw. Samelson ihm eine bieten konnten. Als dann auch die Physik nachziehen wollte, entschied er sich, den nach München zurückkehrenden Informatikern zu folgen.

---

**Peter Kandzia**[29] hatte 1957–1963 in Mainz Mathematik, Physik und Geographie für das Lehramt studiert und dabei seit dem Sommersemester 1958 an Vorlesungen, Praktika und Seminaren über Numerische Mathematik teilgenommen. Diese wurde mit der Berufung von Bauer nach Mainz zum Pflichtfach auch für die Lehramtsstudenten — eine Fernwirkung des Manifests von Seite 12. Nach dem Examen mit einer von Bauer betreuten Arbeit über die Romberg-Integration wurde ihm von Samelson eine Mitarbeiterstelle in Mainz angeboten. Auch von Bauer kam parallel ein entsprechendes Angebot aus München. Bei dem anschließenden Besuch in München erfuhr Kandzia, dass auch Samelson nach München kommen werde. Nach Rücksprache mit diesem nahm er die Stelle in München an und gehört somit zu dem sehr beachtlichen aus Mainz nach München gewechselten Tross.

Nachdem Kandzia 1968 über Automatentheorie promoviert hatte, ging er 1970 mit Langmaack an die Universität des Saarlandes in Saarbrücken. Er wurde 1972 dort Assistenzprofessor, habilitierte sich 1974, ehe er 1975 als Professor nach Kiel berufen wurde.

---

**Ursula Hill**[30] aus Mainz, seit 1979 Hill-Samelson, war nach dem Studium schon 1962–1963 in Mainz Mitarbeiterin gewesen und hatte zusammen mit Langmaack an Übersetzern gearbeitet. Von beiden stammt nicht zuletzt der auf Seite 134 beschriebene Grundlehren-Band [72]. Auch sie nahm teil an Bauers und Samelsons Umzug von Mainz zurück nach München.

[27] ... über mehr als zwei Jahrzehnte war dies insbesondere Frau Gessl, später verh. Hargitay.

[28] * 1932–

[29] * 1937–

[30] * 1935, † 2013

---

Nachdem ich selbst, **Gunther Schmidt**, nach dem Studium 1957–1962 frisch diplomiert und jünger als die zuvor genannten, 1962 bei Sauer in München begonnen hatte, waren bereits ab Februar 1963 immer wieder Vorlesungsvertretungen für diesen zu erbringen. Nur ganz zu Beginn geschah es in der Form, dass Sauer mich bat, anstelle der Vorlesung im damaligen *Großen Physik-Hörsaal*[31] (heute *Carl-von-Linde-Hörsaal*) einige der Übungen vorzurechnen. Anlass waren stets die Verpflichtungen Sauers als Mitglied der Bayerischen Akademie und des Bayerischen Senats.

Diese Vorlesungsvertretungen häuften sich über die Jahre sehr. Hier sporadische Zitate aus damaligen Briefen an meine Eltern:

— Ende Juli (1963) 2 Vorlesungsvertretungen, dann im November 1963

— Unser Chef hält Ende Juli 1964 keine Vorlesung mehr; das dürfen wir bestreiten.

— Von den Vorlesungen wird wieder einiges auf mich entfallen, weil Sauer zu Haushaltsdebatten im Bayerischen Senat ist.

— Wir müssen den Chef noch häufiger in den Vorlesungen vertreten; jetzt (d.h. 20.01.1965) gibt er uns nach Möglichkeit sogar schon eine (!) Stunde an, in der er am folgenden Tage einmal im Institut zu erreichen ist, bzw. in der er uns für eventuelle Vorbesprechungen der nächsten Vorlesung erreichbar haben möchte.

— Chef hat mir einige Vorlesungsstunden übertragen, auf die ich viel Vorbereitungszeit verwenden musste.

— Ich musste Sauer jeden Tag vertreten, weil er (im November 1965) einen Dr. h.c. in Wien erhielt; 5 von den ersten 8 Stunden!

Als Sauer dann — als Professor — in den Ruhestand ging, um verstärkt als Präsident der Bayerischen Akademie der Wissenschaften und als hochrangiges Mitglied des Bayerischen Senats weiter tätig zu bleiben, verlagerten sich meine brieflichen Berichte in Richtung auf Vertretungen für Bauer und Samelson:

— für Samelson, sehr verstärkt seit November 1967

— für Bauer, sehr verstärkt seit November 1967

— anderthalb Wochen Vertretung für Bauer mit 5 Wochenstunden in der Anfängervorlesung; dazu Samelson zwei Wochen 4 Stunden wöchentlich. „Von beiden Vorlesungen habe ich dann jeweils mehr gehalten als die Professoren!“

— „Die ewigen Vertretungen sind schon sehr lästig!“

— „Gott sei Dank ist jetzt Schluss mit den Vorlesungen!“

— Meine Frau SS 68: Das Semester hat begonnen und G. muss wieder Vorlesungen halten.

— Eine Woche Vorlesungsvertretung wegen eines Kongresses im Institut. (Das waren wohl Nachwirkungen der Software Engineering Conference 1968 in Garmisch!)

[31]siehe Seite 1

Immerhin erhielt ich über etliche Jahre eine Bestätigung des jeweiligen Rektors — mit offiziellem Siegel —, damit ich den Werbungskostenpauschsatz für Hochschullehrer bei der Einkommensteuer nutzen konnte; s.u.

Prof. Dr. Samelson

B e s t ä t i g u n g

Im Einvernehmen mit der Fakultät für ...Allg. Wissenschaften..... an der Technischen Hochschule München wird zur Vorlage beim Finanzamt zwecks Erlangung des Werbungskostenpauschsatzes für Hochschullehrer bestätigt, daß der wiss. Assistent / ~~Verwalter einer wiss. Assistentenstelle~~ +)

Herr .Dr. Gunther. Schmidt..

im Steuerjahr 1969

~~a) einen ihm von der Technischen Hochschule München erteilten Lehrauftrag wahrnimmt / wahrgenommen hat~~ +)

b) selbständig Vorlesungen oder Übungen abhält / ~~abgehalten hat~~ +)

und damit die Voraussetzungen gemäß FME vom 28.9.1964 A.Z. S 2226-25/147 - 47 236 I erfüllt / ~~erfüllt hat.~~ +)

München, den 13. XII. 1968 ..................... Engerth

~~Der~~ Rektor der Techn. Hochschule München

B e s t ä t i g u n g

Im Einvernehmen mit der Fakultät für Allgemeine Wissenschaften an der Technischen Universität München wird zur Vorlage beim Finanzamt zwecks Erlangung des Werbungskostenpauschsatzes für Hochschullehrer bestätigt, daß der Akad. Assistent

Herr Dr. Gunther Schmidt

im Steuerjahr 19.72..

a) ~~einen ihm von der Technischen Hochschule München erteilten Lehrauftrag wahrnimmt / wahrgenommen hat~~

b) selbständig Vorlesungen oder Übungen ~~abhält~~ / abgehalten hat +)

und damit die Voraussetzungen gemäß FME vom 28.9.1964 A.Z. S 2226-25/147 -47 236 I ~~erfüllt~~ / erfüllt hat. +)

München, den 25.11.1972 ..................... Grigull

Der Rektor der Techn. Hochschule München

Bestätigung der Rektoren Engerth und Grigull für das Finanzamt — mit Paraphe der (späteren) Kanzlerin Molitoris

Auf meine Empfehlung kam mein Kommilitone **Ludwig Zagler**[32] von der LMU zu Sauer als Mitarbeiter an die TH, promovierte aber dennoch an der LMU bei Max Koecher. Er brachte einige Erfahrung an Tabelliermaschinen mit, die er als Werkstudent erworben hatte.

Ihn begeisterte als erstes die Olivetti Tetractys, eine 12-stellige elektromechanische Rechenmaschine. Mit ihr berechnete er $\pi$ auf über hundert Stellen — und da es sich natürlich um ein Rechen-Schema handelte, im Prinzip auf beliebig viele. Die Tetractys konnte nur jeweils 12 Stellen anzeigen. Diese Tetractys hatte er auch zu nutzen, als Sauer von ihm eine Darstellung hyperboloidischer Koordinaten (Ellipsoid, ein- und zweischaliges Hyperboloid) für eines seiner Bücher erbat, bei der man die verschiedenen Flächen möglichst gut sehen können sollte; siehe nebenstehende Abbildung:

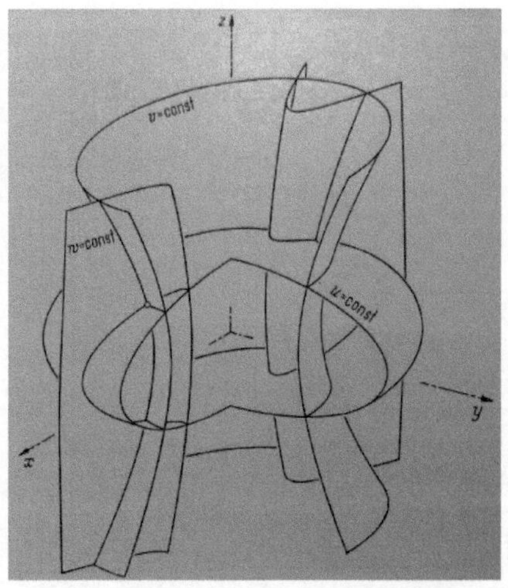


Seit den unruhigen 1968er Jahren organisierte Zagler unter den Vertretern der Wissenschaftlichen Mitarbeiter der TH eine gemäßigtere Gruppe. Später war er über viele Jahre Prüfungsschriftführer für die Informatik.

Eine gesonderte Erwähnung verdient seine Wette von 1971/2, der Olympiazeit in München. Natürlich traf sich auch damals die Kaffeerunde, und man amüsierte man sich u.a. über die Geher und lästerte ein wenig über deren (für Nicht-Eingeweihte eher ungewöhnlichen) Geh-Stil. Leichthin sagte Zagler zum 20-km-Geh-Wettbewerb, dass das ja eigentlich eine ganz komische Disziplin sei; er könne doch — als ehemals pfeilschneller Linksaußen im Fußball — das was die Geher mit ihrem eigenartigen Wackel-Gang hinbekämen in den dort erreichten Zeiten ohne weiteres im Dauerlauf schaffen.

Das war eine sehr vorschnelle Kalkulation! Der Olympiasieger erzielte schließlich 1:26:42,4 h. Zu jener Zeit war Zagler aber bereits ein fülliger intensiver Kettenraucher (leider). Und schon war die Wette mit den Kollegen geboren: Er bekam 1 Jahr Zeit und sollte die 20 km in Eindreiviertel Stunden, 105 min, laufen — es ging um ein Fass Bier; auch mehrere Folgewetten wurden abgeschlossen.

Zagler begann zu trainieren und fuhr öfter mit mehreren Institutsmitgliedern, u.a. Hans-Werner Kirstein, Detlev Steiner[33] und Uta Weber, ins Stadion. Wolfgang Hesse hatte immer Freude am Langstreckenlauf gehabt und erbot sich, Zagler als „Trainer“ oder „Sparring partner“ durch dieses Jahr zu begleiten. Es wurden Gebetbücher[34] angelegt — so sagt man wohl zu den Tabellen für notwendige Durchgangszeiten im Rallyesport. Die Stadionbesuche geschahen schließlich so oft, dass Gerhard Seegmüller, damals Zaglers Chef, besorgt einzugreifen gedachte, auch zum gesundheitlichen Schutz seines Mitarbeiters. Kurz vor Ablauf der vereinbarten Jahresfrist musste

[32] ∗ 1938, † 2007

[33] †; unter den deutschen Jugendlichen zuvor einer der besten Leichtathleten im Weitsprung.

[34] Es mussten 50 Runden möglichst in exakt je 2 Minuten gelaufen werden; dabei durfte unterwegs ein Polster von 5 Minuten als Notration aufgebraucht werden.

Zagler dann auf der 400 m-Bahn des für Olympia 1972 frisch ausgebauten Stadions des Post-Sport-Vereins antreten und seine 50 (!) Runden absolvieren. Selbstverständlich hat Hesse ihn in dieser schweren Stunde nicht verlassen, und so haben es beide geschafft, und es gab wie damals im Institut öfter üblich, wieder ein Fass Bier. Hesse erzielte übrigens, wie er mir schrieb, seine absolute Bestzeit — ihm ein Antrieb, mit dem Laufen bis heute immer weiter zu machen.

70. Geburtstag von Robert Sauer 1968: Klaus Peters,[35] Ludwig Zagler, Manfred Paul, Robert Sauer, Dietmar Täube, Friedrich L. Bauer, Werner Rüb

---

Um diese Zeit konnte auch **Stephan Braun**[36] gewonnen werden, der schon bei Gerhard Lüders in Göttingen in der Physik promoviert hatte. Er war der Sohn des Slawisten Maximilian Braun.[37] Aus diesem familiären Umfeld resultierten seine linguistischen Interessen, wie auch die Freundschaft zum ehemaligen Assistenten seines Vaters und späteren Gründungspräsidenten der Universität Passau, Karl-Heinz Pollok.

Braun versuchte, die türkische wie auch die serbokroatische Grammatik in algorithmisch nutzbare Regeln zu fassen, siehe [48] und Seite 149. Dies wurde später Teil seines Projektes *Linguistische Aspekte der Dokumentation* im Sonderforschungsbereich 49. In diesem Kontext arbeiteten damals immer wieder Slawisten am Institut, u.a. Gerda Schott und Walter Annuß.[38]

[35]Klaus Peters (†) überbrachte die Grüße des Springer-Verlags; er hatte bei Remmert promoviert *Über holomorphe und meromorphe Abbildungen gewisser kompakter Mannigfaltigkeiten* und gründete 1978 zusammen mit seiner Frau den *Mathematical Intelligencer* für den Verlag.

[36]∗ 1935–

[37]Dieser hatte Konrad Adenauer nach Moskau begleitet als er die Freilassung der deutschen Kriegsgefangenen verhandelte — neben dem durch seine Bücher bekannter gewordenen Slawisten Klaus Mehnert.

[38]Später war dieser über 25 Jahre Stadtrat und lange Zweiter Bürgermeister in Regensburg.

Braun wechselte ca. 1975 als Professor an die damalige Hochschule (später Universität) der Bundeswehr München. Er nahm gemeinsam mit Eickel an einer Tagung mit Linguisten im Forschungsinstitut Oberwolfach teil. Das Hauptproblem blieb die formale Semantikbeschreibung natürlicher Sprachen. Für Eickel waren diese Ansätze Anlass, sein Verfahren auf *Indizierte Grammatiken* zu erweitern. Auch SAFRAN kam 1963 zum Einsatz beim automatischen Generieren von Syntaxanalysatoren für natürliche Sprachen; siehe Seite 87.

---

Mir selbst hatte man schon im SS 65 die Verwaltung des Hilfsassistenten-Etats für das ganze Mathematische Institut anvertraut. Dabei musste ich notgedrungen auch immer wieder auf Physiker als Hilfsassistenten zurückgreifen, weil es keineswegs genügend Mathematiker gab — Informatiker schon gar nicht. So wurde der schon genannte Physiker **Hans Kuß** Wissenschaftliche Hilfskraft am Mathematischen Institut und wuchs in die Informatik hinein. Auch der Physiker **Peter Deuflhard** (†) kam über diesen Schritt zu uns. Ich wies ihn auf die guten Chancen in der Numerischen Mathematik hin; er ging mit Bulirsch nach Köln und wurde schließlich Gründer und Präsident des Konrad-Zuse Instituts in Berlin. Mancher damalige Hilfsassistent aus der Physik wandte sich aber wieder in sein angestammtes Gebiet zurück, beispielsweise der nachmalige Dekan der Fakultät für Physik, **Alfred Laubereau**.

---

**Gerhard Goos**[39] schrieb mir, wie seine Einstellung in München 1965 eine Folge von Merkwürdigkeiten war: *Ich war im Juni 1965 nach München gefahren, weil ich gehört hatte, dass da in der Rechentechnik (= das was wir später Informatik nannten) weit mehr los war als das, was ich in Erlangen kannte. Ich kannte keine Menschenseele an der TH und hoffte auf irgendwelche Kontakte. Da kam an der Ecke Barerstr./Theresienstr. ein früherer Erlanger Studienkollege aus dem Postamt, der eigentlich in Heidelberg arbeitete. Ich sagte, was ich wollte, und er erkärte, dass er in einer Stunde einen Termin bei Herrn Prof. Bauer habe. Er nahm mich mit. Nach 10 Minuten Unterhaltung mit Herrn Bauer entschloß dieser sich, mir ein Angebot zu machen. (Ich hatte keinerlei Bewerbungsunterlagen dabei.) Ich hatte in Erlangen eine A13-Stelle und wollte diese natürlich auch in München haben. Herr Bauer hatte aber nur eine BAT IIa-Stelle und diese nur am damaligen Rechenzentrum der Bayerischen Akademie der Wissenschaften. Auch wollte ich meine Lehrbelastung gegenüber Erlangen reduziert sehen. Also entschied Herr Bauer, mich am RZ der TH anzusiedeln. Dazu versetzte er einen Mitarbeiter des RZ an die Akademie, was erstaunlicherweise ohne Änderung der Tätigkeitsbeschreibung funktionierte. Dann rief er Herrn Prof. Sauer an, von dem er wußte, dass er eine A13-Stelle mit BAT IIa unterbesetzt hatte. Auf diese Stelle wurde ich mit Tätigkeitsbereich RZ eingestellt; der bisherige Stelleninhaber (Herr Kuß) wurde formal ans Rechenzentrum versetzt, blieb aber als Assistent weiter bei Herrn Sauer. Das alles geschah innerhalb einer halben Stunde. Ich musste mich mehrmals am Kopf kratzen, um zu begreifen, was da eigentlich wie gelaufen war. Mit Herrn Sauer habe ich in meiner Münchner Zeit nur zweimal kurz gesprochen.*

Goos beschreibt dann eine Reihe von frühen — durch Bauer keineswegs immer beifällig aufgenommenen — Tätigkeiten in München: *Nach einem halben Jahr, im Frühjahr 1966, hatte ich einen Generator SMG für die Syntaxmaschine von A.E. Glennie geschrieben. Der CMU-Bericht von 1960 von Glennie ist die älteste mir bekannte Darstellung des Verfahrens rekursiver Abstieg. LL-Grammatiken waren auch 1966 noch nicht erfunden. So musste ich mit Rücksetzen arbeiten und war selbst dabei nicht sicher, ob die erforderlichen Eigenschaften nicht unentscheidbar*

[39]Promotion 1965 bei Nöbeling und Remmert in Erlangen mit dem topologischen Thema *Künnethformeln der Cechschen Cohomologietheorie über kompakten Räumen*

*seien. Über SMG hielt ich einen Vortrag im Institutsseminar. Die Diskussion von Berechenbarkeit und Unentscheidbarkeit überstieg zur damaligen Zeit die Vorstellungskraft von Herrn Bauer und er tuschelte die ganze Zeit mit seinem Nachbarn, Herrn Langmaack, um genauere Erklärungen zu erhalten. Danach sagte er mir, dass diese Arbeit zu nichts führe und ich mir eine andere Arbeitsrichtung einfallen lassen sollte. Er sagte aber nicht, welche das sein sollte. Ich war daraufhin 2 Wochen sehr bedrückt. Aber dann beschloß ich, Herrn Bauers Anweisung zu ignorieren. Ich implementierte mit SMG eine leicht veränderte Fassung der gerade von Herrn Wirth veröffentlichten Sprache* `EULER`*. Ziel war es, damit Experimente im Bereich Semantik von Programmiersprachen zu veranstalten. Ein halbes Jahr später schaute sich Herr Bauer das an, war sehr unzufrieden und meinte, ich sollte mich besser mit* `ALGOL X`*, dem späteren* `ALGOL 68`*, befassen. Die Unzufriedenheit war von kurzer Dauer, 4 Wochen später erschien er wieder und wollte* `EULER` *für das Programmierpraktikum haben. Damit war mein experimentelles Spielzeug weg, denn jetzt hatte ich für ein einsatzfähiges Produkt zu sorgen. Das war dann auch der Ausgangspunkt für die Graphik-Arbeiten von Herrn Gnatz.*

---

Die bislang genannten Beispiele beantworten die Frage, woher die frühen Informatiker kamen, Lehrende wie Lernende, bei weitem nicht erschöpfend. Wie auf Seite 4 angedeutet, kamen sie aus fast ganz Deutschland. Viele wurden an der TH ausgebildet und früh in den 1970er Jahren wegberufen, um 35 Professuren andernorts zu besetzen. Ferner wurden ganze Jahrgänge jener weggelotst, die „Mathematik fürs Lehramt“ studiert hatten — vor allem an der TH. Als wir selbst Anfang der 1970er Jahre dem Kultusministerium helfen mussten, dies mit dem 20-Mann-Jahr-Projekt Lehrerzuordnung METHUSALEM auszugleichen (siehe Seite 104), war nicht zuletzt **Thomas Ströhlein** involviert.

Er hatte an der LMU in München, in Erlangen, an der TH München (kurz), sowie in Göttingen studiert und dort 1966 bei Reinhold Remmert sein Mathematik-Diplom gemacht — noch vor dessen Weggang nach Münster. Etwa um obige Zeit stand er eines Tages in Bauers Sekretariat und suchte nach einem Termin. Bauer hörte das durch die halb offene Tür, kam heraus und schon war Ströhlein als „Maschinenmathematiker“ für das PERM-Rechenzentrum eingestellt. Als solcher wurde er mit anderen 2017 vom Bayerischen Fernsehen vor der PERM im Deutschen Museum interviewt. Er hat auch lange Jahre den Aufbau einer Informatik-Bibliothek betreut, sich als Vertreter der Mitarbeiter im Senat engagiert und die Öffentlichkeitsarbeit erledigt.

---

Schon im SS 60 lernte ich **Klaus Lagally** kennen. Wir saßen in derselben Kleingruppe im „Theoretischen Praktikum“ zur Thermodynamik bei Bopp. Er hatte Mathematik und Physik zu studieren begonnen, zeigte sich aber so breit interessiert,[40] dass er nie zum Diplom Zeit fand und sich 1967 auf der „direttissima“[41] bei Bopp zur Promotion[42] an der LMU meldete.

Nebenher hatte er immer schon Computer-Kontakte gepflegt und seit 1959 erste Programme für die PERM geschrieben. Ab ca. 1964 gerierte sich Lagally als gefürchteter Hacker an der TR 4, bis ihn Bauer 1967 gleich ganz ans LRZ abgeworben hat. Noch heute verfügt Lagally über die Dokumentation des `ALGOL`-Übersetzers `ALCOR` TR 4; den hatte er — ohne Wissen seines

[40] Er arbeitete beispielsweise Heisenbergs Vorlesung *Einführung in die Theorie der Elementarteilchen* mit aus, ein Buch von 259 Seiten; [93].

[41] Damals war dieser Weg möglich und wurde insbesondere von Staatsexamenskandidaten genutzt.

[42] Dissertation Lagally: *Über klassische Teilchenlösungen einer konforminvarianten Feldtheorie*

damaligen Chefs Bopp; eigentlich war er ja zu jener Zeit Hilfskraft in der Theoretischen Physik der LMU — etwa ein Jahr lang gepflegt, als Seegmüller in Amerika war.

Aufgehoben aus dieser Zeit hat er auch noch ein komplettes Listing des TR 4-Betriebssystems, Zeile für Zeile von Hand kommentiert. Nur folgerichtig, dass er ab 1969 für die Arbeitsgruppe für Betriebssysteme gewonnen wurde — und diese später leitete.

Klaus Lagally und Rudolf Gerold 1980

---

**Heinz-Gerd Hegering**[43] studierte Mathematik in Münster und München und diplomierte 1968 an der LMU. Im selben Jahr ging er als wissenschaftlicher Mitarbeiter an das Leibniz-Rechenzentrum in München; wieder ein Beitrag aus der Numerik an die sich noch entwickelnde Informatik. Im Jahr 1971 promovierte er bei Günther Hämmerlin an der LMU *Über das Rivlin-Problem der simultanen inversen Tschebyschew-Approximation.* Hegering stieg später auf zum Leiter des LRZ und vollbrachte dessen Umzug in den — inzwischen schon wieder verdoppelten — Neubau in Garching.

---

Die Tatsache, dass die Informatik im Schoße der Mathematik — oder präziser der Numerik — sich regte, führte bei Promotionen der ersten Überwechsler zu Friktionen. David Gries war aus den USA gekommen, wo er bereits an ALGOL 60-Übersetzern mitgewirkt hatte; seine Dissertation musste er in einem ihm eigentlich völlig fremden Gebiet aus der Mathematik schreiben: *Über einige Klassen von Normen.* Das Thema, für das sich Bauer sehr interessierte, bekam er letztlich von Stoer, den Gries seither als seinen Doktor-Onkel bezeichnete.

Auch ich selbst hatte meine Dissertation 1962 in der Mathematik begonnen. Als ich mich zu Sauer und damit in die Ingenieur-Mathematik bewegte, wurde sie an der LMU bis 1965 zu einer „externen“ Dissertation, nicht zuletzt mit weniger ansprechendem Ergebnis. Christoph Zenger hatte sich von der Physik in die Informatik bewegt, aber seine Dissertation hatte in der „Zwischenstation“ Numerik zu erfolgen: *Verallgemeinerte Wertevorräte von Matrizen.*

[43] * 1943–

Auch einen durchaus nicht positiven Effekt sollte man erwähnen, den die Patenschaft der Numerik für die Informatik zeitigte: Man dachte (zu sehr) in Arrays und Matrizen und stand Wünschen nach besseren Datenstrukturen (etwa in ALGOL 60) zu Beginn nahezu verständnislos gegenüber! Zur Illustration: In unseren Projekten 1970–1973 zur Lehrerzuordnung, s. Seite 104, und Stundenplanung, s. Seite 105, hätten wir Datenstrukturen dringendst benötigt. Stattdessen mussten wir uns mit mehrdimensionalen Arrays behelfen.

DER LEHRKÖRPER FÜR INFORMATIK IN DER ABTEILUNG MATHEMATIK DER TUM IM STUDIENJAHR 1971/72

| | |
|---|---|
| Dr. F. L. Bauer * | o. Prof. |
| Dr. R. Baumann * | o. Prof. |
| Dr. R. Bayer ** | o. Prof. |
| Dr. St. Braun | Privatdozent |
| Dr. C. von Conta | leitender wiss. Mitarbeiter |
| Dr. P. Deussen | Hochschuldozent |
| Dr. J. Eickel | o. Prof. |
| Dr. M. Feilmeier | Wiss. Rat |
| Dr. H. Gumin *** | Honorarprofessor |
| Dr.-Ing. W. Hahn | leitender wiss. Mitarbeiter |
| Dr. U. Hill | leitende wiss. Mitarbeiterin |
| Dr. K. Lagally | leitender wiss. Mitarbeiter |
| Dr. W. Niegel | Oberassistent |
| Dr. M. Paul | o. Prof. |
| Dr. K. Samelson * | o. Prof. |
| Dr. H. Schecher | Abteilungsvorsteher |
| Dr. G. Schmidt | Oberassistent |

* auch für Mathematik tätig
** ab Sommer 1972
*** beurlaubt

| | |
|---|---|
| Dr. G. Seegmüller | o. Prof. an der Universität München und Direktor des Leibniz-Rechenzentrums |
| Dr. R. Zirngibl | Oberstudienrat im Hochschuldienst |

LEHRBEAUFTRAGTE :

| | |
|---|---|
| R. Dierstein | DFVLR, Oberpfaffenhofen |
| Dr. H. Donner | Siemens AG., München |
| Dr. F. Hertweck | Institut für Plasmaphysik, Garching |
| F. Peischl * | Leibniz-Rechenzentrum |
| Dr. W. Werner | Labor für Reaktorregelung und Anlagensicherung, Garching |
| Dr. H.-R. Wiehle | Leibniz-Rechenzentrum |

* ab Sommer 1972

Lehrkörper der Informatik 1971/72

Man sieht einen relativ engen Bezug zwischen diesem Informatik-Lehrkörper der TUM und jenem der Hochschule/Universität der Bundeswehr München: Bauer war 1973, ganz zu Beginn, im Berufungsgremium; Braun, Hahn, Niegel, Schmidt, Wiehle — sowie temporär auch die in der obigen Tabelle noch nicht erwähnten Christoph Zenger und Eike Jessen — wurden später dort Professoren.

## 3.2 Erst Student an der TH, dann Mitarbeiter

Weitere Mitarbeiter waren in der Regel zunächst Studenten der TH München und wurden später zu Kollegen. Einige haben mir Skizzen ihres damaligen Studienablaufes gegeben, denen man entnehmen kann, wie sich bereits früh die ursprünglich intendierten Studienabläufe änderten, sei es durch Wechsel des Nebenfaches, sei es durch reformierte Studien- oder Prüfungsordnungen.

---

Im Wintersemester 1953/54 begann **Christian Reinsch**[44] das Studium der Physik an der TH. Er schreibt: *Schon nach zwei Semestern war mir klar, dass mich die Numerische Mathematik und der Einsatz von Computern viel mehr faszinieren als die Physik, aber das Umschwenken erwies sich als unglaublich schwer.*

Im achten Semester dachte er deswegen an eine Diplomarbeit bei Sauer und führte diesbezügliche Vorgespräche; es kam aber der kategorische Einspruch von Gerhard Hettner, der befand, theoretische Diplomarbeiten von Physik-Studenten hätten ausschließlich an seinem Institut zu entstehen. Als Reinsch nach seinem dann doch in der Physik abgeschlossenen Diplom bei Sauer resp. Samelson wegen einer Doktorarbeit nachfragte, fühlte er noch ein wenig Verstimmung wegen seines damals erzwungenen Rückziehers.

Reinsch fährt dann fort: *Durch Professor Maier-Leibnitz hat die Physik ihren beinahe verlorenen Sohn mit offenen Armen wieder aufgenommen und auch noch nach der Physik-Promotion*[45] *großzügigst unterstützt.*[46] *Nur durch seine Förderung ist mein Wechsel an das* PERM-*Rechenzentrum zum 1. April 1963 schließlich doch gelungen. Zwei Jahre lang hat Professor Maier-Leibnitz mich aus seinem Etat bezahlt*... und so mittelbar die beginnende Informatik gefördert. Bauer verschaffte Reinsch dann eine Stelle an der PERM, als dieser zum Rechenzentrum von DESY, Hamburg, zu gehen sich anschickte.

Beim Aufenthalt in den USA ab Juli 1968 erfuhr Reinsch echte Zusammenarbeit und Förderung seiner wissenschaftlichen Arbeit als Numeriker, die ihn bis zur Publikation von [145] in der Grundlehren-Reihe brachte; siehe Seite 134. Man muss konstatieren, dass die Algorithmen von Wilkinson und Reinsch jene Standards für die Beschreibung, Dokumentation, die Bewertung und den Gebrauch von numerischen Algorithmen und Gleitpunktarithmetik gesetzt haben, die später für die SIAM-Bibliotheken[47] gelten sollten. Sie bilden die Testalgorithmen für die Leistungsfähigkeit von Großrechnern, in denen man die Anzahl der flops/sec misst (peta, exa, zetta), die diese Programme benötigen.

---

[44] * 1934–

[45] Dissertation Reinsch: *Messung des differentiellen Wirkungsquerschnittes und des mittleren logarithmischen Energieverlustes bei der Streuung langsamer Neutronen an Wasser und Eis*

[46] zum Hintergrund siehe [142]

[47] SIAM: Society for Industrial and Applied Mathematics

---

**Peter Deussen** (∗21.10.1935–) hatte Elektrotechnik an der TH München studiert und dabei als Vorlesung des Privatdozenten Bauer gehört *Einführung in den Gebrauch digitaler Rechenanlagen*. Bald wurde er Hilfsassistent an der PERM. Deussen bestand sein Diplom an der TH im Dezember 1960, war aber schon gleich nach dem Abschluss seiner Diplomarbeit vom 01.09.1960 an DFG-Mitarbeiter in Mainz, wurde dort im Mai 1962 Verwalter der Dienstgeschäfte eines wissenschaftlichen Assistenten, von welcher Position er mit Beginn des Jahres 1963 als wissenschaftliche Hilfskraft nach München wechselte — im Schlepptau von Bauer und Samelson. Als Diplomingenieur konnte er schon am 01.06.1963 Wissenschaftlicher Assistent im Status als Beamter auf Widerruf werden. Später promovierte er in München, habilitierte sich und wurde im März 1972 Ordinarius in Karlsruhe.

---

Typischer Student der Physik war der bereits erwähnte **Werner Rüb**,[48] den 1963 der Zufall von Seite 34 zur Informatik führte. Rüb erinnert sich an die ab WS 56/57 angebotenen turnusmäßigen Vorlesungen aus der Mathematik:

Lense: *Höhere Mathematik I-IV*, 5- bzw. 4-std., mit Übungen 2-std. vor der DVP
Löbell: *Darstellende Geometrie I, II*, 3- bzw. 1-std. mit Übungen 1-std.
u.a. Zeichnen von Verschneidungen, Abwicklungen u.ä.
Lense: *Höhere Mathematik V* (ohne die Maschinenbau- und Elektroingenieure), 4-std.

Dazu freiwillig *Quantenstatistik*, *Gruppentheoretische Quantenmechanik*, u.ä., sowie:

Heinhold, *Praktische Mathematik III und IV*, je 4-std.
u.a. *Kugel- und Legendre-Funktionen*,
*Behandlung mathematischer Probleme mit dem Analogrechner*, 1-std.
Samelson: *Einführung in den Gebrauch elektronischer Rechenanlagen*, 2-std.,
im WS 58/59; wohl öfter bereits vertreten durch Seegmüller

---

Etwa gleichzeitig begann **Hans Kuß**[49] sein Studium der Physik. Mit ca. 30 Wochenstunden hielt er die Pflichtfächer für sehr zeitaufwändig: Neben Mathematik und Darstellender Geometrie (mit sehr ausgedehnten Übungen) waren dies Experimentalphysik und Chemie (jeweils mit Praktika), Elektrotechnik mit Übungen oder Maschinenbau/Mechanik mit Übungen, dazu spezielle anwendungsorientierte technische Fächer.

Im Hauptstudium Physik wirkte ebenfalls der Effekt der Berufung Mössbauers: Theoretische Physik war das zentrale Fach. Nach dem älteren Professor Hettner wurden die jungen Professoren Brenig und Wild begeistert angenommen. Sie hielten Vorlesungen mit anspruchsvollen Übungen. Die Experimentalphysik mit Fortgeschrittenen-Praktikum war zeitraubend; dazu kamen unterschiedliche anwendungsorientierte Fächer, jeweils mit Praktika.

Weitere ergänzende Vorlesungen: *Elementarteilchenphysik* (Wild), *Angewandte Quantenphysik* (Eder), *Statistische Mechanik* (Brenig), *Spezielle Relativitätstheorie* (Haug) und ähnliches. Dazu kam das fast „ehrfurchtsvoll“ erlebte Freitag-Abend-Seminar bei Maier-Leibnitz.

[48] ∗1937–
[49] ∗1937–

Es gab schon eine *Einführung in die Programmierung* durch Urich. Interessant bei der Mathematik war für Kuß damals, d.h. 1962/64, primär das PERM-Praktikum und die Programmierung. Heinholds Analogrechnen und die Geometrie goutierte er hingegen weniger.

Hans Kuß wurde später ein eminent wichtiger Mitarbeiter für die entstehende Informatik, hielt sich aber gern im Hintergrund. Er betreute die weithin bekannten Sommerschulen und Advanced Courses in Marktoberdorf, wie auch die Ferienakademien im Sarntal. Seit dem Ende der 1970er Jahre löste er mich als Personalchef ab und behielt diesen Posten über gut zwei Jahrzehnte.

---

Auch **Gerd Sapper** (in der Schule zeitweise Klassenkamerad von Hans Kuß) stieß von der Physik kommend zur Informatik. Sein Studium begann er 1958 an der LMU. Er schrieb: *Im Studium haben mich Rechenanlagen immer fasziniert, aber ich wusste nur, dass es die* PERM *gab; die IBM 7090 in Garching war für einen Studenten unerreichbar. 1964, schon während der Diplomarbeit, wurde mir zugetragen, in der Richard-Wagner-Straße könne man sich formlos für die Benutzung der Telefunken Rechenlage* TR 4 *der Bayerischen Akademie der Wissenschaften registrieren lassen. Ausgestattet mit Halbwissen aus Vorträgen und Veröffentlichungen von Prof. Baumann war das eine willkommene Gelegenheit, mit selbst gestellten Übungsaufgaben mich in* `ALGOL 60` *weiterzubilden.*

*Dem Betreuer meiner Diplomarbeit konnte ich bei der Berechnung seiner Forschungs-Ergebnisse behilflich sein, wofür er mich auch in der dann folgenden Veröffentlichung dankbar namentlich erwähnte. ... Dabei kam ich mit dem Rechenzentrumsleiter Dr. Urich in Kontakt. Öfters fragte er mich „Wann sind Sie denn fertig mit Ihrem Studium? Dann kommen Sie aber zu uns!“ So kam ich, ohne mich jemals beworben zu haben, zum Akademie-Rechenzentrum (später Leibniz-Rechenzentrum LRZ) der Bayerischen Akademie der Wissenschaften. Mein Physik-Studium war bei der Beratung von Rechenzentrums-Benutzern von Nutzen. Weitere Stationen waren Mitarbeit bei der Entwicklung des Plattenbetriebssystems für den* TR 4, *dann an der TU in der Arbeitsgruppe für Betriebssysteme für den Nachfolge-Rechner* TR 440.

---

Nach seinem Abitur 1958 am Münchner Wittelsbacher-Gymnasium, im humanistischen Zweig, begann **Rudolf Zirngibl** als Lehramtsstudent für Mathematik/Physik den Zyklus wieder mit

Lense: *HM I–IV* (5-std. und dann 4-std.) mit Übungen (2-std.),
Löbell: *Darstellende Geometrie*[50] *I, II* (3- bzw. 2-std.) mit Übungen (1-std.).

Im folgenden ging es inhaltlich um Iterationsverfahren für lineare Gleichungssysteme und die Lösung nichtlinearer Gleichungen:[51]

Lammel: *Praktische Mathematik I, II* je 4-std

Ferner gab es unter Ankündigung von Lammel/Heinhold das Mathematische Praktikum (4-std.), jedoch de facto von Bulirsch geleistet, bei Lense die *Projektive Geometrie in analoger Behandlung I, II* (je 2-std.), sowie Albrecht: *Lineare Algebra*, Seebach: Proseminar und Löbell:

[50] *Aus heutiger Sicht würde man es „Steinzeit“ nennen. Es war aber durchaus eindrucksvoll, wenn mit Zeichenbrett und Tusche Verschraubungen perspektivisch richtig dargestellt wurden. Ich denke heute noch öfters daran, wenn ich Autos mit interessanter Karosserie stehen sehe.*

[51] *Da es in Herrn Lammels Bewusstsein sicherlich keine elektronischen Rechenanlagen gab, war auch nie von Maschinengenauigkeit und damit im Zusammenhang von Rundungsfehlern die Rede. Weil in den vorgeführten Beispielen alle Iterationsschritte bis zum Erbrechen an der Tafel ausgeführt wurden, war die Vorlesung mehr als langweilig ...*

*Differentialgeometrie im euklidischen Raum* (3-std.). Besondere Erwähnung erfährt bei Zirngibl der damalige Dozent Lenz:[52] *Grundlagen der Geometrie.*

Dann fährt Zirngibl fort: *Zu guter Letzt muss Lenses Seminar erwähnt werden: Es ging um die Principia Mathematica von Russell und Whitehead. Nach meinem Vortrag wurde ich von Herrn Urich gefragt, ob ich eine Hilfsassistentenstelle an der* PERM *annehmen möchte ... und dann habe ich begonnen, unter Anleitung von Herrn Seegmüller, der zeitgleich am* TR 4-*Compiler arbeitete, am* PERM-*Compiler zu basteln.*

Nachtragen will ich noch, dass Zirngibl zwar zunächst wirklich an der Schule anfing, aber dann doch von Oktober 1970 bis Juli 1976 als Studienrat/Oberstudienrat/Studiendirektor im Hochschuldienst am Aufbau eines Informatik-Übungsbetriebes mitwirkte. Danach amtierte er zuerst als Stellvertretender Schulleiter des neu eingerichteten Gymnasiums in Neubiberg und war dann 24 Jahre bis zu seiner Pensionierung als Oberstudiendirektor Leiter des Starnberger Gymnasiums.

---

Ein Studium mit Nebenfach Elektrotechnik begann **Rudolf Bayer**[53] an der TH München 1960–1963 und setzte es 1963–1966 in den USA fort. Nach dem Vordiplom bekam er sofort eine Hilfskraftstelle im Rahmen des ALCOR Illinois Projektes gemeinsam mit der University of Illinois. Mit Paul und Wiehle durfte er am damals größten und schnellsten Rechner der Welt (IBM 7094) in Garching am ALGOL 60-Compiler mitarbeiten. Das sollte sein Sprungbrett in die USA werden als Wiehle und David Gries nach München kommen wollten. Er ging hin, um das Projekt in Urbana fortzuführen. Er schrieb den sog. ALCOR Illinois Post Mortem Dump, wohl weltweit das erste Programm zur Fehleranalyse eines Computer-Programms auf der Ebene des Quellcodes und schuf damit eine gute Voraussetzung für seine erfolgreiche akademische Karriere.

---

Schon im Herbst 1964 kam **Christoph Zenger**[54] als Student an die PERM, ehe er 1965 als Mitarbeiter an das Akademie-Rechenzentrum (später LRZ) ging. Damals hat er Abende und Nächte damit verbracht — tagsüber war der Rechner ja belegt — an der PERM den Magnetbandbetrieb etwas zu automatisieren: Er sollte ein Programm schreiben, das den Compiler vom Magnetband auf den Speicher brachte, den Compiler startete und ein ALGOL-Programm vom Lochstreifen las, übersetzte und ausführte.

Bis dahin wurde der Compiler von vier Lochstreifenrollen auf die Trommel bzw. den Kernspeicher eingelesen und ließ gerade so viel Platz auf dem Speicher übrig, dass ALGOL-Programme ge-

[52] *Hanfried Lenz ist mir aber vor allem als politischer Mensch mit vielen linken Ideen in Erinnerung (noch weit vor 1968!), deren Verbreitung ein wesentlicher Teil seiner Vorlesung war.* (Gunther Schmidt: Man lese diesbezüglich dessen im hohen Alter verfasste äußerst aufschlussreiche Autobiographie [88]. Ich hatte Lenz 1961 als sein Hilfsassistent/Korrekteur für Projektive Geometrie an der LMU erlebt und verfolgte fassungslos — ohne Kenntnis der oben geschilderten Vorlesungseinschübe —, wie man unter den Ordinarien ihn sich als Professor — jedenfalls in Bayern — keineswegs denken konnte. Neuerdings kann ich einiges nachvollziehen: Sein Vater hatte (lange vor 1933) über Vererbung und Rassehygiene (nicht zuletzt bei Schmetterlingen) gearbeitet; er selbst wurde nach 1934 Freiwilliger und Reserveoffizier. Er leistete vollen Kriegsdienst und wurde bei Kriegsende völlig desillusioniert und somit „links“. Nur im damals „linken“ Berlin akzeptierte man ihn schließlich als Professor, mit der Folge, dass er dort sehr bald als zu weit „rechts“ angesehen und wieder stark bekämpft wurde. Immerhin erhielt er schließlich ein Ehrendoktorat an der TUM.)

[53] * 1939–

[54] * 1940–

rechnet werden konnten, ohne den Compiler zu zerstören. Wenn das bei Fehlern dann doch einmal passierte, musste der Compiler wieder frisch eingelesen werden, was ziemlich zeitaufwändig war. Mit dem Magnetband war dann alles viel bequemer.

Zenger benötigte für sein Programm, das auf das Magnetband zugriff, natürlich etwas residenten Platz[55] im Kernspeicher; der Platz durfte bei der Exekution der ALGOL-Programme nicht zerstört werden. Er vertiefte sich in den von Seegmüller geschriebenen Compiler, um Maßnahmen zu ergreifen, dass sein Programm nicht überschrieben wurde. Der Compiler war handschriftlich dokumentiert (in PERM-Code). Dazu suchte er auch Seegmüller auf, der aber nicht mehr in der Lage war, Zeit in seine Fragen zu investieren, weil er damals schon intensiv an der TR 4 tätig war. Zenger hat schließlich alles zum Laufen gebracht und sein 48 Worte langes Systemstart-Prögrämmchen ist viele Jahre gelaufen, auch mit dem Zirngibl-Übersetzer.

Die Abende an der PERM verbrachte Zenger oft zusammen mit Stoer und Bulirsch, die an ihrem diffsys-Programm arbeiteten. Natürlich waren die Prioritäten für den Maschinenzugang klar geregelt, weswegen seine Nächte etwas länger waren und meist erst dadurch beendet wurden, dass die noch sehr instabilen Magnetbandgeräte ihren Geist aufgaben. Gelegentlich war auch Christian Reinsch da, der für die PERM diverse sehr nützliche EA-Bibliotheksroutinen geschrieben hatte und natürlich auch Numerik-Programme für die PERM. Von Seegmüllers Compiler weiß Zenger nur noch, dass er keine Rekursion hatte, dafür aber recht flott und vor allem auch zuverlässig arbeitete. Er glaubt auch, sich zu erinnern, dass dieser schon während der Definitionsphase von ALGOL 60 geschrieben wurde, gewissermaßen ein ALGOL 58-Compiler.

---

Als seine Vorlesungen mit Informatik-Bezug nennt **Dietmar Täube**[56] einige recht frühe:

SS 62 Urich: *Programmierung elektronischer Digitalrechenanlagen I,*
WS 62/63 Urich: *Programmierung elektronischer Digitalrechenanlagen II,*
Suschowk: *Numerische Mathematik beim Einsatz digitaler Rechenanlagen III,*
SS 64 Bauer/Samelson: *Einführungspraktikum an Rechenautomaten,*
WS 64/65 Pöschl: *Informationstheorie,*
SS 66 Gumin: *Theorie der Schaltwerke.*

Durch die wegen des Mauerbaus verlängerte Wehrpflicht konnte Täube Vorlesungen erst ab Mitte Dezember 1961 hören und hing zunächst hinten nach. Die Vorlesungen von Urich hat er dann auch kaum verstanden; ihr Sinn wurde ihm erst beim Praktikum von Bauer/Samelson klar.

Ihm haben Vorlesungen und Praktika von Heinhold/Gaede über Analogrechner zunächst deutlich besser gefallen; nicht zuletzt weil die Lösungen von Differentialgleichungen sogleich als Kurven auf dem Plotter oder Oszillographen zu sehen waren. Die *Praktische Mathematik* bei Heinhold an mechanischen und elektrischen Tischrechenmaschinen sieht er auch im Nachhinein als wertvolle Übungen für das Programmieren, da man sich die Lösungswege sehr genau überlegen musste, um mit möglichst wenig Eingabearbeit Zeit zu sparen und Fehler zu vermeiden. Insofern als es eben auch digitale Methoden zur Lösung numerischer Probleme waren, bedauert er eigentlich, dass sie im Balkendiagramm von Seite 109 nicht auftauchen.

[55]Er erinnert sich: es waren die letzten 48 Worte zu 51 Bit im 2048 Worte langen Kernspeicher.
[56]* 1940–

---

**Rupert Gnatz**[57] hat vom WS 60/61 bis zum SS 66 Mathematik mit Nebenfach Physik an der TH studiert. Gehört hat er u.a. Lense („sehr anschaulich"), Aumann („sehr abstrakt"), Heinhold (sehr „analog" und „mechanisch"), Gumin („faszinierend"), Lenz, Lammel (Diplomarbeit), Wild u.a., sowie Bauer, der ihn geprüft und dann sofort eingestellt hat.

Gnatz erinnert sich: *Es ging dienstlich für mich damit los, dass ich Programmieren lernen musste. Zwar hatte ich in einem der letzten Semester noch das* `ALGOL`*-Praktikum (Baumann, Frau Mann) mitgemacht, aber was eine Prozedur ist, hatte ich damals überhaupt nicht verstanden. Zusammen mit Ursula Hill und Hans-Jürgen Walther mussten wir den Übungsbetrieb zu Bauers Einführungsvorlesungen machen, wobei ich selbst den Vorlesungsstoff genauso zum ersten Mal hörte wie die Studenten. Inhaltlich hat Bauer seine Vorlesung oft mit Goos besprochen. Viel gelernt bezüglich der relevanten Begriffsbildungen habe ich damals aus den Diskussionen mit Goos (*`EULER`*, aber auch* `ALGOL 68`*).* Siehe dazu Seite 47.

*Das Verhältnis zwischen Bauer und Heinhold war angespannt — vermutlich weil Heinhold eher dem Herkömmlichen verbunden war und den digitalen Zukunftsvisionen von Bauer wohl nicht so recht folgen wollte. Heinhold hat die Numerische Mathematik — die „Praktische Mathematik" — ganz anders gesehen als Bauer. Ähnliches gilt für das Verhältnis zur damaligen Darstellenden Geometrie ... Konfliktpotenzial gab es dann auch zu einigen Bereichen der Elektrotechnik: Dabei ging es nicht zuletzt um die Prioritäten Software/Hardware — vermutlich mit Auswirkungen auf Mittel- und Stellenverteilung innerhalb der Hochschule.*

---

Von 1961 bis 1965 hat **Peter Vachenauer**[58] Mathematik studiert und unter dem Mangel an Vorlesungen über moderne Mathematik für digitale Rechenanlagen gelitten. Er nennt es ein großes Verdienst von Bauer, dass dieser im WS 63/64 die `ALGOL`-Programmierung ins Mathematische Praktikum eingeführt hat. Dem Studienplan nach musste Vachenauer allerdings im 3. Semester, also ein Jahr davor, an diesem Praktikum teilnehmen und ... *da war es noch im alten Heinhold-Stil: Am Freitag Nachmittag auf der CURTA oder einem elektrischen Tischrechner ein mindestens* $5 \times 5$ *Lineares Gleichungssystem mit zehnstelligen Einträgen durch den Gauss-Algorithmus lösen.* Mit brummenden Kopf und lahmen Fingern ist er ab Weihnachten fern geblieben.

Vachenauer erinnert sich weiter: *Da war es ein Jahr drauf ein Genuss, in* `ALGOL` *für die* PERM *oder die ZUSE bei den Geodäten zu programmieren — auch wenn dann die Programme oft nicht getestet wurden, da die Maschinen meistens „am Boden lagen".*

*Leider kam aus Bauers Ecke bis 1967 nur eine kleine Vorlesung zur modernen Numerik. Es gab zwar noch die Vorlesung „Ausgewählte Kapitel aus der Numerik", die in dieser Zeitspanne von Stetter, Bauer und Suschowk gelesen wurde, jedoch waren diese Kurse meist sehr theoretisch und auf ganz spezielle Themen zugeschnitten. Albrecht, Suschowk und z.T. auch Stetter waren im Vorlesungsstil durch Bourbaki geprägt und konnten nicht die grundsätzlichen Gedankengänge in der neuen Numerik vermitteln. Aumann konnte das Wesentliche — in den klassischen Fächern — besser herüberbringen.*

---

[57] ∗ 1941–
[58] ∗ 1942–

*Bis 1967 war die Ausbildung der Mathematik-Studenten, was die angewandte Seite der Mathematik betrifft, dominant durch Heinhold geprägt (er war ja auch all die Jahre Prüfungsausschussvorsitzender für Diplom-Mathematiker). Sein Vorlesungszyklus „Praktische Mathematik I–IV“ behandelte im Stil des alten „Zurmühl-Buches“ die praktische Algebra, praktische Analysis, den Einsatz von speziellen Funktionen und den Einsatz von Integraltransformationen bei Näherungslösungen. Erst durch Bulirsch kam nach 1972 die Numerische Mathematik als Grundbaustein in das Diplom-Studium für Mathematiker.*

*Zwar gab es damals auch schon das Fortgeschrittenen-Praktikum am Digitalrechner, aber — dank Heinhold — war das Analogrechner-Praktikum genauso gewichtig.*

---

Im Herbst 1962 begann **Manfred Kunas**[59] sein Studium. In den ersten Semestern ging es zunächst standardmäßig um *Analysis* (Lenz), *Analytische Geometrie* (Lammel), *Darstellende Geometrie* (Baier), *Elektrotechnik* (I–IV, Maecker) und *Experimentalphysik*. Im Mathematischen Praktikum I, II (Heinhold, Gaede) wurden praktische Aufgaben u.a. mit Handrechenmaschinen bearbeitet. Die notwendigen Rechenverfahren wurden zuvor in Vorlesungen vermittelt.

Die Befassung mit der Programmiersprache `ALGOL 60` begann für Kunas im erstmals durchgeführten Praktikum nach Baumanns Sonderdruck aus der Zeitschrift *Elektronische Rechenanlagen*; vermutlich im SS 64. Die erstellten `ALGOL`-Programme wurden dabei an der PERM zur Ausführung gebracht (Lochstreifen). Die TR 4 (Lochkarten) in der Richard-Wagner-Straße war für die Studenten seinerzeit noch nicht zugänglich. In diesem Praktikum mit Betreuung durch ein Großaufgebot an Mitarbeitern des Mathematischen Instituts hatte er den ersten Kontakt zu Werner Rüb.

Damals hatten alle auch am Praktikum an der elektronischen Analog-Rechenanlage bei Heinhold erfolgreich teilzunehmen. Im Hauptstudium musste anfangs Theoretische Physik als Prüfungsfach gehört werden — beim Aufkommen der Informatik ersetzt durch „Mathematik C“ mit Informatik-Themen. In Erinnerung behielt Kunas insbesondere die ergänzenden Freitags-Vorlesungen von Gumin[60] zu Turing-Maschinen, Berechenbarkeit, Logik und Mengenlehre.

Das Abenteuer „PERM-Übersetzer für `ALGOL 60`“ begann für Kunas Anfang 1966 als Fortgeschrittenenpraktikum mit einer großen „Anforderungssitzung“. Der Übersetzer umfasste notgedrungen auch ein Betriebssystem — eine Verkehrsregelung — für den aus heutiger Sicht unglaublich engen Trommelspeicher; siehe dazu Seite 179.

Im März 1971 erinnerte man sich wieder an Kunas, als der 15. Jahrestag der Inbetriebnahme der PERM gefeiert wurde; siehe nächste Seite. Manfred Kunas wechselte später als *Wissenschaftlicher Oberrat* an die Hochschule der Bundeswehr München.

---

[59] * 1941–

[60] Heinz Gumin, viele Jahre im Vorstand der Siemens AG

LEIBNIZ-RECHENZENTRUM
DER BAYERISCHEN AKADEMIE DER WISSENSCHAFTEN
8 MÜNCHEN 2 BARER STRASSE 21 FERNRUF 2105/8402

Ø

München, den 29. März 1971

Herrn
M. Kunas
Rechenzentrum der
Technischen Universität

8 München 2
Arcisstraße 21

Lieber Herr Kunas,

am 8. Mai 1971 jährt sich zum 15. Male die Einweihung der PERM. Wir wollen an diesem Tage eine kleine Familienfeier veranstalten. Auch im Namen der Herren Bauer und Samelson möchte ich Sie herzlich dazu einladen.
Wir treffen uns um 10 Uhr (s.t.) im Eisenbahnzimmer des TU-Rechenzentrums, das über den Raum 2511 (2. Stock, Front zur Arcisstraße) erreichbar ist. Nach der Begrüßung wird Herr Schecher aufzuspüren versuchen, wo und wie sich Ideen der PERM-Gruppe in Hard- und Softwaretechnik heute in dieser und jener Form noch finden. Sicherlich hat der eine oder andere Teilnehmer dazu auch noch etwas beizutragen. Anschließend sollen das PERM- und das Leibniz-Rechenzentrum besichtigt werden. Münchener Weißwürste (frisch) sollen den Mittagsabschluß bilden.

Zu Ihrer Orientierung lege ich noch eine Liste der Eingeladenen bei. Mit der Bitte um -+ 8571 PLCHO * hoffen wir, daß Sie zu diesem Wiedersehenstag kommen können.

Mit freundlichen Grüßen

Ihr Gerhard Seegmüller

G. Seegmüller

Anlage.

Direktorium: o. Prof. Dr. G. Seegmüller (Vorsitzender), o. Prof. Dr. F. L. Bauer, o. Prof. Dr. G. Hämmerlin, o. Prof. Dr. K. Samelson

Einladung zur 15-Jahr-Feier der PERM;
siehe dazu die ursprüngliche Einladung zur Einweihung auf Seite 16.

---

Wie Manfred Kunas war auch **Ulrich Peters** vom WS 62/63 bis zum WS 68/69 Student der Mathematik an der TH München. Als weitere Fächer hatte er bis zu seinem Vordiplom im SS 65 *Experimentalphysik* und *Technische Elektrizitätslehre*, dann *Theoretische Physik* und schließlich ab WS 66/67 *Informatik*: ein weiterer Informatiker der TH München mit Ursprung in der Mathematik.

Peters nennt die Praktika als seine am meisten geschätzten Unterrichtsveranstaltungen und erinnert sich gern an den Umgang mit elektrischen Tischrechnern, mit mechanischen Rechnern (insbesondere der zylinderförmigen CURTA, *diesem mechanischen Wunderwerk*, wie er es nennt), mit den Dimensionierungsnotwendigkeiten von Rechenvorgängen auf dem Analogrechner und an seine ersten Programmierübungen mit ALGOL 60 (z.B. Eigenwertberechnungen).

Peters schreibt: *Waren für mich die Möglichkeiten von mechanischen und elektrischen Tischrechnern und von Analogrechnern durchaus beeindruckend, so war ich von den Möglichkeiten, die* ALGOL 60 *bot, fasziniert. Mir war klar, dass ich mit einem* ALGOL*-Programm spezifiziere, welche Rechnungen wie durchgeführt werden sollen, aber ich war begierig, zu wissen, und konnte mir nicht wirklich vorstellen, wie die* PERM *(damals ein Großrechner) diese Rechenanweisungen tatsächlich „verstehen" und dann auch getreulich durchführen könnte.*

*Im Rahmen des Praktikums hatte ich mittels eines* ALGOL 60*-Programms eine geozentrische lemniskatische Satelliten-Umlaufbahn um Erde und Mond zu berechnen und das erzielte Ergebnis im Praktikum vorzustellen. Im Anschluss an diese Darstellung fragte mich Samelson, ob ich bereit wäre, zusammen mit zwei Kommilitonen als Diplomarbeit einen in* ALGOL 60 *formulierten* ALGOL 60*-Übersetzer*[61] *auf der* PERM *in deren Maschinencode zu implementieren. Dieses Angebot war für mich ein Volltreffer, den ich gerne annahm.*

*Im Januar 1966 begannen dann Manfred Kunas, Werner Streitwieser und ich mit den Vorarbeiten. Wir stellten bald fest, dass auf der betriebssystemlosen* PERM *neben den eigentlichen fünf Übersetzungsläufen weiteres notwendig sein würde: die Implementierung eines Laufzeitsystems, wie auch der Standard-Funktionen*[62] *und -Prozeduren von* ALGOL 60*, der Laufzeit-Kontrollen und Testhilfen. Wir verteilten diese Arbeiten zwischen uns, schätzten, dass wir im nächsten Jahr fertig werden würden und tauften deshalb unser Projekt FUE 67 „Formelübersetzer 1967".*

Doch erst ab Januar 1971 konnten die drei ihren FUE 67 als dritten und weitaus schnellsten ALGOL 60-Übersetzer auf der PERM, diesmal mit fast vollem ALGOL 60-Sprachumfang, für die vorgesehenen studentischen Ausbildungszwecke zur Verfügung stellen. Sie hatten ja in dieser Zeit ihr Studium abzuschließen und erhielten danach als Mitarbeiter am RZ der TH auch andersgeartete dienstliche Aufgaben.

Der FUE 67 war bis zur Außerbetriebnahme der PERM im SS 74 in Verwendung. Bedenkt man, auf welch aus heutiger Sicht „wackeligen" Hardware-Füßen er stand — schon seine Anfertigung zog sich dadurch in die Länge —, so ist es erstaunlich, dass dieses Projekt so gut gelang und dann rund dreieinhalb Jahre lang fast gänzlich fehlerfrei seinen Dienst versah.

[61]Nach dem Buch Grau/Hill/Langmaack *Translation of* ALGOL 60; siehe 134
[62]i.W. von Christian Reinsch

**Im Ruhestand**

Zweiunddreißig Jahre, nachdem sie in der TU München fertiggestellt wurde, nimmt die erste Münchner Großrechenanlage im Deutschen Museum ihren Ruheplatz ein. 1955 war sie der Star der deutschen Rechenmaschinenentwicklung, die „Programmgesteuerte Elektronische Rechenanlage München", kurz PERM. Sie besaß 3000 Vakuumröhren und 4000 Dioden und war größer und schneller als die von H. Billing in Göttingen einige Jahre früher gebaute Anlage „GLA".

Vor einigen Wochen wurde das tonnenschwere Röhrengestell, das nicht zerlegt werden kann, in einer abenteuerlichen Luftfahrt aus dem zweiten Obergeschoß des Hauptgebäudes der TU München herabgeholt. Dann wurde sie von einem Kran in das dritte Geschoß des Deutschen Museums hochgehievt. Dort entsteht zur Zeit die Computerabteilung des Deutschen Museums, die am 7. Mai 1988 ihre Pforten öffnen wird.

Teil der PERM auf dem Weg durch das Fenster im II. Stock der TUM ins Deutsche Museum

Zum WS 70/71 ging Ulrich Peters als wissenschaftlicher Mitarbeiter und Promovend mit Hans Langmaack an die Universität des Saarlandes. Er promovierte[63] 1973 und kehrte, als Langmaack an die Christian-Albrechts-Universität zu Kiel berufen wurde, nach München zurück. Um 1979 wurde er dann Mitarbeiter am Rechenzentrum der Hochschule der Bundeswehr München.

---

**Henner Kröger**[64] studierte Mathematik bis zum Vordiplom in Münster und setzte das Studium an der TH in München fort. Nach dem Examen[65] arbeitete er in der Automatentheoriegruppe um Peter Deussen. Bald nach seiner Promotion 1972 bei Bauer ging er 1974/75 als Assistent zu Langmaack nach Kiel, den nach München zurückkehrenden Ulrich Peters ersetzend. Kröger habilitierte sich dort 1981 und wurde später — Ende der 1980er Jahre — auf einen Informatik-Lehrstuhl der Universität Giessen berufen.

## 3.3 Mathematisch-Technische Assistenten

Die Ausbildung der Mathematisch-Technischen Assistenten lief sehr gut an. Als man aber — viel später — begann, an Fachhochschulen einen vergleichbaren Studiengang einzurichten, wurde der „Dipl.-Inform. (FH)" zur Alternative mit Einstufungen ab BAT IVa und höher. Die ein oder andere Mathematisch-Technische Assistentin damaliger Art hatte allerdings zuvor in

[63] Dissertation Ulrich Peters: *Der Hilfszellenbedarf von übersetzten Ausdrücken*

[64] * 1942–

[65] Dissertation Henner Kröger: *Subjunktionsbegriffe in orthomodularen Verbänden und Boole'sche R-Schiefverbände*

der Tat Karriere gemacht, im BAT hochdotierte Stellungen erhalten und selbst promovierte Mitarbeiter zu der von ihr betreuten Gruppe zählen dürfen.

Auch diese Ausbildung „am lebenden Mathematiker“ wurde unter Missachtung jeder gendermäßigen Korrektheit für den Fasching aufbereitet; s.u.[66] Der damals in Mainz entstandene Beruf wurde so dargestellt, wie man in Zeitschriften, etwa in der auf der nächsten Seite angegebenen, sehen kann:

**Mathematisch-technische Assistenten**

Dieser Beruf entstand durch die Verbreitung elektronischer Rechenanlagen, und es mußten sowohl das Berufsbild wie Ausbildungspläne und Prüfungsordnung erarbeitet werden. Diesen Aufgaben widmet sich seit 1959 ein *Fachausschuß für die Ausbildung mathematisch-technischer Assistenten*, dessen Leitung zunächst F. L. Bauer, seit 1961 K. Wenke übernahm.

1964 wurde eine Prüfungsordnung ausgearbeitet, die 1965 von der Industrie- und Handelskammer für die Pfalz verabschiedet und später von anderen Industrie- und Handelskammern übernommen wurde. In den „Blättern für Berufskunde“ erschien 1968 ein Heft über die mathematisch-technischen Assistenten.

Aus Mitt. 1/1971: Der Fachausschuß soll aus der GAMM entlassen und der Gesellschaft für Informatik angeschlossen werden.

Schon in Mainz hatten Bauer und Samelson begonnen, Mathematisch-Technische Assistentinnen auszubilden. Sie sollten die Mathematik soweit verstehen, dass sie imstande waren, notwendig werdende Rechnungen selbständig auf dem elektromechanischen Rechner oder gar auf dem Computer zu vollziehen, wenn der Rechengang geklärt und abgesprochen worden war. Soweit war es als ganz neuer Berufszweig geplant.

Die jeweiligen MTAs wurden enorm wichtige Mitarbeiter resp. zumeist Mitarbeiterinnen im Umfeld der beginnenden Numerik und später auch in der Systemadministration. Es kamen mit Bauer drei frisch von der Industrie- und Handelskammer (in Ludwigshafen!) geprüfte Mathematisch-Technische Assistentinnen aus Mainz nach München:

Christa Benz,
Hildegard Naumann,
Herta-Maria Scheerer.

Als auch Samelson einige Monate später nach München zurückkehrte, brachte er eine weitere mit, die noch in Ausbildung stehende Inge Schmitt (vh. Ströhlein).

Bis etwa 1980 hat man weitere Kurse am Institut für Informatik der TUM und am LRZ abgehalten. Ausbilder waren u.a. Elisabeth Mann, Christoph von Conta, Peter Deussen, Peter Hofmann und Ludwig Zagler.

---

[66] Beschriftung: Aus Ehrfurcht, hoff ich, soll es mir gelingen, mein leichtes Naturell zu zwingen.

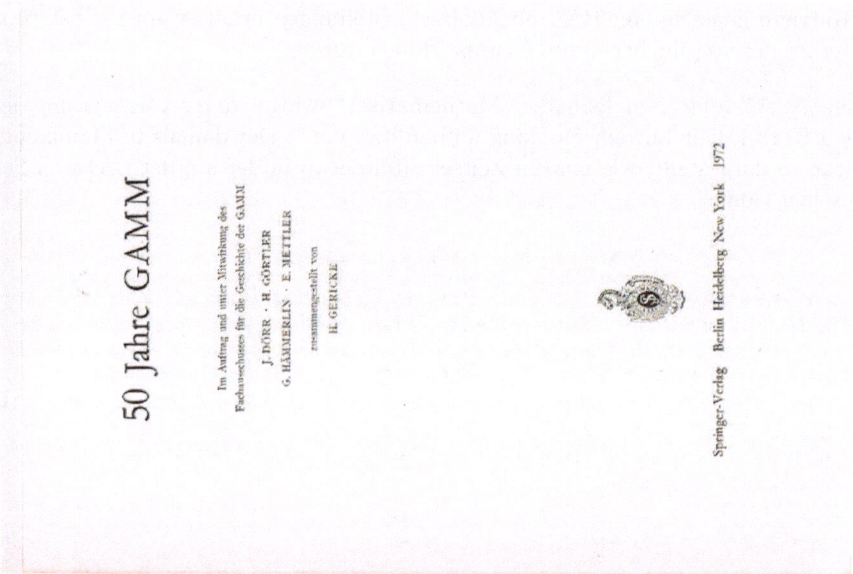

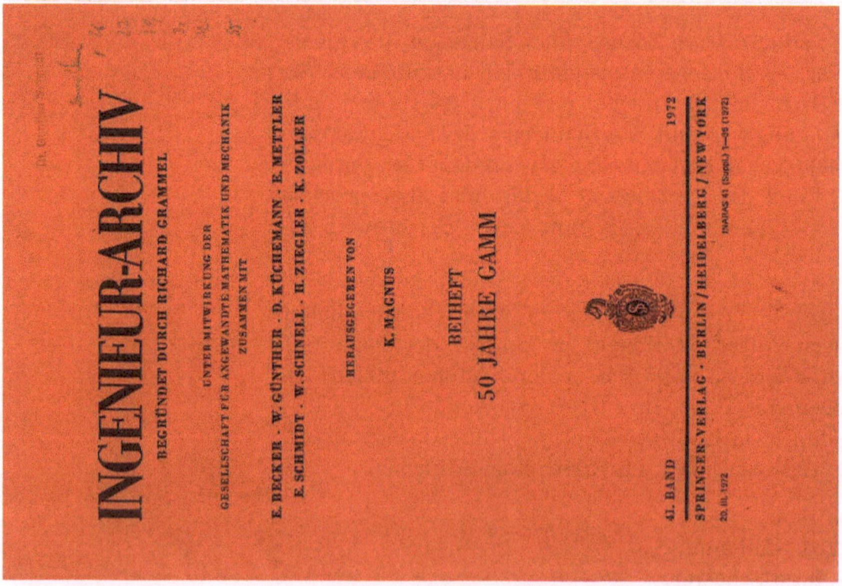

Der Kurs 1963 in München erforderte weiterhin die Prüfung an der IHK in Ludwigshafen:

| | |
|---|---|
| Eva Weigand (vh. Hammerschmid) | Inge Schmitt (vh. Ströhlein) |
| Uta Weber | Gertrud Weininger (vh. Pausinger) † |

Am Kurs 1964 in München nahmen teil:

| | |
|---|---|
| Heidemarie Enz geb. Billig † | Traute Hatterscheid geb. Hehl |
| Monika Hesse geb. Müller | Birgit Müller (vh. Oswald) |
| Waltraud Schmeidl (vh. Aufhammer) | Elli Prohaska (vh. Unterauer) |
| Hedwig Vogg (vh. Berghofer) | Helgrit Wich (vh. Walther) |

Den Kurs 1965 in München absolvierten Renate Stein geb. Ruff, Waltraud Riegg geb. Steinberger, Ingrid Urban geb. Stolz, Gisela Leute (vh. Drexler) und Brigitte Kreuzmayr geb. Lorenz.

Spätere Teilnehmerinnen waren u.a. Christa Beckh geb. Hilbig, Hildegard Forster (vh. Berndorfer), Anne Fischer (vh. Einenkel), Gaby Fischer, Monika Kern, Gudrun Rebhan, Lyne Vielle (vh. Manuel), Silvia Beeck geb. Keller, Christa Buder (vh. Halfar), und Kristina Melachrinos.

## 3.4 Habilitationen

Ab 1964 wurde mit Unterstützung der DFG, ab 1966 im Rahmen des Schwerpunktprogramms Informationsverarbeitung, der personelle Aufbau vorangetrieben.

Wie bereits gesagt, wurden andernorts bald 35 Professuren mit Münchner Informatikern besetzt — eine für München ungesunde Sog-Entwicklung. Nachdem Bauer und Samelson zunächst sehr darauf gedrängt und Mittel dafür besorgt hatten, dass sich erste Mitarbeiter für die Informatik habilitierten, wurde es zum Problem: Sich zu habilitieren hieß soviel wie wegberufen zu werden. Sogar ohne Habilitation wurden Mitarbeiter weggeholt. Nach den ersten sechs dieser Liste der Münchner Informatik-Habilitationen

— Hans Langmaack: Zum Satz von Lidskii. SS 67

— Manfred Paul:[67] Zur Darstellung des Kongruenzenverbandes einer endlichen abstrakten Algebra. WS 67/68

— Jürgen Eickel: Vereinfachung der Struktur kombinatorischer Systeme. SS 68

— Peter Deussen: Lineare Darstellungen von Automaten. WS 69/70

— Heinz Schecher: Prinzipien beim Aufbau kleiner elektronischer Rechenanlagen. WS 70/71

— Stephan Braun: Eigenschaften strukturierter Symbole in formalen Sprachen. SS 71

— Gunther Schmidt: Programme als partielle Graphen. SS 78

— Fred Kröger: Unendliche Schlussregeln zur Verifikation von Programmen. SS 80

— Manfred Broy: Eine Theorie für nichtdeterministische, parallele, kommunizierende und konkurrierende Programme. WS 82/83

— Mila Majster-Cederbaum: General properties of semantics. SS 83

— Harald Ganzinger: Increasing modularity and language-independency in automatically generated compilers. SS 83

— Martin Wirsing: Structured algebraic specifications: A kernel language. WS 84/85

— Helmuth Partsch: Transformational program development in a particular problem domain. SS 85

— Peter Pepper: Applicative languages and modal logics. SS 85

[67] Der Moment ist mir noch in Erinnerung, wie er nach der ganzen Prozedur auf seine draußen wartenden Kollegen zukam mit dem schönen lateinischen Wort VIVANT SEQUENTES.

reagierte Bauer strategisch vielleicht richtig und hörte erst einmal auf, Habilitationen aktiv zu unterstützen. Als Beispiel können die beiden obigen aufeinander folgenden Habilitationen in Informatik an der TUM dienen: Stephan Braun 1971 und ich selbst im SS 78 (nach Einreichung der Arbeit im SS 77) und dazwischen niemand! Zu mir meinte Bauer, ich läse doch ohnehin bereits alles denkbare und würde im März 1973 Akademischer Direktor, also fast so etwas wie H3-(oder dann später ein C3)-Professor — und Mitarbeiter habe ich doch vollauf genug; siehe Abschnitt 4.7.

Für mich persönlich war es in der Tat kein gravierendes Problem, aber andere Kollegen drängten sehr. In einem der Fälle gab es bundesweite Aufregung bis hin zu einem sogar ein Gericht beschäftigenden Habilitationsverfahren.[68] In der Folge wurden als wenig erfreulich anzusehende Aussagen über die Münchner Informatik verbreitet, nicht zuletzt über deren obersten Repräsentanten Bauer. Als Münchner hatte man sich plötzlich für die Zugehörigkeit zum Institut zu rechtfertigen.

---

Dennoch konnte ich schließlich meine Habilitation feiern. Samelson trug dabei eine Trauerschleife am Revers. Seine Tante in Seefeld war gerade gestorben. Gewiss ist es nicht alltäglich, wenn ein Ordinarius — er selbst im 60. Lebensjahr — der Trauer über das Ableben einer Tante sichtbar Ausdruck verleiht.

Manfred Paul, Klaus Samelson, F. L. Bauer bei der Feier der Habilitation Schmidt, Mai 1978

Hier hatte es allerdings damit eine besondere Bewandtnis. Diese Tante war wohl der Fixpunkt seines Lebens, als er nach Entlassung aus der Wehrmacht — wegen seines unzureichenden

[68] Auch bei diesem Kollegen hatte ich 1969 in meiner Eigenschaft als „Personalchef" die Einstellung abgewickelt. Wir kamen sehr gut miteinander aus. Obwohl älter als ich, sah er wohl in mir den dienstälteren; als er beabsichtigte, sich zu habilitieren, informierte er mich jedenfalls zuvor. Sogar eine Unterlage zu der Arbeit stellte er mir zu, worauf wir telefonierten. Ich riet sehr von einer Einreichung ab: Inhaltlich könne ich nicht viel sagen, aber mir erschiene es zu sehr ein Glaubensbekenntnis, und es sei ein wenig kumulativ und dadurch auch nicht hundertprozentig von ihm selber. Am Ende unseres langen Telefonats meinte er, ich sei sehr väterlich zu ihm gewesen, aber er wolle es dennoch einreichen.

arischen Prozentsatzes — zu einfachster Lkw-Fahrer-Tätigkeit verdammt war. Ganz gegen Ende des Krieges half sie ihm in Breslau wohl geradezu „unterzutauchen". Nach dem Tod der Tante wohnte er dann zunächst allein in Seefeld und musste auch das Haus versorgen: „Das ist ja alles so schlimm!" Als sich bald darauf seine finale Erkrankung († 25. Mai 1980) mit ungezügelt und ungeordnet wachsenden Knoten am Kopf und an den Fingernägeln äußerlich zu zeigen begann, sagte er einmal resigniert zu mir: „Herr Schmidt, ich glaube, dass ich mich da selber vergiftet habe, indem ich einen Kunstharzfilter, der vielleicht zu alt war, oder einen schon benutzten, jedenfalls etwas verkehrt in die Wasserzufuhr eingesetzt habe!"

---

Erst mit dem Ende der CIP-Aktivität zu Beginn der 1980er Jahre begann Bauer, Habilitationen, oder wenn jemand woanders hin wollte, wieder aktiver zu unterstützen. Ich erinnerte ihn — beim Durchsprechen zweier von mir für ihn entworfener Berufungsgutachten — an seine lange durchgehaltene Strategie, aber er erwiderte (resigniert?): „Des lass'ma jetzt metastasieren!"

---

Außerhalb Münchens hat man sich auch öfter gewundert, dass in einigen Fällen Promotionen nicht stattfanden, wo sie eigentlich auf die erarbeiteten Resultate ganz natürlich hätten folgen können oder sollen. Selbst Seegmüller hat erst mit 35 Jahren promoviert; in diesem Falle aber geradezu auf Druck aus dem Kreise der Münchner Informatik. Ursula Hill,[69] an deren stete Beschäftigung mit der linearen Fortschaltung aus ihren ersten Jahren in München, um 1963/64, ich mich gut erinnere, brauchte sehr lange; in diesem Fall lag es anscheinend auch an ihrer wenig drängenden Natur. Werner Rüb hat recht häufig Vorlesungen gehalten, aber nicht promoviert; vielleicht weil er es ursprünglich und zu lange noch in seinem Fach Physik versucht hatte.

Ein Grund, dass man in Informatik nur wenige promovierte, war sicherlich auch, dass in den frühen 1960er Jahren noch keine Gutachter außer Bauer und Samelson zur Verfügung standen, es sei denn, man wollte in der Mathematik promovieren (siehe etwa David Gries, Seite 49 oder Christoph Zenger, Seite 49). Auch die Möglichkeit zur externen Promotion war in München vorhanden; siehe Hahn in der Elektrotechnik bei Piloty, Reinsch in der Physik bei Hettner, ich selbst bei Stein, Seebaß bei Rieger, Zagler bei Koecher. In Karlsruhe, wo dieser Effekt im Jahrzehnt danach einmal auffiel, war man viel weiter; man verfügte über mehrere frisch berufene Professoren der Informatik.

## 3.5 Personalentscheidungen

Der erwähnten Sog-Entwicklung musste dringendst etwas entgegengesetzt werden, damit man Mitarbeiter an der TUM halten konnte. Professuren konnte man damals natürlich nicht bieten; eine solche zu erobern war jeweils verbunden mit einem veritablen Staatsakt.

Helfen konnten somit allenfalls die nach BAT IIa, Ib, Ia oder gar I vergüteten unbefristeten Angestelltenstellen oder die Beamtenstellen auf Lebenszeit, d.h. Positionen als Akademischer Rat, Oberrat oder Direktor, besoldet nach A13, A14 und A15 — später sogar als Ltd. Direktor nach A16. In einer ersten Runde wurden Anfang 1973 Wolfgang Niegel und ich selbst zu Akademischen Direktoren ernannt.

[69]Nach ihrer Heirat 1979 Hill-Samelson

Für den Aufbau der Informatik mussten schon seit etwa 1966 ständig Stellen beantragt werden, aus Landes- wie aus Bundesmitteln, etwa von der DFG. Zuwendungen vom Bund kamen in Gestalt von Geldmitteln für die Bezahlung von Angestellten, via SFB, ÜRF, Landesmittel durchaus auch in Gestalt von Beamtenstellen. Nachdem ich schon seit 1965 für die Hilfsassistenten des Instituts zuständig war, hat Bauer mich 1968 mit der Bitte angesprochen, einiges von den Personal- und Stellenangelegenheiten technisch abzuwickeln. So wurde ich der in den 1970er Jahren öfter so apostrophierte *Personalchef* des Instituts. Als solcher habe ich immer darauf geachtet, dass auch ein angemessener Teil der neuen Einstellungsmöglichkeiten höher dotiert war.

Alltägliches und die Jonglierereien, etwa wie beschrieben auf Seite 47 (damals schließlich von Josef Stoer abgewickelt), erledigte ich dann über gut ein Jahrzehnt, ehe mir bald nach meiner Habilitation Hans Kuß für lange Jahre und schließlich Herbert Ehler folgten.

Das Jonglieren war keineswegs einfach. Exemplarisch dargestellt sei dies anhand des Versuchs, einen Angestellten zwar ohne Professur, jedoch mit einer Beamtenstelle auf Lebenszeit am Institut zu halten.

---

Ein ursprünglicher Antrag wurde „erstinstanzlich", und ich meine, mit geradezu wohlwollend-zielführenden Ratschlägen, so beschieden: *Nach § 8 der Laufbahnverordnung ist die Anstellung (= Ernennung unter erster Verleihung eines Amtes, das in einer Besoldungsordnung aufgeführt ist, § 4 Abs. 2 LbV) eines Beamten nur im Eingangsamt der Laufbahn (hier Akademischer Rat) zulässig. Ausnahmen hierzu kann der Landespersonalausschuß auf Antrag der obersten Dienstbehörde (hier Bayer. Staatsministerium für Unterricht und Kultus) zulassen, wenn zwingende Belange der Verwaltung (hier TH München, Mathematisches Institut) dies erfordern* oder *die Anstellung sich aus Gründen, die nicht in der Person des Bewerbers liegen, erheblich verzögert hat.*

*Vorliegend kann wohl nur fraglich sein, ob die Anstellung von zwingenden Gründen des Instituts gefordert wird. Dies zu beurteilen läßt die bisher vom Institut lediglich gegebene Biographie und Tätigkeitsbeschreibung leider nicht zu.*

*Es ist zu erwarten, daß das Staatsministerium und insbesondere der Landespersonalausschuß an die vom Institut in dieser Richtung noch vorzutragenden Gründe einen strengen Maßstab anlegen werden; schließlich geht es um die Zulassung einer schwerwiegenden Ausnahme ...*

---

Diese Ratschläge jeweils umsetzend haben wir es geschafft, dass bis ca. 1980 in Stellen der Rats-Laufbahn außerdem ernannt wurden (nur jene mit Numerik- oder Informatik-Hintergrund sind in alphabetischer Reihenfolge genannt; es gab weitere im mehr mathematischen Bereich):

Anton Gerold,
Winfried Hahn,
Ursula Hill,
Peter Hofmann,
Hans Kuß,
Werner Rüb,
Werner Sautter,
Ralf Steinbrüggen,
Thomas Ströhlein,
Peter Vachenauer,
Klaus-Peter Wimmer,
Hans Wössner,
Ludwig Zagler.

Für diese hatte der Personalchef danach auch die turnusmäßigen Beurteilungen nach jeweils 3 Jahren zu erstellen (oder besser: vorzubereiten). Dazu kamen, anders gelagert aber oft nicht weniger schwierig, die Studienräte im Hochschuldienst; Informatik-nah waren dies u.a.:

Helmut Angstl,
Walter Dosch,
Adalbert Schöttl,
Karl Weinhart,
Rudolf Zirngibl.

Bei diesen war das Problem nicht so sehr die erste Ernennung — sie waren in der Regel bereits Beamte — sondern die Abstimmung mit den schulischen Dienstbehörden. Dann die wissenschaftlichen Angestellten:

Christoph von Conta,
Peter Funk,
Rudolf Gerold,
Rupert Gnatz,
Alfons Jammel,
Walter Lahner,
Werner Meixner,
Gerhard Schrott,
Pavel Vogel,
Hans-Jürgen Walther.

Schließlich die bei uns später für die Ministerialratslaufbahn abgeworbenen:

Ernst Höll,
Georg Eder.

Winfried Hahn und Ursula Hill wurden jedenfalls bald vom Status bereits hoch eingestufter wissenschaftlicher Angestellter zu Akademischen Direktoren befördert.[70] In Vorbereitung des formal vom Geschäftsführenden Direktor Baumann gestellten Antrages hatte ich u.a. die Bücher [75] (siehe Seite 137) resp. [72] (Seite 134) genannt, sowie die bereits gehaltenen Vorlesungen *Elektronik-Praktikum*, *Physikalische und elektrotechnische Grundlagen der Informatik*, *Funktioneller Aufbau digitaler Rechenanlagen*, *Übersetzerbau* aufgeführt. Die Bücher [76] und [26, 28, 27] konnten — da erst in Vorbereitung — natürlich noch nicht erwähnt werden.

Für Winfried Hahn ging der Direktorenstatus (im Beamtenverhältnis auf Probe!) allerdings nach wenigen Monaten wieder zu Ende: Er bat den Rektor der TUM um Beurlaubung ab Oktober 1974 wegen der — anfangs vertretungsweisen — Wahrnehmung einer Professur an der HSBw in Neubiberg, wo er schon im Herbsttrimester 1973 einen Lehrauftrag erhalten hatte.

Ich erinnere mich an viele detaillierte Qualifizierungen in unseren Listen und Tabellen, die jeweils zu berücksichtigen waren:

Professoren — seniore Mitarbeiter — Fluktuationsstellen
Wissenschaftler — technischer Mitarbeiter — Verwaltungsmitarbeiter
Stelle nachträglich globalisiert — globalgehoben
Befristung der Stelle gem. BayHSCHLG Art. 41(8) aufgehoben
Stelle eingezogen 1. HJ 1977, da globalisiert
bei unseren Studienräten im Hochschuldienst: abgeordnet von–bis
Assistentenzeit überzogen, d.h. $\geq 6$ Jahre
Stelle nicht genehmigt — Stelle nur bis Ib genehmigt — Stelle ausgeliehen an . . .
Gruppe gestrichen — Mittelüberhang, keine Stelle
Stelle nach SFB-Bewilligung — eingezogene Stelle
Nationalität mit Ende der Aufenthaltserlaubnis
Bewährungsaufstieg — Höherstufung beantragt — Ernennung beantragt
Mutterschaftsurlaub — Versetzung beantragt
In der TH-Verwaltung als technische Stelle geführt
Umwandlung einer technischen in eine Verwaltungsstelle beantragt
schwierig: wer will denn schon eine aufgeblähte Verwaltung

[70]Die Darstellung in [25, Seite 31] ist da nicht ganz korrekt indem sie vom Akademischen Rat spricht.

Das Personalgeschäft in dieser Komplexität konnte man beinahe als eine Wissenschaft bezeichnen, ausgeübt von Bauer (von der Abteilung damit betraut, sowie damals Mitglied der Globalstellenkommission der TU) und mir selbst (über 10 Jahre Personalchef und zugleich Assistenten-Vertreter in der Etatkommission des Senats der TU, sowie 1970–1972 persönliches Mitglied in der Unterkommission Personal- und Sachbedarfsplanung der TU). Angesichts des Neuaufbaus der Abteilung/Fakultät war Bauer die Konstante; es kamen zwischen 1969 und 1975 insgesamt 12 Ordinarien (2 Geometer, 4 Informatiker und 6 Mathematiker) neu an die TU,[71] deren Mitarbeiter ebenfalls unterzubringen waren.

Damals wurden immer wieder Zulagen an die BAT-Angestellten gezahlt und waren zu beantragen. Im Februar 1971 vergab die Globalstellenkommission beispielsweise 8 Ib-Zulagen (Differenz zu Ia) für die Planstellen und auch 5 mal für die Bezahlungen aus Mitteln Dritter; davon 4, resp. 5 bei uns.

Seit den frühen 1970er Jahren hatten wir ein Darstellungssystem entwickelt, das es erlaubte, eine gewisse Übersicht auf einem einzigen großen Blatt herzustellen; nach Professur und Stellentyp in Zeilen und Spalten geordnet. Das Grundelement der über 100 Bildchen auf einer Seite ist links angegeben, daneben einige bedeutungstragende Variationen, die sich durch viele Strichverdickungen weiter auffächern ließen. Oft (wohl zweimal pro Semester) und lange hat Bauer mit mir vor solchen Darstellungen Personal- und Stellen-Kombinatorik getrieben.

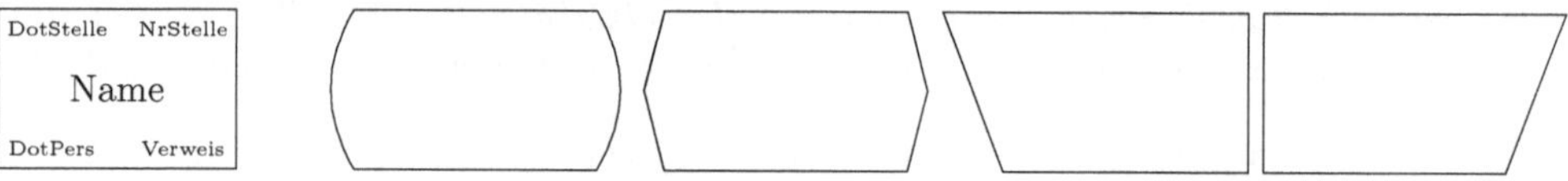


Dem zugrunde lagen jeweils viele Seiten lange auf den damaligen Schnelldruckern gefertigte breite Ziehharmonika-Tabellen. Später hat sie Hilde Landthaler in Zusammenarbeit mit Hans Kuß über viele Jahre gepflegt. Sie wurden bis weit hinein in die 1980er Jahre genutzt, bis man dann begann, dies auf einem PC etwas bequemer zu handhaben. Für die Angaben in [25] zum 40jährigen Jubiläum der Münchner Informatik sind sie noch vielfach verwendet worden.

Die anfängliche Personalausstattung war, wie dargestellt, sehr heterogen. Tätigkeitsmerkmale für die Eingruppierung in den Bundesangestelltentarifvertrag (BAT) existierten für Informatik-nahe Tätigkeiten noch nicht. Hinzu kam die tradierte Personalbehandlung an Universitäten: Ein Ingenieur konnte mit seinem Diplom aufgrund seiner absolvierten Pflicht-Praktika sofort Wissenschaftlicher Assistent werden, ein Lehramtler mit zweitem Staatsexamen desgleichen wegen seines Referendariats. Ein Mathematiker oder Physiker mit einem Diplom musste hingegen promoviert sein, um Assistent werden zu können; anderenfalls wurde er nur Verwalter der Dienstgeschäfte eines Wissenschaftlichen Assistenten. Mein erstes Gehalt als „Verwalter“ gestaltete sich 1962 beispielsweise so: „90 % von A13, davon 10 % wegen Lehrtätigkeit steuerbefreit“ ≈ netto 720 DM im Monat. Erst der promovierte Assistent erhielt A13 ungekürzt.

71

02.06.1969 Beckmann 01.04.1970 Thoma 13.10.1970 Baumann 10.11.1970 Paul
23.12.1971 Eickel 01.06.1972 Bayer 14.09.1972 Giering 01.10.1972 Karzel
01.04.1973 Bulirsch 01.05.1974 Helwig 01.02.1975 Siegert 01.09.1975 Königsberger

Bei der Zusammenarbeit zwischen einem Ingenieur-Lehrstuhl und einem der Mathematik musste man bei einem eventuellen Wechselwunsch des Mitarbeiters immer wieder an diese unterschiedlichen Handhabungsweisen denken. Hinzu kam die Verwendung von Studienräten im Hochschuldienst.

Der Assistent war verbeamtet, erhielt ein vergleichsweise geringeres Brutto-Gehalt als ein BAT-Angestellter, war allerdings als Beamter auf Zeit nicht angestelltenversicherungspflichtig. Was als vorteilhafter gelten konnte, war nicht einfach zu entscheiden: Für jemanden, der später Studienrat oder Professor werden würde, war eine Angestelltenstelle vielleicht günstiger. Andererseits: Würde jemand viele Jahre als Assistent arbeiten und später doch in die Industrie gehen, würde er „nachversichert" werden — allerdings nur bezogen auf das geringere Brutto-Gehalt.

---

Sauer eröffnete Bauer und Samelson früh die Möglichkeit, über seine fünf Mitarbeiterstellen zu disponieren — solange die Lehr- und Übungsverpflichtungen für Sauer abgedeckt blieben. So fungierten diese Stellen vielfach als Zwischenparkplätze für Mitarbeiter, aber auch als Beamtenstellen, falls jemand nicht Angestellter werden wollte; siehe etwa Seite 47.

---

Später meinte ich dann und wann, eine leichte Kritik zu hören, Bauer, Samelson oder deren Institut hätte sich diesem oder jenem Informatik-Thema nicht mit genügender Intensität gewidmet. Heraushören ließ sich dies manchmal bei Kollegen, die durch den hier vielfach erwähnten Sog früh andernorts auf *Informatik*-Professuren gelangt waren. Bauer und Samelson hatten demgegenüber — jedenfalls bis 1973/4 — noch immer die umfangreichen Aufgaben zweier großer Lehrstühle für *Höhere Mathematik*, also letztlich Ingenieur-Mathematik, in der gerade erwähnten personellen Umbruchzeit für die TU zu erbringen. Es war gewiss von Vorteil, bereits auf einen *Informatik*-Lehrstuhl neu berufen worden zu sein ohne in solcher Weise weiterhin belastet zu werden.

## 3.6 Raumsituation

Die aufkeimende Informatik verfügte zunächst über keinerlei Räumlichkeiten an der ja durchaus noch teilweise zerbombten TH. Sie irgendwie unterzubringen hieß: Anmietung bzw. Verdrängung. Das machte die Informatik keineswegs beliebter. Sie zeigte aber auch Selbstbescheidung: FLB nahm 1974 den wenig anheimelnden Maschinenraum der stillgelegten PERM als Professorenzimmer — lange bevor die PERM abgewrackt war; siehe das Foto auf Seite 60. Ich selbst erhielt sein bisheriges Mansarden-Büro in der damals angemieteten Etage im 6. Stock der Barer Straße 38–40.

Von Beginn 1963 an waren im alten TH-Gelände keine ausreichenden Räume für die Mitarbeiter aus Mainz und für neu zu besetzende Stellen vorhanden. Eine erste Anmietung von zusätzlichen Räumen erfolgte in der Richard-Wagner-Str. 7 in den drei Stockwerken eines studentischen Verbindungshauses. Das gibt Gelegenheit an eine kleine Bierfest-Episode zu erinnern:

---

Herbst 1964 in der Richard-Wagnerstraße: Deussen und Baumann zapfen an;
Numeriker, beim Bier umrahmt von Informatikern: Eickel, Stoer, Paul

Erkennbar handelt es sich noch um ein Holzfass. Als frischer Besitzer eines alten gebrauchten VW hatte ich mich erboten, es zu transportieren. Die Rückgabe verzögerte sich ein wenig — das Fass trocknete aus und zerfiel in seine Ringe und Dauben. Gut, dass wir in dem studentischen Verbindungshaus gefeiert hatten: Da gab es — anders als in den normalen Räumlichkeiten der TH — auch eine Badewanne, in der wir alles unter Wasser wieder zusammenfügten.

---

Im Jahr 1967 wurde diese Anmietung aufgegeben; die Mitarbeiter zogen in das TH-eigene Haus Richard-Wagner-Str. 18/Ecke Gabelsbergerstraße, über der LRZ-TR 4-Anlage in zwei Stockwerke. Durch die im Laufe der Jahre neu hinzukommenden Lehrstühle bestand dauernd äußerste Raumknappheit, die bis zum geschlossenem Umzug nach Garching 2002 durch weit verstreut angemietete Dependancen gelindert wurde: Richard-Wagner-Str. 7, Barerstr. 34, Barerstr. 44, Augustenstr. 44, Orleansstr. 34, Rosenheimer Str. 139.

Diese Situation war Grund genug, dass sich Bauer lange in der Interministeriellen (Bau-)Kommission engagierte. Zutritt scheint er dort über Sauer und von Elmenau gefunden zu haben; es ist ja keineswegs alltäglich, dass ein Professor an so hochrangiger Stelle mitwirken darf.

---

Ein Brief (03.07.1966) an meine Eltern beschreibt die Situation von Sauers fünf Assistenten[72] in dem Raum 1227, dem *blauen Bibliotheksraum* mit Galerie vis à vis vom Großen Physik-Hörsaal an der Gabelsbergerstraße sehr genau: … *ich brauche einfach Ruhe, zumindest aber ein paar Wochen ohne Dienst. Nicht so sehr der Arbeit wegen, aber das Arbeitszimmer kann einen im Laufe der Zeit ins Sanatorium bringen. Betrieb, wie im Hauptbahnhof, nie weniger als 5, meist 7–10 Leute, Buchentleiher, Rechenkunden, Diplomanden, der Offiziant, Hilfsassistenten*

[72]Heute lehnt man solche „Massenhaltung“ von Mitarbeitern natürlich ab.

*usw. und dazu zwei Telefone mit Dutzenden von Gesprächen am Tag. Dabei Verkehrslärm, so dass ich mich kaum noch konzentrieren kann. Meinen Kollegen geht es ziemlich genauso.*

---

Gerhard Seegmüller, Ministerialdirigent Johannes von Elmenau, Staatssekretärin Mathilde Berghofer-Weichner, TH-Kanzlerin Angela Molitoris

---

Raum-Probleme habe ich später weiterhin am eigenen Leibe erfahren dürfen. Es ist natürlich völlig unwichtig, wann ich wo gearbeitet habe; es illustriert aber die Raumnot. Dauernd musste man umziehen:

— Richard-Wagner-Straße 18, 1. Stock, Fenster zur Straße; meine erste Zeit als Personalchef

— Seit dem 1. Quartal 1969 Südgelände der TH, Block C, 3. Stock, Eckzimmer Nordwest. Der Raum wurde später als Professorenzimmer genutzt von Manfred Paul.

— Südgelände der TH, Block C, 4. Stock seit 20. März 1970, Eckzimmer Nordwest. Später wurde das Zimmer mit Zwischenwänden unterteilt.

— Seit April 1972 Barer Straße 38–40, 5. Stock, Eckzimmer Nordwest.

— Barer Straße 38–40, mansardenmäßig abgeschrägt im 6. Stock, das ehemalige Zimmer von F. L. Bauer, der im Juni 1974 den bisherigen Maschinenraum der PERM (!) als Dienstzimmer übernahm.

— Stammgelände der TUM, 2. Stock: Herbst 1980–Mai 1988. Nach meiner Zeit wurde der Raum 1988–2003 weiter als Professorenzimmer von Christoph Zenger genutzt.

---

Und wieder kann die bereits zitierte MAFAZ zur Illustrierung dienen. Zunächst die fiktive Anzeige eines Umzugsunternehmens und dann eine redaktionelle Feststellung:

Unser Unternehmen arbeitet so diskret, dass Sie von Ihrem eigenen Umzug erst nachträglich erfahren, gleichgültig, ob Sie umziehen wollten oder nicht.

Durch die unermüdliche Initiative eines Institutsdirektors ist es gelungen, das Institut so zu erweitern, dass nun auch für Sie ein Karbäuschen frei ist.

---

Dass dies alles noch immer unter dem Obertitel „Mathematik“ stattfand, wird an den Türschildern der angemieteten Wohnungen in den 1970er Jahren wieder sichtbar.

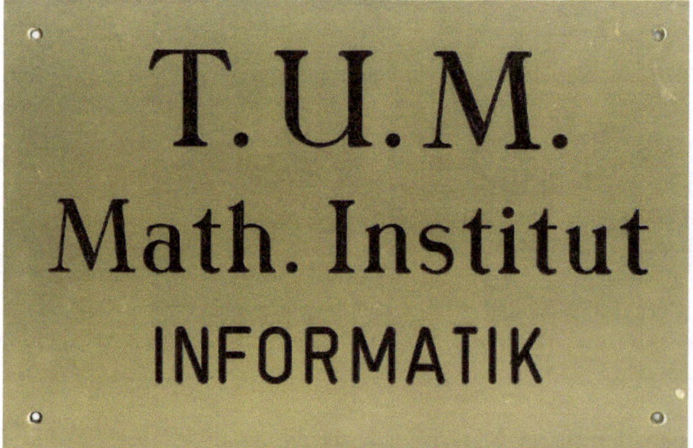


## 3.7 Genutzte Geräte

Unsere Übungsblätter wurden 1962 mit Wachsmatrizen vervielfältigt; für kleinere Gruppen, etwa Seminare, reichten Spiritusmatrizen. Beschrieben wurden die Matrizen normalerweise mit einer Schreibmaschine, bei der das Farbband ruhiggestellt war. Oft mussten allerdings kalligraphische Buchstaben oder Diagramme auf dem Blatt angegeben werden. Für derartige Arbeiten gab es ein stiftähnliches elektrisches Gerät mit schnell vor und zurück vibrierender Metallspitze. Auf diese Weise konnte man bei langsamer Schreibgeschwindigkeit die Folie in Punktfolgen für den Wachs-Durchtritt perforieren — ohne sie längs einer Linie zu zerschneiden und damit als Matrize unbrauchbar zu machen. Die Kopierer waren wirklich noch *Foto*kopierer, d.h. mit einem Zwischenmedium.

Die Zeit der schweren Tabelliermaschinen neigte sich ab 1960 ihrem Ende zu, und der Massenausdruck wurde mit neuer Technologie bewältigt: Im Anelec-Drucker bewegte sich orthogonal zur Papierbahn in hoher Geschwindigkeit eine Typenkette von damals sieben vollständigen Zeichensätzen (i.w. die Großbuchstaben). Zwischen beiden wurde eine Farbbandmatte hindurchgezogen. Jetzt kam es nur noch darauf an, auf den 120 Positionen einer Zeile im jeweils richtigen Moment ein Hämmerchen von hinten an das Papier zu schlagen, damit der passende Buchstabe auf das Papier kam.

Um 1958 arbeitete man etwa mit dem Siemens Fernschreiber T100; ein Exemplar wird noch heute durch Ernst Graf an der Rechnerbetriebsgruppe funktionsfähig gehalten. Eingabe erfolgt über die Tastatur und die Ausgabe via 5-Bit-Lochstreifen.

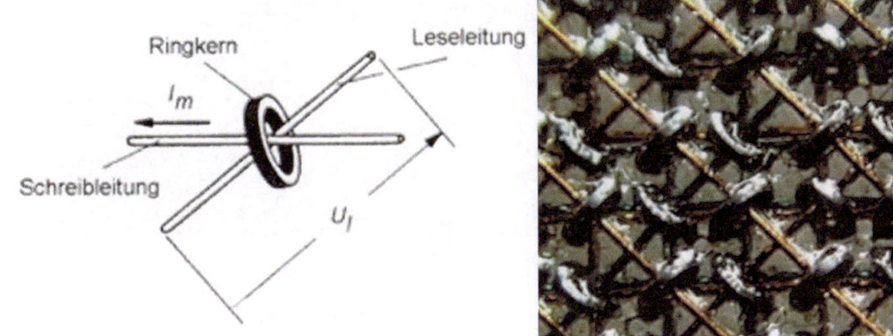

Ein wirklich noch handgefädelter Magnetkernspeicher der TR 4

Einmal war ein Plotter an das LRZ auszuliefern. Er erwies sich als zu empfindlich, um mit dem von der nahen TH malträtierten, wenig sinusförmigen Wechselstrom auszukommen. Also wurde für ihn „reiner“ Wechselstrom erzeugt: Motor, schwere träge Walze, Generator — eine nicht alltägliche Gerätekonfiguration, die Manfred Paul, damals den Leiter des Leibniz-Rechenzentrums vertretend, abzunehmen hatte. Das Grundproblem von Seite 11 bestand also weiterhin.

Den ersten Farb-Tintenstrahldrucker erlebte ich 1974 bei Tektronix auf der Ausstellung anlässlich des IFIP-Welt-Kongresses in Stockholm. Zwei Dinge kennzeichneten ihn: Einmal, dass er in einer Wanne stand, und zum anderen, dass seine Vorführer ganz eindeutig zu erkennen waren, nämlich an ihren ewig verschmierten Händen.

Eine eigene Historie müsste darstellen, wie man während der Zeit auf jeweils *moderne* Weise mathematische Texte schrieb. In den *Grundlehren*-Bänden aus den 1930er Jahren kann man noch heute eine ästhetisch höchst befriedigende mathematische Zeichensetzung bewundern. Diese Kultur brach weg mit der zunehmenden Verwendung von elektrischen Fixedwidth-Schreibmaschinen. Zwei Jahrzehnte an Buchpublikationen kann man heute nur noch mit Schaudern betrachten.

Für den Studenten oder Assistenten standen ganz am Anfang einzelne, separat zu kaufende Zusatztypen zur Verfügung. Man zwängte sie in die Gabel der Typenhebelmaschine und schlug mit einer beliebigen Taste drauf. Diplom- und Doktorarbeit habe ich mit meiner speziellen privaten Typenhebelschreibmaschine geschrieben. Sie enthielt lediglich ein paar zusätzliche griechische Buchstaben zu Lasten der wenig genutzten Akzente. Hinterher wurden die weiteren mathematischen Zeichen mit schwarzem Tuschefüller nachgetragen. Eine neue Version zu erstellen war also sehr aufwendig, weil man jedesmal die ganzen Sonderzeichen neu eintragen musste. Im Vergleich zu heute bewirkte dies etwas höchst positives, dass nämlich weit weniger geschrieben wurde. Eine 38-seitige Diplomarbeit, eine 54-seitige Dissertation oder eine 64-seitige Habilitationsschrift — wie in meinem Falle — sind heute leider kaum mehr vorstellbar.

Magnetkarte, im Original 18,7 cm breit

Dann wurde im Sekretariat von Georg Aumann eine IBM-Spezial-Schreibmaschine installiert. Eigentlich waren einfach zwei elektrische Typenhebelmaschinen mit gemeinsamem Wagen auf Doppel-T-Trägern montiert. Normalen Text schrieb man auf der einen und mathematische Zeichen auf der anderen. Notgedrungen wuchtete die Mechanik dazu den relativ schweren Wagen von der einen zur anderen Maschine hinüber und herüber — wobei sie sich immer wieder dejustierte.

Besser war der Magnetkarten-Schreib-Automat IBM MC 82. Davon hatte das Institut zwei, und bis Mitte der 1980er Jahre fast zeitgleich TEX und die Personalcomputer auftauchten, stand einer immer in meinem Sekretariat. Thomas Ströhlein und ich wurden Profis auf diesem Gerät. Es arbeitete hinsichtlich der Karten-Mechanik mit jener Technik, die zuvor bei den Lochkarten ausgereift war. Es wurde aber nicht gelocht, sondern die Karte magnetisch beschrieben/gelesen. Fast zwei DIN A4-Seiten passten auf eine Karte! Damit konnte eine Kugelkopfmaschine den gespeicherten Text reproduzieren. Für normale Briefe war das sehr gut. Probleme gab es aber wieder mit den mathematischen Texten, für die ein Kugelkopfwechsel notwendig war. Wir haben zwei Techniken beobachtet. Eine Sekretärin schrieb eine Karte mit dem Normaltext voll, ging dann — meist nicht ohne Dejustage — mechanisch zurück und schrieb in großen Sprüngen die Zeichen des nächsten Kugelkopfes, usw. Schlimm wurde es aber, wenn Korrekturen anzubringen waren. Wir selbst haben die Kugelköpfe fast bei jedem Zeichen gewechselt, was auch sehr aufwendig war und die Daumennägel strapazierte, aber sauberer positionierte.

---

Hier könnte man noch erwähnen, dass Bauer seinerzeit versuchte, das neue Berufsbild einer *Mathtypist* zu kreieren. Ich habe als damaliger Personalchef zusammen mit ihm lange und tapfer für deren angemessene Eingruppierung in den BAT gekämpft. Immerhin hatten wir in zwei oder drei Fällen Erfolg insoweit, als Einstufungen zu BAT Vc erfolgten, also weit oberhalb einer „Schreibkraft“. Die mathematische Schreibarbeit wurde seither aber mehr und mehr auf den Autor zurückverlagert, und so verlief diese Aktion letztlich im Sande.

---

Dazu sollten auch einige Münchner Bemühungen zu Typographie und Font-Gestaltung erwähnt werden, die allerdings durch das Erscheinen von TeX und METAFONT überholt wurden. Jedenfalls wurde auch in diesem Punkt in München getan, was bei der rasanten Entwicklung in der Luft gelegen hat.

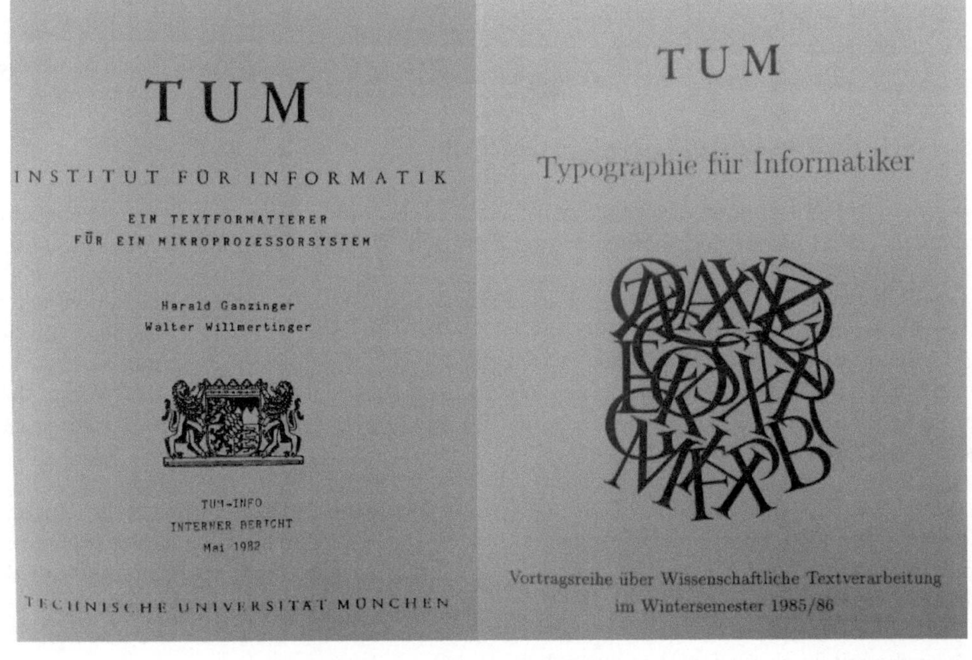

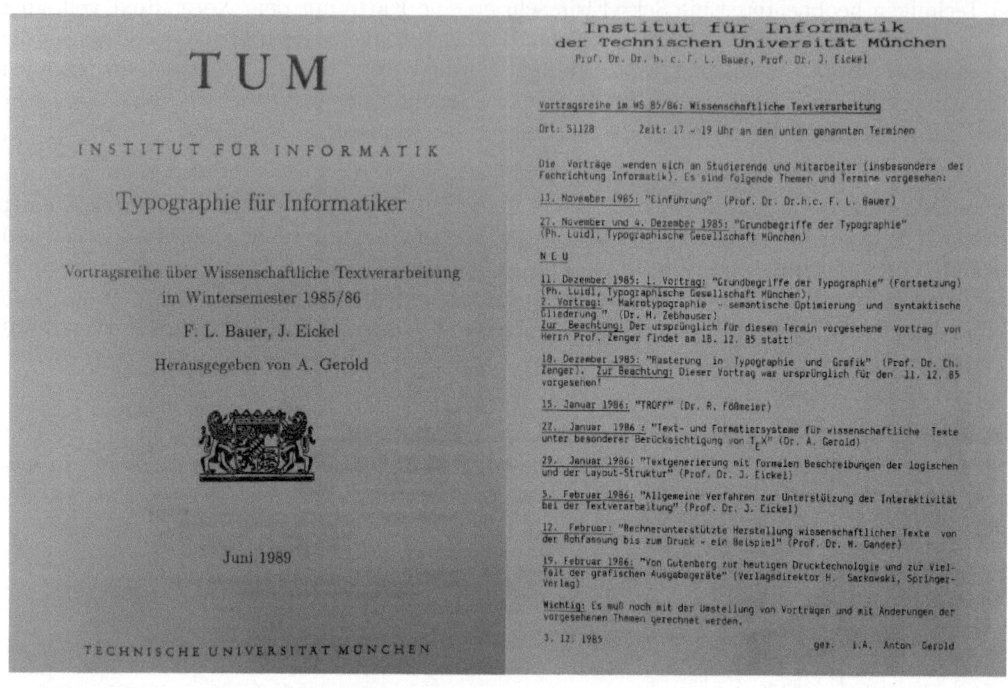

TUM

INSTITUT FÜR INFORMATIK

Typographie für Informatiker

Vortragsreihe über Wissenschaftliche Textverarbeitung im Wintersemester 1985/86

F. L. Bauer, J. Eickel

Herausgegeben von A. Gerold

Juni 1989

TECHNISCHE UNIVERSITÄT MÜNCHEN

Institut für Informatik
der Technischen Universität München
Prof. Dr. Dr. h. c. F. L. Bauer, Prof. Dr. J. Eickel

Vortragsreihe im WS 85/86: Wissenschaftliche Textverarbeitung

Ort: S1128 Zeit: 17 - 19 Uhr an den unten genannten Terminen

Die Vorträge wenden sich an Studierende und Mitarbeiter (insbesondere der Fachrichtung Informatik). Es sind folgende Themen und Termine vorgesehen:

13. November 1985: "Einführung" (Prof. Dr. Dr.h.c. F. L. Bauer)

27. November und 4. Dezember 1985: "Grundbegriffe der Typographie" (Ph. Luidl, Typographische Gesellschaft München)

NEU

11. Dezember 1985: 1. Vortrag: "Grundbegriffe der Typographie" (Fortsetzung) (Ph. Luidl, Typographische Gesellschaft München),
2. Vortrag: " Makrotypographie - semantische Optimierung und syntaktische Gliederung " (Dr. H. Zebhauser)
Zur Beachtung: Der ursprünglich für diesen Termin vorgesehene Vortrag von Herrn Prof. Zenger findet am 18. 12. 85 statt!

18. Dezember 1985: "Rasterung in Typographie und Grafik" (Prof. Dr. Ch. Zenger). Zur Beachtung: Dieser Vortrag war ursprünglich für den 11. 12. 85 vorgesehen!

15. Januar 1986: "TROFF" (Dr. R. Fößmeier)

22. Januar 1986 : "Text- und Formatiersysteme für wissenschaftliche Texte unter besonderer Berücksichtigung von TEX" (Dr. A. Gerold)

29. Januar 1986: "Textgenerierung mit formalen Beschreibungen der logischen und der Layout-Struktur" (Prof. Dr. J. Eickel)

5. Februar 1986: "Allgemeine Verfahren zur Unterstützung der Interaktivität bei der Textverarbeitung" (Prof. Dr. J. Eickel)

12. Februar: "Rechnerunterstützte Herstellung wissenschaftlicher Texte von der Rohfassung bis zum Druck - ein Beispiel" (Prof. Dr. W. Gander)

19. Februar 1986: "Von Gutenberg zur heutigen Drucktechnologie und zur Vielfalt der grafischen Ausgabegeräte" (Verlagsdirektor H. Sarkowski, Springer-Verlag)

Wichtig: Es muß noch mit der Umstellung von Vorträgen und mit Änderungen der vorgesehenen Themen gerechnet werden.

3. 12. 1985

gez. i.A. Anton Gerold

## 3.8 Nichtwissenschaftliches

Die wechselseitige Zusammenarbeit im Institut weitete sich bald auf Schach, Bridge,[73] Fasching, Schwimmen, Ski, Tanzen, Bergwandern, Segeln, Billard, Tischtennis und Bodybuilding aus.

Als Jugendlicher hatte ich mich mit Schach kaum beschäftigt. Das änderte sich, seit ich ab 1964 auch Ludwig Zagler an die TH geholt hatte. Er war damals viel in offizieller Funktion für Schach unterwegs, als internationaler Schiedsrichter, Organisator überregionaler Turniere, Märchenschachkomponist und Schachproblem-Löser. Es traf sich, dass auch Werner Rüb Interesse an Schach hatte, einer der ehemals besten Münchner Jugendlichen.[74] Später kam Hans-Werner Kirstein hinzu.

Mit Manfred Kunas war ein Fernschachspieler sehr gehobenen Niveaus in der Nähe. Zugleich baute er in einer Dreier-Diplomarbeit einen ALGOL 60-Compiler für die PERM, zusammen mit Werner Streitwieser und Ulrich Peters. Das Trio wurde aus unerfindlichen Gründen *Die drei Eisheiligen* oder — je nach Gusto — *Die heiligen drei Könige* genannt. Wie auf Seite 90 dargestellt, bauten sie wegen der Hauptspeicher-Enge und der Unsicherheiten der mechanischen Ein/Ausgabe mit Lochstreifen aber zusätzlich zum Compiler fast noch ein Betriebssystem.

[73] 25 Jahre lang einmal monatlich in der Besetzung Rupert Gnatz, (Alfons Jammel,) Manfred Paul, Gunther Schmidt, Uta Weber

[74] Von einem weiteren jugendlichen Schachspieler, Stefan Kindermann, schwärmte Zagler damals stets in höchsten Tönen. Der arbeitete aber nicht bei uns, wurde Großmeister und gründete die Münchener Schachakademie, in der mein Enkel mehrfach angeleitet wurde.

---

Der geschilderte Kontext brachte mich dazu, Schachproblem-*lösende* Programme für die PERM und dann die TR 4 zu schreiben. Über mehr als Zweizüger wagten wir noch kaum nachzudenken. Ganz pragmatisch habe ich baumartig die Zug-Möglichkeiten abgesucht und damit die Lösung gefunden — für mich eine sehr frühe graphen-theoretisch/relationale Übung.

Dann hat Thomas Ströhlein 1967 seine Doktorarbeit begonnen, die sich mit kombinatorischen Spielen beschäftigen sollte. Von ihm — nachhaltig angefeuert durch die genannte Gruppe — stammen die damals vollkommen neuen, weil rückgerechneten, Endspieltabellen für fast alle Schachendspiele bis zu 4 Figuren; nachträglich schrittweise publiziert als [137, 138, 139]. In mindestens einem Fall wurde damit wohl ein Schachtheorie-Buch an einer Stelle leicht falsifiziert.

---

Auch Schach-Simultanpartien wurden im Institut abgehalten. Ludwig Zagler hatte Kontakt zu Max Euwe,[75] dem Präsidenten des Weltschachverbandes — in den späten 1930er Jahren selbst einmal Schachweltmeister, zur damaligen Zeit aber Gutachter der Europäischen Wirtschaftsgemeinschaft EWG hinsichtlich der beginnenden Informatik; siehe Seite 110. Zweimal im Jahre 1971 traten etwa 25 Schachspieler des Instituts, unter ihnen Winfried Hahn, Manfred Kunas, Werner Rüb, Elmar Thoma und Birge Zimmermann, in Simultanpartien gegen ihn an. Trotz seines Alters — Euwe war damals schon über 70 — schaffte er es immer noch, die ganze Gruppe bis auf ein oder zwei Anstandsremisen niederzumähen. Hinterher gab es jeweils ein Faß Bier.

Simultanpartie gegen Max Euwe 1971: GS, Werner Rüb, Jürgen Eickel, Peter Prokopczuk, Manfred Kunas, Walter Lahner

---

Untenstehend die Ankündigung des Computer-Schachturniers in Dortmund durch den dortigen Oberbürgermeister. Man findet darin auch ganz frühe Nennungen der späteren Professoren Hans-Jürgen Appelrath und Oliver Vornberger:

---

[75] * 1901, † 1981

### 1. GI-Computer-Schach-Turnier

Das 1. GI-Computer-Schach-Turnier wird im Rahmen der 5. Jahrestagung der Gesellschaft für Informatik in der Zeit vom 8.-10. Oktobe 1975 im Foyer des Stadthauses der Stadt Dortmund (Südwall 2-4) durchgeführt.

| **Teilnehmer:** | **Programmautoren:** | |
|---|---|---|
| *CHARLIE* SIEMENS 4004/45 | A. Keil | Augsburg |
| *DAJA* TR 440 | S.Jahn und L.Zagler | München |
| *FISCHER/SCHNEIDER* IBM 370/158 | K. Fischer | Stuttgart |
| *ORWELL III* UNIVAC 1106/2 | Th. Nitsche | Freiburg |
| *PROSCHA* IBM 370/158 | H.Huwig, H.J.Appelrath, W.Behle, L.Franzen, N.Schulz, R.Schulz, O.Vornberger, W.Teschers | Dortmund |
| *SAMIEL* IBM 370/168 | E.Klein und M.Krüger | Bonn |
| *SCHACH MV 5.3* PDP 10 | H. Richter | Hamburg |
| *TELL* HP 2100 | J. Joss | Zürich |

**Terminplan:**

| | | | |
|---|---|---|---|
| Begrüßung | Mittwoch | 8.10.1975 | 18.00 Uhr |
| 1. Runde | Mittwoch | 8.10.1975 | 18.30 Uhr |
| 2. Runde | Donnerstag | 9.10.1975 | 18.30 Uhr |
| 3. Runde | Freitag | 10.10.1975 | 18.30 Uhr |
| Siegerehrung | Samstag | 11.10.1975 | 11.00 Uhr |

In Dortmund finden regelmäßig Schach-Turniere statt, die immer wieder weit über die Grenzen unserer Stadt hinaus Beachtung finden. Dies ist ein Beweis dafür, daß hier die günstigsten Voraussetzungen für derartige Veranstaltungen gegeben sind.

Vom 8. - 10. Oktober 1975 veranstaltet nun die Universität Dortmund anläßlich der 5. Jahrestagung der Gesellschaft für Informatik im Foyer des Dortmunder Stadthauses das 1. GI-Computer-Schach-Turnier. Dieses Turnier präsentiert das "königliche Spiel" in automatisierter Form und bietet den zahlreichen Freunden des Schachs erstmals die Gelegenheit, in unserem Lande Partien zu erleben, in denen Schachprogramme gegeneinander spielen.

Daneben findet das Publikum hierbei die Möglichkeit, Probleme der Informatik anschaulich kennenzulernen und zu diskutieren.

Ich freue mich ganz besonders, daß das 1. deutsche Schach-Turnier dieser Art in der Westfalenmetropole stattfindet und bin davon überzeugt, daß diese zukunftsweisende Veranstaltung in der Dortmunder Bevölkerung mit großem Interesse aufgenommen wird.

Als Oberbürgermeister der Stadt Dortmund heiße ich alle Teilnehmer und Gäste herzlich willkommen. Dem 1. GI-Computer-Schach-Turnier wünsche ich einen guten und spannenden Verlauf.

Günter Samtlebe

Oberbürgermeister der Stadt Dortmund

Von dem berühmten John McCarthy sagt man, er habe schon 1966 (unterstützt von seinem Team in Stanford) ein Programm geschrieben, mit dem er öfter gegen Gegner aus der Sowjetunion angetreten sei. Ludwig Zagler hat nach den Schachproblem-*lösenden* und Endspiel-*rückrechnenden* auch schach*spielende* Programme entwickelt, die Aufsehen erregten. Eines hieß DAJA (genauer: **D**iplom**a**rbeit **Ja**hn). Es kam bei der 5. Jahrestagung der Gesellschaft für Informatik im Oktober 1975 in Dortmund unter 8 Programmen gemeinsam mit TELL auf den ersten Platz, unterlag aber im Stichkampf, nachdem das Duell DAJA–TELL vorher remis ausgegangen war.

In der Süddeutschen Zeitung teilte sich DAJA am 16. März 1976 die „Seite 3“ mit Ministerpräsident Filbinger. Danach hat auch der Spiegel berichtet; siehe nebenstehende Notiz.

ELSA, **El**ektronische **S**chach**a**nalyse, eine Weiterentwicklung von DAJA, war Teilnehmer bei der Computer-Schach-Weltmeisterschaft beim IFIP-Welt-Kongress 1977 in Toronto. Man hatte uns eine Telefon-Standleitung freigeschaltet, und ich verbrachte mehrere Nächte am Telefonhörer unter Aufsicht von „Offiziellen Beobachtern“ — zertifizierte Datenfernübertragung in damaliger Zeit. ELSA belegte unter 16 Teilnehmern Platz 6–10. Damals hatten aber Computerfirmen schon den Werbewert erkannt: Einige Bewerber mit ihren Programmen erfreuten sich massiver Industrieunterstützung und waren weit mehr als nur gehobene Diplomarbeitsergebnisse.

SCHACH

**Die Zugmaschine**

**Ein Schach-Computer wird in München für den Wettstreit mit amerikanischen und russischen Konkurrenten getrimmt.**

Nach Mitternacht zieht es in München manche Herren an einen Ort, der für diese Zeit ganz ungewöhnlich ist: in das Leibniz-Rechenzentrum der Bayerischen Akademie der Wissenschaften. Im zweiten Stock spielen sie dann mit „Daja“.

Daja ist ein Computer-Programm, das im Zuge einer Diplomarbeit mit den strategischen Kniffen des Schach-

„Daja“-Fachmann Zagler, „Daja“
Starkes Herz, geräumiges Hirn

sports vertraut gemacht wurde. Daja kann mit Menschen oder mit anderen Schachmaschinen spielen, dabei eine Vielzahl von Zügen vorausdenken und die eigene wie die gegnerische Lage analysieren.

Spiegel vom 12. April 1976

---

Leider habe ich mit dem Bodybuilding bei Reinhard Smolana in der Isabellastraße, wohin Roland Bulirsch, Ludwig Zagler und ich eine Zeitlang gingen, mangels hinreichenden Erfolges schon vor 1967 aufgehört; sonst hätte ich der Süddeutschen Zeitung vom Jahre 2003 zufolge noch wie verbliebene Kollegen Arnold Schwarzenegger, den Terminator und ehemaligen Gouverneur Kaliforniens, kennengelernt; siehe z.B. auch [81].

Dieses Training hat Roland Bulirsch noch einen weiteren Erfolg beschert: Es gibt in München die Tradition, im Löwenbräu-Keller den Stein des Steyrer Hans zu heben — als Gaudium in der Starkbierzeit. Aus dem Training wussten wir, dass Bulirsch 508 Pfund, also 254 Kilo, heben konnte, aber das war ganz normal an einer Hantel erprobt.

**Professor Leibwächter**

ne. München

**Seine erste Filmrolle spielt der Münchner Dr. Roland Bulirsch (49) am Freitagabend in der ZDF-Krimiserie „Der Alte". Eine ungewöhnliche Premiere: Denn Dr. Bulirsch — er spielt den Leibwächter eines Gangsterboßes — ist gar kein Schauspieler, sondern von Beruf Professor für Mathematik.**

An der Technischen Universität ist er Dekan der mathematischen Fakultät und damit zuständig für 1700 Studenten. Alle, die den Professor nur vom Hörsaal und von Konferenzen kennen, werden ihn am Freitagabend ganz anders erleben. In der Folge „Teufelsküche" ist Dr. Bulirsch der „Gorilla" eines Mafiabosses und schützt diesen vor Erpressern. Eine Rolle, die ihm auf den Leib geschneidert ist. Dr. Bulirsch ist 190 cm groß und bärenstark.

Dreimal in der Woche trainiert er im Schwabinger Fitneß-Studio Reinhard Smolana mit schweren Gewichten. Wie er zu der Rolle kam: „Das Filmteam suchte im Studio einen passenden Typ. Als ich gefragt wurde, hab ich spontan ja gesagt. „Ob der Professor jetzt Schauspieler wird? „Nein, aber die Sache hat riesig Spaß gemacht und war für mich eine angenehme Abwechslung." Übrigens: Für seinen kurzen Auftritt bekam Dr. Bulirsch 400 Mark. Ganz schön für einen Anfänger.

Dr. Roland Bulirsch spielt einen Leibwächter

Im vollen Bierpalast mit einem geometrisch gänzlich anders geformten Stein dieses Gewichtes war dies nicht mehr so klar. Auf der Bühne wurden die Bewerber angekündigt: Bäcker, Möbelpacker, Schmied, Mathematiker ... großes Gejohle. Ergebnis: Roland Bulirsch schaffte es bis an die für den einzelnen vorbestimmte „natürliche Grenze", nämlich die gespreizt stehenden Beine. Danach konnten wir erleben, eine welch große Zahl unserer Studenten in der Halle war; sie kamen und beglückwünschten ihn.

Noch ein weiteres Mal kam diese Aktivität an die Öffentlichkeit: Ein Filmteam benötigte für die Krimi-Serie „Der Alte" ein paar kräftig aussehende Leute, die bei einer Mafia-Beerdigung mitmarschieren sollten, und verpflichtete diese naheliegenderweise in einem Bodybuilding-Studio — darunter den Dekan der Fakultät für Mathematik.

---

Normalerweise ist Skilauf weder dienstliche noch wissenschaftliche Aktivität. Im Herbst 1965 stellte Adalbert Schöttl fest, dass es untragbar sei, wenn TH-Mitarbeiter nicht Ski laufen könnten, und er nahm uns als Skilehrer unter seine Fittiche: Stephan Braun, Hans Kuß, Walter Lahner, Ludwig Zagler und mich. Spätestens als Stephan Braun sich beim ersten alleinigen Skilauf ein Bein brach und durch die ruhige Phase der Genesung Zeit für seine Habilitation fand, ist eine gewisse dienstliche Komponente nicht zu übersehen.

Später fand sich über Jahrzehnte jedes Jahr eine Gruppe aus dem Institut oder der Fakultät für einen Ski-Urlaub zusammen. Von den Teilnehmern fallen mir ein: F.L. Bauer, Richard Baumann, Christa Buder (vh. Halfar), Peter Deussen, Hildegard Forster, Anton Gerold, Rupert Gnatz, Winfried Hahn,[76] Harry Halfar, Dagmar Hanisch, Manfred Kunas, Hans Kuß, Walter Lahner, Hildegard Landthaler, Kurt Meyberg, Wolfgang Niegel,[77] Manfred Paul, Peter Pepper, Ulrich Peters, Helge Scheidig, Johann Schlichter, Hans Seybold, Josef Stoer, Peter Vachenauer, Hedwig Vogg (vh. Berghofer) und andere. Dabei scheint es sich wohl doch eher um dienstliche als um private Ereignisse gehandelt zu haben.

---

[76]Nachmaliger Vizepräsident der Universität Passau

[77]Nachmaliger Vizepräsident der Universität der Bundeswehr München — und interimistisch deren Leiter

Pettneu 1969: Elmar Bader, Walter Lahner, F.L. Bauer, GS, Winfried Hahn

---

Zum Nichtwissenschaftlichen zählen sicherlich auch die vielen Heiraten innerhalb des Instituts. Von der allerersten solchen Verbindung las ich in den frühen 1960er Jahren zunächst in der Zeitung: Ein Peter Hofmann heiratete laut Inserat in der SZ eine Dagmar Knapek. Nun trägt der männliche Part keinen besonders seltenen Nameen, aber Dagmar Knapek? Es war in der Tat so, dass die beiden es bis zum Vollzug geschafft hatten, die Angelegenheit vollständig geheim zu halten.

Auch die Chefs Bauer und Samelson waren beteiligt. Bauer heiratete Mitte der 1970er Jahre die Mitarbeiterin Dr. Hildegard Vogg — nachmals Frau Dr. Bauer-Vogg; Samelson heiratete 1979 die Mitarbeiterin Dr. Ursula Hill — nachmals Frau Dr. Hill-Samelson. An diesen beiden Fällen kann man die Wendungen des deutschen Personenstandsrechts[78] nachvollziehen.

Aber auch viele Mitarbeiter haben untereinander geheiratet, oder wirkten für einander als Trauzeugen, Paten oder die Trauung vollziehende Priester. Nicht selten waren die weiblichen Partner natürlich die Mathematisch-Technischen Assistentinnen oder die Sekretärinnen des Instituts.

---

Einmal wurde etwas auswärts veranstaltet:

[78] Als danach der ehemalige Kanzler Schröder eine Frau Köpf ehelichte, durfte das Paar zur Vermeidung eines unglücklichen Imperativs wieder die ehemals vorgeschriebene Reihenfolge nutzen.

Acht (spätere) Informatik-Professoren beim CIP-Spanferkel am 9. Juli 1983 bei Berghammers in Oberndorf:
Natalia Schmidt, Hans Wössner, F. L. Bauer, Thomas Matzner, Bernhard Möller
Sibylle und Rudolf Berghammer, Walter Dosch, Martin Wirsing, Peter Pepper, Helmuth Partsch
und ... mein Sohn Alexander Schmidt mit nachmaligem Doktorvater Manfred Broy

Was man bei diesen eher jugendlich-sportlichen Fotos leicht übersehen könnte: Es zeigt in der unteren Reihe als dritten von links Walter Dosch (†), in Lübeck als Vizepräsident vorgeschlagen, was er aber, da weiterhin bei der Familie in Augsburg wohnhaft, ausschlug. Dann geht es weiter mit Martin Wirsing, der seit Jahren — und mit einer komplizierten Konstruktion über seine Emeritierung 2016 hinaus noch heute — *Vizepräsident Lehre* der LMU ist. Der nächste, Peter Pepper, war vor einigen Jahren in Berlin ein letztlich doch nicht antretender Kandidat für die Präsidentschaft der TUB, mit einer halbseitigen Präsentation in einer Tageszeitung. Es folgt Helmuth Partsch, ein Vizepräsident der Universität Ulm. Manfred Broy rechts unten war nie Vizepräsident, dafür Gründungsdekan der Informatik-Fakultät in Passau und später auch Dekan an der TUM, sowie im Ruhestand der Präsident des Zentrums Digitalisierung in Bayern.

---

Als nicht genuin wissenschaftlich kann die Arbeit in Fachverbänden gelten, aber kaum eine Disziplin kommt ohne solche aus. Kurz vor Einrichtung der Informatik-Studiengänge wurde die Gesellschaft für Informatik gegründet. In [83] steht: *... am 27.6.1969 in Bonn überreichte Friedrich L. Bauer, München, den Sitzungsteilnehmern eine von ihm als GI-Gründungsaufruf initiierte Unterschriften-Sammelliste mit der Anregung zur Unterschriftsleistung. Die von F. L. Bauer vorbereitete (zunächst keine Unterschriften enthaltende) Liste trug die von ihm handschriftlich in Blockbuchstaben eingetragene Überschrift* `GESELLSCHAFT FÜR INFORMATIK e.V.` *und direkt darunter handschriftlich das Wort Gründungsmitglieder ... Es trugen sich dann sogleich fast alle Sitzungsteilnehmer, naheliegender Weise weitgehend in der Sitzplatzreihenfolge am Sitzungstisch, und zwar die folgenden 18 Herren in dieser Reihenfolge mit ihrer eigenen Unterschrift so ein: K. H. Weise, F. L. Bauer, R. Piloty, H. Donth, W. Giloi, H. Herrmann, U. Kulisch, K. Samelson, A. Lotze, B. Schlender, H. Unger, D. Haupt, L. J. Hieber, G. Hotz, H. Leilich, ... Mit ihrer Unterschrift verpflichteten sie sich, im Sinne der Überschrift, die Gründung der GI voranzubringen, mitzutragen und mit dem Zeitpunkt der Existenz der GI als e.V. auch GI-Mitglied zu sein. Am Ende dieser Unterschriftenaktion trug F. L. Bauer unten rechts auf der Seite handschriftlich das Datum „27. Juni 1969“ ein.* Bis zum 01. Oktober 1969 waren (mit Mitgliedsnummer) als (damalige) Münchner dabei 19 von 69:

| | | | | | |
|---|---|---|---|---|---|
| 2 | GI 001 | F. L. Bauer | 35 | GI 014 | J. Eickel |
| 7 | GI 036 | U. Kulisch | 36 | GI 010 | P. Deussen |
| 8 | GI 051 | K. Samelson | 37 | GI 031 | Ursula Hill |
| 15 | GI 040 | H. Leilich | 38 | GI 007 | S. Braun |
| 20 | GI 023 | W. Hahn | 39 | GI 004 | H. Billing |
| 21 | GI 046 | F. Peischl | 52 | GI 053 | G. Seegmüller |
| 22 | GI 017 | R. Gnatz | 55 | GI 015 | T. Einsele |
| 23 | GI 039 | H. Langmaack | 58 | GI 008 | R. Bulirsch |
| 33 | GI 045 | M. Paul | 68 | GI 065 | H.-J. Walther |
| 34 | GI 018 | G. Goos | 69 | GI 052 | G. R. Sapper |

Nach Leistung der Unterschriften wurden die Namen damals in alphabetische Folge gebracht. Stolz auf seine derart erworbene GI-Nummer war insbesondere Stephan Braun.

Ich selbst gehörte nicht zu diesen frühen Mitgliedern der GI *Gesellschaft für Informatik*; als Münchner Professoren — und Mitarbeiter — 1969 mitwirkten, sie in Bonn zu begründen, musste ich Vorlesungen übernehmen. Heute hat die GI ca. 20.000 Mitglieder. Unterhalb meiner Mitgliedsnummer GI 243 werden sich die Reihen in den vergangenen fast 50 Jahren sehr gelichtet haben. Die erste Jahresversammlung der GI fand dann 1971 in München statt.

---

Daneben gibt es seit 21. Mai 1974 den Informatik-Club e.V. In ihm fanden sich die ältesten Dauermitarbeiter der Informatik zusammen: Helmut Angstl †, F. L. Bauer †, Rudolf Gerold †, Rupert Gnatz, Ursula Hill †, Hans Kuß, Gunther Schmidt, Thomas Ströhlein, Ludwig Zagler †, Christoph Zenger. Als eingetragener Verein, zunächst limitiert auf 15 (heute auf 100) Mitglieder, sind es zur Zeit ca. 85 aus ganz Deutschland. Vorsitzende und deren Stellvertreter waren

F. L. Bauer †/Ludwig Zagler †<br>
Christoph Zenger/Ursula Hill-Samelson † seit September 1990<br>
Manfred Paul/Christoph Zenger seit Oktober 2000<br>
Manfred Paul/Gunther Schmidt seit Oktober 2004<br>
Gunther Schmidt/Hans Kuß seit Juli 2009 resp. /Christian Herzog seit Oktober 2010

Später war Bauer Ehrenvorsitzender. Im Club trafen wir auch jedes Jahr Heinz Gumin:

2004: Ursula Hill-Samelson, Peter Deussen, Inge Ströhlein, Natalia Schmidt, Heinz Gumin, Thomas Ströhlein

2005: FLB, Rupert Gnatz, Hildegard Bauer-Vogg, Jürgen Eickel, Heinz Gumin im Konrad-Zuse-Zimmer im Schloss Hopferau bei Füssen

2006: FLB, Manfred Paul, Herbert Ehler, Peter Deussen, Heinz Gumin, Peter Hofmann im Neuwirt in Garching

Die Ehemaligen des Instituts, resp. der Institute für Mathematik und für Informatik oder des LRZ, treffen sich regelmäßig in diesem Rahmen. Früher wurde ein wenig gewandert, was altersmäßig auf Null zurückgegangen ist. Jetzt gibt es meist eine Führung; zuletzt waren es diese:

2009: datArena in Neubiberg
2010: Speicherbibliothek der Bayerischen Staatsbibliothek in Garching
2011: Neu-Zu-Bau des LRZ in Garching
2012: Cave des LRZ in Garching
2013: Nostalgie-Treffen im Stammgelände unter Besichtigung der HFF[79]
2014: Jexhof, Alter Wirt in Etterschlag, 40. Jubiläum des Clubs, 90. Geburtstag F. L. Bauer
2015: Forschungsreaktor München II
2016: Schiffsrundfahrt auf dem Ammersee
2017: Besichtigung des iX-Quadrat in der Magistrale des Gebäudes der Fakultät
2018: ESO[80] Supernova im Garchinger Forschungszentrum
2019: Führung durch den GALILEO, die neue Mitte des Garchinger Forschungszentrums

---

Ein weiterer Anlass für das Zusammentreffen von Ehemaligen ergab sich 2007 mit der Feier *40 Jahre Informatik in München*:

40 Jahre Informatik in München, 2007: Manfred Kunas, Ulrich Peters, David Gries, FLB

---

Zu seinem 80sten Geburtstag traf Stetter im Löwenbräukeller die alten Kämpen der Institute:

Treffen 2012 aus Anlass des 80. Geburtstags von Stetter: Stoer, Eickel, Paul, Kulisch, Schätz

---

[79]Hochschule für Film und Fernsehen, errichtet nach Abriss der Robert-Sauer-Bauten
[80]betreibt das *European Southern Observatory* in der Atakama-Wüste in den Anden

Und dann gibt es noch die MI-TUM-Veteranen, die Veteranen der Institute für Mathematik und Informatik der TU. Sie treffen sich zwanglos jeden zweiten Donnerstag im Monat zum Mittagessen; mal sind es nur 8, mal aber auch 25.

| 184. Treffen am Donnerstag, den 10. Januar 2019 | |
|---|---|
| **Ort:** da noi (ital.), Wolfratshauser Str. 206, 81479 München | |
| **Verkehrsmittel:** S7, Solln | Telefon: |
| **Hinweise:** sehr gut | 089-795900 |

| 185. Treffen am Donnerstag, den 14. Februar 2019 | |
|---|---|
| **Ort:** Auer Hof (bayer.), Mariahilfplatz 4 , 81541 München | |
| **Verkehrsmittel:** ab Sendlinger Tor Bus 152: Schweigerstraße | Telefon: |
| **Hinweise:** www.au-hof.de | 089-44218821 |

| 186. Treffen am Donnerstag, den 14. März 2019 | |
|---|---|
| **Ort:** Lohengrin´s (bayr.), Cosimastr. 97, 81925 München | |
| **Verkehrsmittel:** U4: Arabellapark / Tram 16/18: Prinz-Eugen Park | Telefon: |
| **Hinweise:** www.lohengrins.de | 089-95927424 |

| 187. Treffen am Donnerstag, den 11. April 2019 | |
|---|---|
| **Ort:** Forschungsbrauerei und Bräustüberl, Unterhachinger Str. 76, 81737 München | |
| **Verkehrsmittel:** S7: Perlach (5 Minuten Fußweg ) | Telefon: |
| **Hinweise:** "etwas Besonderes" | 089-6701169 |

| 188. Treffen am Donnerstag, den 9. Mai 2019 | |
|---|---|
| **Ort:** Waldgasthof Buchenhain, Am Klettergarten 7, 82065 Baierbrunn | |
| **Verkehrsmittel:** S7: Station Buchenhain (nicht Baierbrunn!) | Telefon: |
| **Hinweise:** www.hotelbuchenhain.de | 089-7448840 |

| 189. Treffen am Donnerstag, den 13. Juni 2019 | |
|---|---|
| **Ort:** ROSENGARTEN im Westpark (bayr.), Westendstr. 305, 81377 Mü. | |
| **Verkehrsmittel:** U6: Westpark oder U4/U5: Westendstraße, Tram 18: Stegener Weg | |
| **Hinweise:** www.wirtshausamrosengarten.de | Tel.: 089-57869300 |

| 190. Treffen am Donnerstag, den 11. Juli 2019 | |
|---|---|
| **Ort:** MEHLFELD´s (bayr./kroat.), Guardinistr. 98a | Innenhol bei U-Bahn |
| **Verkehrsmittel:** U6: Haderner Stern, Ausgang VHS | Telefon: |
| **Hinweise:** www.mehlfeld.com | 089-7140366 |

| 191. Treffen am Donnerstag, den 8. August 2019 | |
|---|---|
| **Ort:** Knossos (griechisch), ehemals Schienhammer, Großhaderner Straße 47, 81375 München | Telefon: 089-43592406 |
| **Verkehrsmittel:** U6 bis Großhadern, dann Bus 56 bis Haderunstraße | |
| **Hinweis:** www.knossos-grosshadern.de | |

Planung für die MI-TUM-Veteranen

Eingerichtet hat dies seinerzeit Ludwig Zagler zur Zeit seiner Pensionierung. Erste Teilnehmer waren neben ihm Ursula Hill-Samelson, Rudolf Gerold, Walter Lahner, Werner Rüb und Hans Kuß. Zagler arbeitete jeweils bis zu 2 Jahre im Voraus eine Liste von Restaurants mit genauen Typus- und Verkehrshinweisen aus und verteilte sie — aber nur unter den Kollegen im Ruhestand. Auf diese Weise können auch nach auswärts verzogene Ehemalige oder solche aus dem Ausland gelegentlich teilnehmen, wenn sie etwa im Sommer zu den Opernfestspielen in München sind.

Nach Zaglers Tod 2007 hat dies ganz automatisch weiter funktioniert, indem Hans Kuß die Arbeit übernahm, adressentechnisch von weiteren Teilnehmern gedoppelt. Seit 2018 übt Klaus-Dieter Reinsch diese Aufgabe höchst erfolgreich aus.

# 4 Entstehung der Informatik

Seit 1956 war die PERM auch formell in Betrieb. Durch die von baulichen Gegebenheiten bestimmte Ortswahl lag sie den Instituten der Mathematik räumlich näher als denen der Elektrotechnik. Lt. [142] war es aber auch eine Übereinkunft von Piloty und Sauer, sie unter Aushilfe mit Stellen der Kernphysik bei der Fakultät für Allgemeine Wissenschaften anzusiedeln. Seit 1958, beim Weggang der Gruppe um Bauer und Samelson nach Mainz, rückte sie wohl personell etwas in die umgekehrte Richtung. Erst 1963 kam eine Reihe von Leuten mit Bauer[1] und Samelson wieder zurück.

## 4.1 Weitere Arbeiten an der — und für die — PERM

Man muss eines durchaus zugeben: Aus Sicht eines heutigen Rechenzentrumsbetriebes waren die Zustände an der PERM katastrophal und absolut chaotisch. Man entwickelte und forschte; niemand war für den Service vorhanden; niemand wusste damals wohl auch, wie man so etwas hätte professionell organisieren sollen.

Das Mathematik-Praktikum — so interessant es von den frühen Nutzern empfunden wurde — war für die Teilnehmer eigentlich eine Zumutung. Ein Beispiel dafür ist, dass die einzige Ausgabe von Rechenresultaten in der ersten Zeit ein Hardware-Befehl war, der den 8 Bit-Exponenten und die 40 Bit-Mantisse einer Gleitpunktzahl, etwa 1.0, in der Form `0001 9999 9999 98`, auf den Lochstreifen stanzte. Christian Reinsch lieferte 1963 als seinen ersten Beitrag zwei kurze PERM-Unterprogramme für die Ein/Ausgabe, was später in der Programmiersprache C als Konvertierungen %w.dF und %w.dE benannt wurde.

Man muss aber die damalige Lage der RZ-Mitarbeiter in der Zwischenzeit 1958–1963 mitbetrachten. In den Vorlesungsverzeichnissen sind genannt

| | |
|---|---|
| SS 61: | Dr. Urich, Dipl.-Ing. Anacker, LAss Seegmüller, Dipl.-Phys. Peischl |
| WS 61/62: | Dr. Urich, Dipl.-Ing. Anacker, LAss Seegmüller, Dipl.-Phys. Peischl |
| SS 62: | Dr. Urich, Dipl.-Ing. Anacker, LAss Seegmüller, Dipl.-Phys. Peischl, Dr. Wiehle |
| WS 62/63: | Dr. Urich, Dipl.-Ing. Anacker, LAss Seegmüller, Dipl.-Phys. Peischl, Dr. Wiehle, Dipl.-Ing. Greiller |
| SS 63: | Dr. Urich, Dipl.-Ing. Anacker, LAss Seegmüller, Dipl.-Phys. Peischl, Dr. Wiehle |
| WS 63/64: | Dipl.-Ing. Anacker, Dipl.-Math. Kapfer, Dipl.-Math. Krönig, Frau Mann, Dipl.-Phys. Peischl, Dr. Werner |

Das Problem in der Anfangsphase der PERM war: Wer irgendeine Leistung vorweisen konnte, wurde weggeholt! Es begann bereits mit den Rufen an Bauer und Samelson. Wolfram Urich

[1]Später habe ich im Beisein von Bauer gelegentlich gefrozzelt, dass ich schon länger am Institut sei. Er war natürlich schon vor seiner Mainzer Zeit dort gewesen — aber ich eben länger *ununterbrochen*.


G. Schmidt, *Rückblick auf die Anfänge der Münchner Informatik*, Die blaue Stunde der Informatik, https://doi.org/10.1007/978-3-658-28755-9_4

kam ans spätere LRZ, an ein aufzubauendes Rechenzentrum in Düsseldorf und wurde schließlich Ordinarius in Braunschweig, Hans-Rüdiger Wiehle wechselte an die Universität der Bundeswehr München, Wilhelm Anacker wurde ein recht hoher IBM-Direktor in den USA, Gerhard Seegmüller Ordinarius an der LMU, Chef des LRZ und zeitweise Vorstandsvorsitzender der GMD in Bonn-Birlinghoven. Ferdinand Peischl hatte lange die organisatorische Leitung des LRZ.

Ein Mitarbeiter des Rechenzentrums hielt immerhin schon Vorlesungen zur Programmierung:

*Programmierung elektronischer Digital-Rechenanlagen I*,
Wolfram Urich, SS 61 und SS 62, jeweils 2-std.
*Programmierung elektronischer Digital-Rechenanlagen II*,
Wolfram Urich, WS 61/62 und WS 62/63, jeweils 2-std.

Man kann dies aber noch nicht als eine wissenschaftliche Aufarbeitung oder gar den Beginn der Informatik ansehen. Dokumentiert ist damit allerdings eines der Substrate, auf denen aufzubauen möglich war. Auch wichtige Programmierprinzipien konnte die in München startende Informatik bereits nutzen: Das Kellerprinzip hatte sich herausgeschält, als man — beginnend in Mainz — immer mehr Übersetzer für unterschiedliche Rechner entwickelte. Um es in der Praxis umzusetzen war die indirekte Adressierung, ausgehend von [109], für Heinz Schecher patentiert worden. Eickel begann, aufbauend auf Vorarbeit in der Dissertation von Paul, die Syntaxanalyse-Phase eines Compiler-Compilers zu konzipieren und mit Franz Warlo zu implementieren (SAFRAN; sackgassenfreie Analyse) [63]. Das zugrunde liegende Verfahren wurde 1963 in den *Communications of the ACM* veröffentlicht (siehe [62]).

Die Syntaxanalyse führte zu Untersuchungen, die später in Gestalt der letztlich erfolgreichsten LR($k$)-Parser[2] sehr bekannt wurden. David Gries skizzierte die wesentlicheren Stationen in einem Artikel von 1968 (siehe [64]) so:

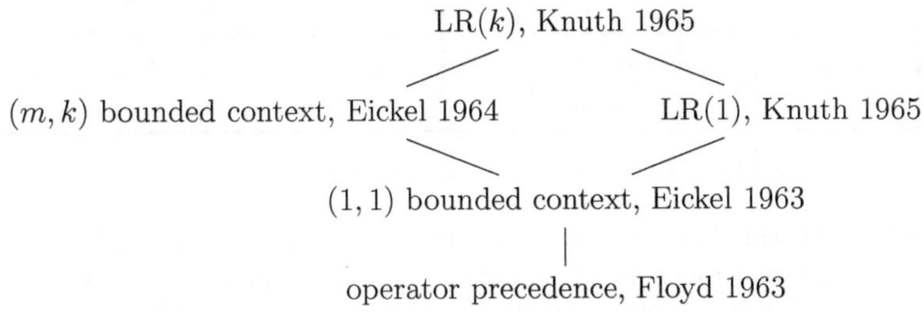


Die damals stürmische Entwicklung der Parsing-Methodiken

Und dann der Compilerbau für die Praxis, teilweise bereits dargestellt in [25, Seiten 14 und 15]: Im Frühjahr 1961 hatte Sauer Rudolf Zirngibl eine Tätigkeit als Werkstudent angeboten. Er sollte für die PERM einen ALGOL 60-Compiler nach den Vorgaben der ALCOR-Gruppe erstellen. Peischl und Seegmüller waren anfangs seine Mentoren, aber bald konnte Zirngibl auf eigenen Beinen stehen und im freundschaftlichen Wettbewerb mit Seegmüller, der zur gleichen Zeit am entsprechenden Compiler für die TR 4 schrieb, seine Arbeit tun. Er hat vom SS 61 bis 1963 an seinem ALGOL 60-Compiler gearbeitet. Dieser kam im Laufe des WS 63/64 für den Studentenbetrieb zum Einsatz. Wenn sich Fehler im Compiler herausstellten, hat Zirngibl sie

[2] [62, 59], und dann Knuth, D. E. (July 1965): On the translation of languages from left to right

auch später noch vor Ort repariert. Rekursion war möglich, ist allerdings wegen der geringen Speicherkapazität der PERM bei den Aufgabenstellungen für die Studenten vermieden worden. Dieser sog. „Zirngibl-Übersetzer“ wurde bis SS 69 für den Studentenbetrieb[3] benutzt, bis er ab WS 70/71 schrittweise und ein Jahr vor dem Betriebsende der PERM endgültig von dem Übersetzer der drei Studenten Kunas-Peters-Streitwieser, siehe Seite 59, abgelöst wurde.

Die Struktur des PERM-Codes erwies sich als — für damalige Verhältnisse — sehr benutzerfreundlich. Der Befehlscode war ein Ein-Adress-Code. Die beiden Speicher bildeten einen einheitlichen Adressenraum: Die Adressen 0 bis 8191 bezogen sich auf die Trommel, 8192 bis 10239 auf den Kernspeicher. Mittels zweier Vorzeichen war eine bequeme Adressenmodifikation möglich. Der Operationsteil eines Befehlswortes bestand aus fünf Tetraden. Der zugehörige Buchstabencode war auch mnemotechnisch günstig gewählt; siehe Seite 88.

| 1. Tetrade | 2. Tetrade | 3. Tetrade | 4. Tetrade | 5. Tetrade |
|---|---|---|---|---|
| O Leerbefehl | O Leerbefehl | O Leerbefehl | O Leerbefehl | O Leerbefehl |
| A IR–Einstellung | A Addiere MD zu AC | A Sprung bei negativem IR | A Schreibe Dezimalzahl | A Wahlsprung A |
| B Lies positiven Betrag nach (MD,QR) | B BZ nach IR | B Setze RZR auf Bark | B Schreibe Sedezimalzahl | B Wahlsprung B |
| C ZR–Einstellung | C BZ nach ZR | C Unbedingter Sprung | C Schreibe MB–Datenblock | C Wahlsprung C |
| D BZ nach MD | D Dividiere AC durch MD | D Linksverschiebung (ACM - MR) | D Schreibe ACE dezimal | D Wahlsprung D |
| E IR nach MD | E Gesamtlinksverschiebung (MDM - ACE - ACM) | E Sprung bei negativem ACE | E Setze QR | E Sprung bei gesetztem QR |
| F Aufruf FS0 | F Lies Wort / Datenblock | F Setze RZR auf Fest | F Schreibe Vorzeichen ACM | F Geh–wieder mit IR |
| G ZR nach MD | G Konvertiere AC dezimal | G Setze RZR auf Quasifest | G Schreibe Pentade | G Geh–wieder mit ZR |
| H Wechsel des CRV Sprung falls vorher CRV - Bu | H Eingabezustand für FS0, LS | H Erhöhe ACE um 1 | H Speichere aus (AC,QR) | H Stop Befehlsausführung |
| I Aufruf MBA | I Bitweise Addition von MD zu AC (logische Antivalenz) | I Schreibe WR, ZL | I Erhöhe IR um 1 | I Wahlstop Befehlsausführung |
| J Aufruf SL | J Sprung bei ACM $\neq -2^{-40}$ | J Sprung bei negativem ZR | J Analogausgabe | J Bewege MB filemarkenweise |
| K Wortgruppentransfer | K Bitweise Multiplikation von MDM zu ACM (logisches Und) | K Emiedrige ACE um 1 | K Vertausche ACM - MR | K Bewege MB datenblockweise |
| L Aufruf LS | L MD nach AC | L Rechtsverschiebung ACE | L Lösche QR | L Schreibe MB–Leerstelle |
| M Lies negativen Betrag nach (MD,QR) | M Multipliziere AC mit MD | M Sprung bei negativer ACM | M Speichere Adressfeld von ACM | M Schreibe MB–Filemarke |
| N Lies negativ nach (MD,QR) | N Schreibe Zwischenraum | N Rechtsverschiebung (ACM - MR) | N Erhöhe ZR um 1 | N Sprung bei gesetztem FN |
| P Lies positiv nach (MD,QR) | P Lies Pentade | P Setze RZR auf Perm | P Schreibe ACM in Pentaden | P Sprung bei ACE $\neq -1$ |

Übersicht über den Befehlscode der PERM

Größtes Handicap der PERM war ihre geringe Speicherkapazität; es bestand anfänglich sogar das Risiko, dass ein Compiler sich nicht ohne nennenswerte Einschränkung von ALGOL 60 auf dem vorhandenen Speicher darstellen ließe. Schließlich reichten aber 8640 Wörter aus, um den Übersetzer mit seinen (stark kapazitätsbegrenzten) Kellern und Adressbüchern unterzubringen. Für das entstehende PERM-Code-Programm standen dann von den insgesamt 10140 Wörtern des Speicheradressraumes noch die restlichen 1600 zur Verfügung. Der Compiler selbst war ein Lochstreifen-Ungetüm von weit über hundert Metern Länge. Da verwundert es nicht, dass es zwei volle Wochen dauerte, bis das Einlesen des Compilers über das Lochstreifen-Lesegerät erstmals einwandfrei funktionierte.

Das folgende Bild zeigt, in welcher Form man damals einen Compiler zu schreiben hatte, und was dann in solch gewaltigen Lochstreifen abzulochen war:

[3]Damalige MTA's erinnern sich, dass daneben ein „Seegmüller-Compiler“ für wissenschaftliche Rechnungen, etwa der Geodäten, genutzt wurde; etwas schneller, aber mit noch unzureichenden, den Studenten nicht zuzumutenden Fehlermeldungen. Vom Sprachumfang her handelte es sich wohl um einen ALGOL 58-Compiler.

35 81

| | | | | |
|---|---|---|---|---|
| 3550 | ++ | 3631 | DOC00 | IVP1 {for, }0 |
| 1 | -+ | 9704 | A0010 | Pegelst. B1 ← 3507 |
| 2 | ++ | 3499 | EL0I0 | GRP3 |
| 3 | ++ | 3518 | 00C00 | |
| 4 | ++ | 9175 | DOC00 | p+π++g PL {for while}1 |
| 5 | -+ | 9386 | OCC00 | p+ |
| 6 | ++ | 9481 | DOC00 | β → π |
| 7 | ++ | 2518 | DOC00 | while → σ |
| 8 | ++ | 3518 | 00C00 | |
| 9 | ++ | 9175 | DOC00 | p+π++δ PL {while, }1 |
| 3560 | ++ | 1995 | DOC00 | p+π ++ 3 00M00, E/ |
| 1 | ++ | 3906 | DOC00 | p+π ++ -DOC00.E/ |
| 2 | ++ | 3665 | DOC00 | α+ pB1 → α |
| 3 | ++ | 2502 | DOC00 | for → σ |
| 4 | ++ | 3910 | DOC00 | p+π ++ - 00C00.E/ |
| 5 | ++ | 9704 | NLF00 | Pegelst. B1 |
| 6 | ++ | 3499 | PA000 | GRP3 |
| 7 | -+ | 9704 | A0000 | Pegelst B1 |
| 8 | +- | 8392 | 000M0 | 1. fülle B1 |
| 9 | ++ | 3551 | 00C00 | |
| 3570 | ++ | 9175 | DOC00 | p+π++δ PL {while do}1 |
| 1 | ++ | 1997 | DOC00 | p+π ++ - 00M00/[illegible] |
| 2 | ++ | 9369 | OCC00 | z[illegible] |
| 3 | ++ | 9979 | PL000 | D40 ([illegible] while) |

Teil einer der ca. 80 Seiten des Zirngibl-Übersetzers

Einen Assembler für die PERM gab es im Frühjahr 1963 noch nicht; Ferdinand Peischl sollte ihn dann schreiben. Das Fehlen von symbolischen Adressen (in ALGOL noch Labels genannt) war sehr unangenehm. Alle Flicken, die Gerhard Seegmüller an seinem Compiler machen musste, hatten noch die Form von „Rucksäcken“, also anzuspringenden Korrekturen mit Rücksprung.

Ulrich Peters kam 1967 zum Schreiben seiner Dreier-Diplomarbeit[4] an die PERMund nennt ebenfalls dieses Beispiel technischer Probleme: *Wir hatten unsere wahrhaft dicken Lochstreifenrollen am 5-Kanal-Lochstreifenleser LSL einzulesen. Bei dessen Stopp-Vorgängen kam es öfter zum mechanischen „Durchrutschen"; dann fehlten Pentaden. Manfred Kunas schuf das folgende „kontrollierte" Einlesen als Abwehr gegen diesen ärgerlichen Effekt.*

Als Illustration für das genannte Problem diene die Abbildung aus dem noch hektographierten ALGOL-Manual [37] auf Seite 142:

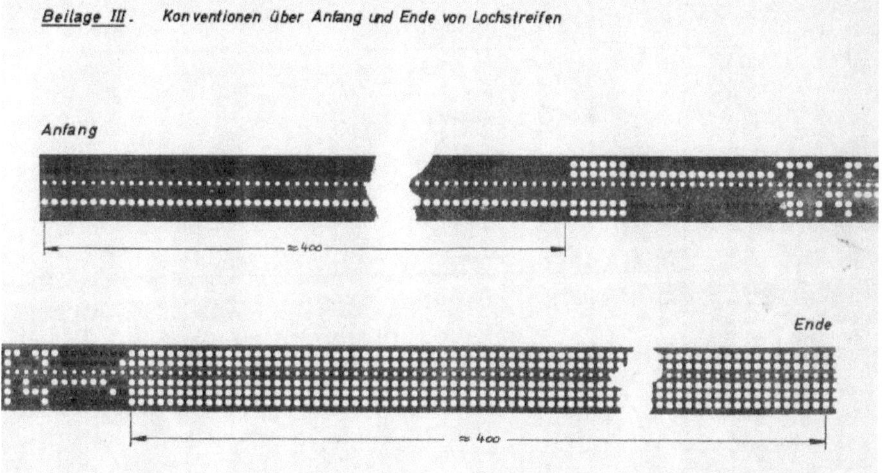


Darstellung der Lochstreifen-Konventionen in Baumanns allerersten ALGOL-Manual

*Der Streifen wurde im 1. Durchgang in Portionen von 50 Pentaden in einen Kernspeicherpuffer eingelesen und diese auf Magnetband geschrieben. Dabei war es das Hauptproblem, während des Füllens dieses Puffers das Streifenende, bestehend aus 32 lückenlos aufeinander folgenden Buchstaben-Umschaltungen (Pentaden aus fünf Daten-Lochungen), zu erkennen (Pentadenerkennung und Zählvorgang) und dies noch innerhalb der Karenzzeit des LSL (Anlegen der mechanischen Bremsen). Nach dem Wieder-Aufwickeln des Streifens wurde dann im 2. Durchgang dasselbe gemacht (Schreiben der Puffer auf ein zweites Magnetband), wobei jedoch der erste Puffer nur mit 25 Pentaden gefüllt wurde. Dann wurden die Pufferinhalte auf den beiden Magnetbändern nach Weglassen der jeweiligen einleitenden Stern-Pentaden (Pentaden aus null Daten-Lochungen) miteinander auf Identität verglichen und pufferweise auf ein drittes Magnetband geschrieben. Unterschiede waren somit nur an den deutlich zueinander versetzten Puffer-Übergängen des 1. und des 2. Durchgangs möglich und leicht abzuklären, da ja an einer Unterschiedsstelle bekannt war, welcher Durchgang (Vergleichsstrom) dort der flüssig eingelesene und damit der richtige war, was auch die dann notwendig werdende Synchronisation zwischen dem 1. und dem 2. Durchgang einfach machte. Bei diesem Vergleichen selbst gab es dann keine Zeitbedingungen mehr zu beachten.*

Daneben aber gab es eine lange Reihe von Hoffnungen auf Programme numerischer Art, von denen man die Lösung vieler praktischer Probleme erhoffte.

[4] Manfred Kunas, Ulrich Peters, Werner Streitwieser

## 4.2 Numerische Mathematik

Die Numerik hatte schon eine längere Geschichte an der TH München. Sie nährte sich aus Sauers Bemühung um partielle Differentialgleichungen. Wie erwähnt besaß Sauer die Fähigkeit, aus der Existenz gewisser Nullstellengleichungen darauf zu schließen, dass man in deren Nähe linear arbeiten könne. Daraus erwuchsen die ersten Vorlesungen zur *Numerischen Mathematik.* Es entstand ein gewaltiger Gegensatz zur FORTRAN-Programmierung an anderen Standorten, selbst wenn man die unregelmäßig gehaltenen ersten dieser Vorlesungen:

*Numerische Behandlung von Rand- und Eigenwertproblemen,*
Sauer, SS 61, 2-std. mit 1 Ü

*Numerische Mathematik beim Einsatz digitaler Rechenanlagen II,*
Sauer, WS 61/62, 2-std. mit 1 Ü

*Numerische Mathematik beim Einsatz digitaler Rechenanlagen I,*
Stetter, WS 61/62, 2-std. mit 1 Ü

*Numerische Mathematik beim Einsatz digitaler Rechenanlagen II,*
Stetter, SS 62, 2-std. mit 1 Ü

als „Einschwingvorgang“ charakterisieren wollte. Von ungeheurer Langzeit-Wirkung war schließlich die schon 1959 erfolgte Gründung der Zeitschrift *Numerische Mathematik*[5] mit dem Springer Verlag. Bis 1967 war Sauer ihr Geschäftsführender Herausgeber. Heute wird sie charakterisiert durch

---

*Numerische Mathematik* publishes papers of the very highest quality presenting significantly new and important developments in all areas of Numerical Analysis. "Numerical Analysis" is here understood in its most general sense, as that part of Mathematics that covers:

1. The conception and mathematical analysis of efficient numerical schemes actually used on computers (the "core" of Numerical Analysis)
2. Optimization and Control Theory
3. Mathematical Modeling
4. The mathematical aspects of Scientific Computing

---

In ihrem ersten Band 1959 schrieben (teils mehrfach) u.a.
Eduard Stiefel, Alston S. Householder, Friedrich L. Bauer, Alan J. Perlis, Klaus Samelson, Lothar Collatz, John Todd, Alwin Walther, Peter Wynn, James H. Wilkinson, Hans-J. Stetter, Edsger W. Dijkstra,
im zweiten 1960
Eduard Stiefel, Friedrich L. Bauer, Alston S. Householder, Nikolaus Joachim Lehmann, Peter Henrici, Jim Douglas Jr., John W. Backus, John McCarthy, Peter Naur, Christoph Witzgall, Peter Wynn, Rudolf Albrecht, Heinz Rutishauser, Edsger W. Dijkstra, James H. Wilkinson,
im dritten 1961
Nikolaus Joachim Lehmann, Arnold Schönhage, Jim Douglas Jr., Lothar Collatz, Friedrich L. Bauer, Rudolf Albrecht, Wolfram Urich, Gene H. Golub, Richard S. Varga, Peter Läuchli, Alston S. Householder, Josef Stoer, Christoph Witzgall, Hans-J. Stetter, Walter Gautschi,

[5]ISSN: 0029-599X (Print) 0945-3245 (Online)

im vierten 1962

Friedrich Wilhelm Schäfke, Peter Wynn, Hans Schneider, Walter Gilbert, Peter Henrici, Jim Douglas Jr., Friedrich L. Bauer, Walter Gautschi, Frank Harary, Helmut Werner, Josef Stoer, Christoph Witzgall, Rudolf Albrecht, Wolfram Urich, James H. Wilkinson, Michael Woodger

darin erschien nicht zuletzt der Report

*Revised report on the algorithmic language* ALGOL 60 by J. W. Backus, F. L. Bauer, J. Green, C. Katz, J. McCarthy, P. Naur, A. J. Perlis, H. Rutishauser, K. Samelson, B. Vauquois, J. H. Wegstein, A. van Wijngaarden, M. Woodger

sowie im fünften 1963

Günter Meinardus, Heinz Rutishauser, Robert Sauer, Georg Aumann, Friedrich L. Bauer, Jim Douglas Jr., Günther Hämmerlin, Alston S. Householder, Nikolaus Joachim Lehmann, Arnold Schönhage, Peter Wynn, Josef Stoer, Hans-J. Stetter, Walter Gautschi.

Zieht man eine Bilanz, so waren dies einige „frühe" internationale Informatiker und recht viele Münchner Numeriker — sowie mit ihnen in enger Verbindung stehende weitere. Jim Douglas war später als Gastprofessor in München,[6] ebenso wie Richard S. Varga[7] und Alston S. Householder.[8] Peter Wynn war 1959 Bauers zweiter Doktorand; Josef Stoer 1961 der dritte. Der Ursprung von ALGOL 60 — und mithin der Informatik an der TH — erscheint hier eingebettet in die Numerik.

James H. Wilkinson, Wallace Givens, George Forsythe, Alston Householder, Peter Henrici, FLB bei einem der Gatlinburg Symposien

Später folgte aus diesem Umfeld dann Band 186 in den Grundlehren: James H. Wilkinson, Christian Reinsch: Handbook of Automatic Computation II: Linear Algebra, Grundlehren der

[6]Bei einer Institutswanderung über den Grat vom Herzogstand (mit Seilbahn) zum Heimgarten (ohne Seilbahn) gab er erst auf letzterem zu, kürzlich eine Knieoperation gehabt zu haben und nun nicht mehr gehen zu können. Ich lief hinunter, um mit meinem VW und einem Forstmann weitestgehend über die an sich gesperrten Wege ihm entgegen zu fahren. Andere stützten ihn beidseitig. Auch das Auto musste an den steilsten Stellen menschlich am Abrollen gehindert werden.

[7]Nach seiner Heimkehr musste ich anstelle von Bauer viele Stunden an Vorlesungen vertreten, die sich nach dessen recht bekannt gewordenem Buch *Matrix Iterative Analysis* richteten.

[8]Später auch Schwager von Hildegard Bauer-Vogg, Bauers zweiter Ehefrau. Bauers ältester Sohn wurde auf den Vornamen Martin mit zweitem Vornamen *Alston* getauft.

mathematischen Wissenschaften, Springer 1971; siehe Seite 134. Reinschs erste „eigenverantwortliche" Vorlesung — Mitarbeiter lasen ja vielfach „in Vertretung" oder „im Auftrag" — war

SS 71 *Rundungsfehler in numerischen Prozessen.*

Schon vorher hatte Roland Bulirsch — in der dargestellten Form selbständig — gelesen

SS 67 *Variationsrechnung*

und noch etwas eher Josef Stoer (siehe dazu Seite 135):

| | |
|---|---|
| SS 64 | *Partielle Differentialgleichungen* |
| WS 65/66 | *Numerische Mathematik I* |
| SS 66 | *Numerische Mathematik II* |
| WS 66/67 | *Fehleranalysis* |

Intervallarithmetik ist nach 1965 in Karlsruhe durch Kulisch mit seinen Schülern Götz Alefeld und Jürgen Herzberger intensiviert worden. Herbert Fischer und Rudolf Albrecht haben sich erst danach in München diesem Themenkreis zugewandt. Nur die Vernünftigeren wussten, dass Intervallarithmetik nicht die Numerik ersetzen sollte, sondern als Hilfe für Abschätzungen im Extremfall gedacht war.

---

Die große Wechselwirkung zwischen Numerik und beginnender Informatik bezeugt auch der sehr detaillierte Nachruf[9] auf Heinz Rutishauser, den Friedrich L. Bauer 2002 beim LATSIS[10] Symposium 2002 an der ETH Zürich präsentierte: *In the course of the year 1953 and in the following years I met Rutishauser regularly, sometimes in Zürich, sometimes in Munich ... From the very beginning, our discussions had been bipartite: they encompassed on the one side Numerische Mathematik that just was in the process of moulting, and on the other side the construction of computing machines, where we could concentrate, in accordance with the division of labor that was exerted in Munich and in Zurich, on the functional side.*

## 4.3 Analog-Rechner

Im Institut für Angewandte Mathematik offerierte man zuerst auch Praktika dieser Art

*Mathematisches Praktikum I:*
Behandlung prakt. Aufgaben der Analysis mit Rechenmaschinen und Integriergeräten
Gaede, Heinhold, WS 61/62, 4-std.
Gaede, Heinhold, WS 62/63, 4-std.

*Mathematisches Praktikum II:*
Behandlung prakt. Aufgaben der Analysis mit Rechenmaschinen und Integriergeräten
Gaede, Heinhold, SS 62, 4-std.
Gaede, Heinhold, SS 63, 4-std.,

in welche Bauer nach seiner Rückkehr sofort mit einstieg; eine Situation, die über Jahre erhalten blieb, allerdings unter Weglassung der Integriergeräte und sich somit weit von den mechanischen Geräten entfernend:

---

[9]Siehe Link in den zusätzlichen Materialien.

[10]La Fondation Latsis est une institution non lucrative d'intérêt public créée en 1975; Symposium 2002 on the 50th Anniversary of the Conjugate Gradient Algorithm

Bauer, Gaede, Heinhold, WS 63/64, 4-std.
Bauer, Gaede, Heinhold, WS 64/65, 4-std.
Bauer, Gaede, Heinhold, Stoer WS 65/66, 4-std.
Bauer, Gaede, Heinhold, WS 66/67, 4-std.
...
Bauer, Gaede, Heinhold, WS 70/71, 4-std.

Gewichtigste Stütze für das lange durchgehaltene Analogrechner-Praktikum war sicher auch die Tatsache, dass Josef Heinhold (∗04.12.1912, † 05.04.2000) dem Prüfungsausschuss vorsaß.

## 4.4 Geometrie entschwindet als Pflichtfach in Prüfungen

Mit dem Aufstieg der Rechenautomaten ging die Möglichkeit einher, vieles numerisch zu berechnen und vor allem mit Geräten wie dem Graphomaten, oder heute der CAD, selbst die Darstellungen der Konstruktiven Geometrie nachzuvollziehen. Es ging keineswegs darum, überlieferte Methoden abzuschaffen; man wollte sie mit neuer Technologie perfektionieren.

*Diese Rechenanlage kann auch zeichnen: Professor Friedrich L. Bauer mit Praktikantinnen am Zuse-„Graphomat". Photo: Schödl*

Am Graphomaten: Anne Fischer (vh. Einenkel), Bauer, Gisela Leute (vh. Drexler)

Durch den Run auf die Informationsverarbeitung stiegen die Studentenzahlen der Mathematiker, die der Ingenieure jedoch nicht. Die Interessen an der Geometrie lagen bei den verschiedenen Gruppierungen sehr unterschiedlich: Klassisch wünschte man weiter zu konstruieren und zu zeichnen. Die angehende Informatik dachte im SFB aber bereits nach über Graphische Kommunikation via Computer. So waren öfter die Vorlesungen zu splitten — nicht nur wegen der Hörsaalgröße, sondern auch fachlich. Dabei kam es zu Abkürzungsexzessen im Vorlesungsverzeichnis, dargestellt mit dem SS 69:

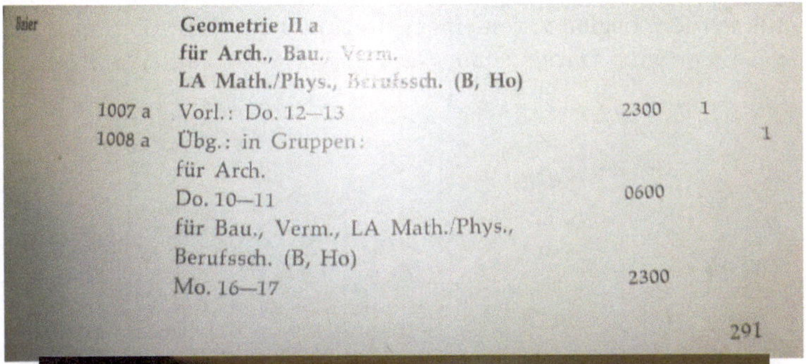

Baier

**Geometrie II a**
**für Arch., Bau., Verm.**
**LA Math./Phys., Berufssch. (B, Ho)**

1007 a Vorl.: Do. 12–13 2300 1
1008 a Übg.: in Gruppen: 1
für Arch.
Do. 10–11 0600
für Bau., Verm., LA Math./Phys.,
Berufssch. (B, Ho)
Mo. 16–17 2300

291

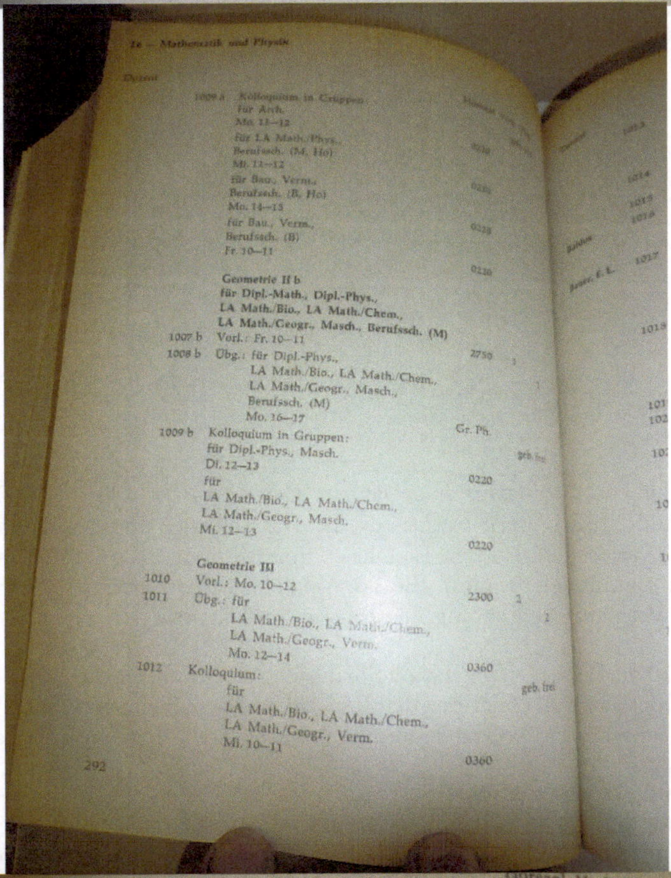

Ia — Mathematik und Physik

1009 a Kolloquium in Gruppen:
für Arch.
Mo. 11–12
für LA Math./Phys.,
Berufssch. (M, Ho)
Mi. 11–12
für Bau., Verm.,
Berufssch. (B, Ho)
Mo. 14–15
für Bau., Verm.,
Berufssch. (B)
Fr. 10–11 0220

**Geometrie II b**
**für Dipl.-Math., Dipl.-Phys.,**
**LA Math./Bio., LA Math./Chem.,**
**LA Math./Geogr., Masch., Berufssch. (M)**

1007 b Vorl.: Fr. 10–11 2750 3
1008 b Übg.: für Dipl.-Phys., 1
LA Math./Bio., LA Math./Chem.,
LA Math./Geogr., Masch.,
Berufssch. (M)
Mo. 16–17 Gr. Ph.
1009 b Kolloquium in Gruppen: geb. frei
für Dipl.-Phys., Masch.
Di. 12–13 0220
für
LA Math./Bio., LA Math./Chem.,
LA Math./Geogr., Masch.
Mi. 12–13 0220

**Geometrie III**

1010 Vorl.: Mo. 10–12 2300 2
1011 Übg.: für 2
LA Math./Bio., LA Math./Chem.,
LA Math./Geogr., Verm.
Mo. 12–14 0360
1012 Kolloquium: geb. frei
für
LA Math./Bio., LA Math./Chem.,
LA Math./Geogr., Verm.
Mi. 10–11 0360

292

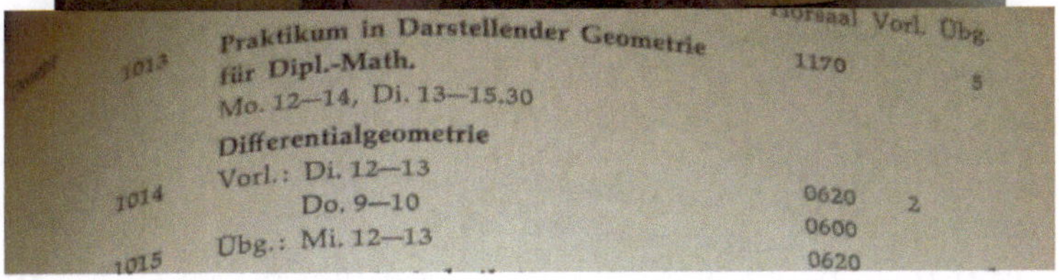

Hörsaal Vorl. Übg.

1013 **Praktikum in Darstellender Geometrie**
**für Dipl.-Math.** 1170 5
Mo. 12–14, Di. 13–15.30

**Differentialgeometrie**
1014 Vorl.: Di. 12–13 0620 2
Do. 9–10 0600
1015 Übg.: Mi. 12–13 0620

Im WS 69/70 konnte das mit erstmaliger Namensnennung der Mitarbeiter auf ein geringeres Maß zurückgestutzt werden, begleitet von einem Beschluss der SMZ-Sitzung 17.07.1968: Gegen starken Protest von Baier wird *Darstellende Geometrie* vorerst zum Wahlfach.

**Baier**

| | | | | |
|---|---|---|---|---|
| | Geometrie I | | | |
| 1009 | Vorl.: Mo. 11.15—13, Do. 16.15—17 | Gr. Ph. | 3 | |
| 1010 | Übg.: in Gruppen (gem. mit Gebhart, Koch, Meyer, Schulz, Seybold, Vinzenz) Mo. 17.15—18, Do. 17.15—18 | S 0314 | | 1 |

311

| | | | |
|---|---|---|---|
| 1011 | **Kolloquium** in Gruppen (gem. mit Gebhart, Koch, Meyer, Schulz, Seybold, Vinzenz) | | Vorl. Übg. geb. frei |
| | Mo. 13.15—14 | 1100 | |
| | Mo. 15.15—16 | 0360 | |
| | Mo. 16.15—17 | Gr. Ph. | |
| | Do. 9.15—10 | 2300 | |
| | Do. 9.15—10 | 2502 | |
| | Do. 10.15—11 | 2220 | |
| | Do. 15.15—16 | S 0143 | |
| | Fr. 9.15—10 | 2220 | |
| 1012 | **Mathematisches Seminar** (gem. mit Koch, Meyer, Seybold, Vinzenz) Di. 10.15—11.45 | S 4234 | geb. frei |

Als pensionierungsnaher Ordinarius hat Othmar Baier (* 16.11.1905, † 02.02.1980) zusammen mit seinen fünf Mitarbeitern tapfer für die Darstellende und Konstruktive Geometrie gekämpft, aber auf verlorenem Posten. Er schrieb Sondervoten, als man dies langsam aus dem Prüfungskanon zu eliminieren begann. Sie flog schließlich ganz heraus, worauf im Mai 1969 Othmar Baier als Mitglied des Prüfungsausschusses zurücktrat.

Im Protokoll am 10.06.1969: Antrag Heinhold in der Abteilung Mathematik: „Die Abteilung ist mit dem Austritt von Prof. Baier aus dem Prüfungsausschuß einverstanden“. Dieser Antrag wird mit 14 Pro-Stimmen und 0 Gegenstimmen bei 5 Stimmenthaltungen angenommen.

Nächster Tagesordnungspunkt: Prof. Heinhold verliest … „Es ist beim Kultusministerium zu beantragen, dass ab sofort in der „Diplom-Prüfungsordnung für Mathematiker“ vom Jahre 1962 in § 4, Satz 1 der Text „sowie am Praktikum in Darstellender Geometrie“ ersatzlos gestrichen wird“. 17 Pro, 0 Enthaltungen und 2 Gegenstimmen. Prof. Baier wird hierzu ein Sondervotum einreichen. Prof. Samelson bedauert, dass bei der Frage um die Anforderungen in Darstellender Geometrie mit Prof. Baier keine mögliche Kompromisslösung zu erreichen war. (Akklamation.) Prof. Baier erwidert, dass er bedaure, nicht schon 1961 aus dem Prüfungsausschuss ausgetreten zu sein.

Niederschrift zu TOP 18 im Protokoll der Sitzung der Fakultät für Allgemeine Wissenschaften am 11. Juni 1969: Professor Aumann stellt den Antrag, den Übungsschein aus Darstellender

Geometrie nicht mehr zu verlangen. Die Fakultät — nämlich die große für Allgemeine Wissenschaften — fühlt sich in der Frage des Berufsbildes von Diplom-Mathematikern überfordert und beschließt die Weiterleitung des Antrages an den Senat. Professor Baier wird ein Sondervotum einreichen.

Als kleine Erinnerung sei angemerkt, dass diese Kämpfe in den 1960er Jahren unter Professoren ausgefochten wurden, die für Mathematik berufen waren. Wer in den 1970er Jahren aus München einem Ruf als Informatiker folgte, hatte es an seinem neuen Einsatzort in der Regel wohl einfacher.

Baier erlebte noch den Erfolg, dass sein Ordinariat 1972 anlässlich der Neubesetzung durch Oswald Giering und Helmut Karzel parallelisiert wurde. Die Nachfolger arbeiteten aber theoretischer und nicht mehr in der vor allem konstruktiven und darstellenden Geometrie.

## 4.5 Zusammenarbeit mit der Elektrotechnik

Später entstanden Probleme in Richtung zur Fakultät für Elektrotechnik. Vorangegangen war ja die Zusammenarbeit in der Konstruktion der PERM durch die Arbeitsgruppen von Hans Piloty und Robert Sauer. Bauer schrieb: „Hans Piloty formulierte das 1953 auf der Tagung in Göttingen so: *Wir halten unsere Aufgabe angesichts des bereits hohen Standes der Technik für so schwierig, dass sie die Zusammenarbeit eines mathematischen und eines elektrotechnischen Instituts notwendig macht. Hans Piloty, ein kraftvoller und weitschauender Mann, war auch ein fairer Partner Sauers*“.

**Winfried Hahn** hatte schon ab 1959 als Student der Elektrotechnik an einem Umbau der PERM mitgearbeitet. Am 16.07.1962, einen Tag nach seinem Diplom-Examen, beantragte Hans Piloty, Hahn an seinem Institut einzustellen, bezahlt aus Mitteln des Bundesministeriums für Atomenergie, welches der Maßnahme zugestimmt habe; er ... *soll mit Entwicklungsarbeiten beauftragt werden, insbesondere mit solchen, die geeignet sind, die Brauchbarkeit unserer Rechenanlage* PERM *für kernphysikalische Rechnungen zu erhöhen.* Schon zum 01.08.1963 erhielt Hahn[11] auf gemeinschaftlichen Antrag von Piloty, Bauer und Sauer die durch den Weggang von Anacker ... *unbesetzte Etatstelle des Rechenzentrums* ... [12]

Als Hahn zum 01.09.1969 nach BAT Ia höhergestuft werden sollte, da Peischl ans LRZ ging, hieß es: *Bekantlich ist wegen der totalen Überlastung der* TR 4-*Anlage des Leibnizrechenzentrums mit wissenschaftlich-technischen Rechnungen die* PERM *die einzige Rechenanlage für Ausbildungszwecke der über 1000 Studenten pro Semester von Universität und Technischer Hochschule. Die Aufrechterhaltung dieses umfangreichen Ausbildungsbetriebes an einer 13 Jahre alten Rechenanlage setzt eine besonders verantwortungsvolle sorgfältige und lückenlose technische Wartung und Überwachung voraus, welche allein durch den persönlichen Einsatz, das hohe technische Können und die langjährige Erfahrung des Herrn Dr. Hahn gewährleistet ist.*

Nach der Emeritierung Pilotys wurde 1962 Hans Marko als Nachfolger berufen, der sogleich einen neuen Lehrstuhl für Datenverarbeitung — und damit gewissermaßen ebenfalls für Informatik — in der Fakultät für Elektrotechnik durchsetzte.

[11] Ab SS 70 veranstaltete Hahn unter seinem eigenen Namen das Elektronik-Praktikum für Informatiker. Nach seiner Zeit an der Bundeswehrhochschule in Neubiberg wurde er zum 1. Januar 1985 als Professor an die Universität Passau berufen und war sogar 1991–1994 deren Vizepräsident.

[12] vergütet nach altem BAT III, was dann zu BAT IIa wurde, erhielt er als Technischer Leiter 1966 BAT Ib.

Zunächst gab es ab 1968 eine ordentliche Kooperation mit dessen erstem Inhaber Theodor Einsele im *Einführungspraktikum an Rechenautomaten*:

Bauer, Baumann, Einsele, Samelson, WS 68/69, 4-std.
Bauer, Baumann, Einsele, Samelson, SS 69, 4-std.
Bauer, Baumann, von Conta, Samelson, SS 70, 4-std.
Bauer, Baumann, Samelson, WS 70/71, 4-std.

Alsbald findet man im Protokoll vom 03.11.1969 der damaligen großen Fakultät unter Punkt 11 die Notiz zur Studienrichtung „Informationstechnik" der Abteilung Elektrotechnik: Der Dekan berichtete über ein nicht weitergeleitetes (!) Schreiben von Professor Marko vom 25.11.1969 an das Kultusministerium, in dem eine paritätische Beteiligung beim Sonderforschungsbereich SFB 49 „Elektronische Rechenanlagen und Informationsverarbeitung" gefordert wurde. Dieses Schreiben lässt den Eindruck entstehen, als ob dieser Sonderforschungsbereich von der Abteilung Mathematik als „geschlossen" erklärt worden sei. Herr Bauer gibt hierzu die Erklärung ab, dass im Rahmen des festgelegten und genehmigten Programms der Sonderforschungsbereich für interessierte Personen (nicht Institutionen) immer offen sei. Einzelheiten regele die Geschäftsordnung des Sonderforschungsbereichs.

Schon zuvor gab es einen interpretierbaren Effekt in der Abteilungssitzung am 11.11.1969: Mit Bauer (Vorsitz), Gumin, Heinhold und Samelson sollte die erste Informatik-Berufungskommission auch förmlich bestellt werden. Im Protokoll: *Prof. Baier vertrat die Auffassung, daß im Hinblick auf die frühere Zusammenarbeit von Prof. Piloty mit dem Math. Institut auch ein Herr aus der Elektrotechnik mit beteiligt werden sollte.* Bauer entgegnete damals, dass in der Vorbereitung des nun vorliegenden Antrags nicht vorgeschlagen worden sei, einen Herren aus der Elektrotechnik aufzunehmen.

## 4.6 Ausgründungen

Zu der rasanten Entwicklung der Münchner Informatik sind auch noch eine Reihe von „Ausgründungen" zu rechnen. Eine erste begann mit der Gründung des Akademie-Rechenzentrums 1963, des späteren Leibniz-Rechenzentrums. Es wurde nicht zusätzlich zur PERM an der TH angesiedelt, sondern als ein Institut der Bayerischen Akademie der Wissenschaften errichtet. Damit sollte klar gemacht werden, dass es allen bayerischen Universitäten zu dienen habe; dies wiederum ließ sich am besten herausheben, wenn sein Leiter nicht doch noch an der TH angebunden wäre. So kam es dazu, dass 1970 für den dazu vorgesehenen Gerhard Seegmüller ein erster Lehrstuhl für Informatik an der LMU errichtet wurde. Dem folgte dort 1974 die Gründung eines Instituts für Informatik. Fred Kröger und Heinz-Gerd Hegering wechselten später als Professoren von der TUM in dieses Institut der LMU.

---

Der Fachbereich Informatik an der damaligen *Hochschule der Bundeswehr* in Neubiberg ging 1973 sogar noch eher an den Start. Die Bundesregierung hatte die Gründung von Hochschulen der Bundeswehr in München (und in Hamburg) beschlossen — als „private" Hochschule im Sinne der bayerischen Hochschul-Gesetzgebung. Bauer kam 1972 in den Gründungsausschuss und wurde später Vorsitzender im Berufungsausschuss für Informatik:

### 3. Mitglieder und Sachverständige der Berufungsausschüsse für die Hochschule der Bundeswehr München

...

*Informatik:*

| | |
|---|---|
| Vorläufiger Vorsitz.: | Prof. Dipl.-Ing. Thomanek, Techn. Universität München |
| | Prof. Dr. Bauer, Techn. Universität München |
| | Prof. Dr. Hanssmann, Universität München |
| | Prof. Dr. Mertens, Universität Erlangen/Nürnberg |
| Wiss. Mitarbeiter und Sekretär (AufstStab): | Maj Dipl.-Math. Schorn, FHSLw Neubiberg / 2. L |

Man könnte es leicht übersehen: Der hier genannte Major Schorn trat bereits auf Seite 28 in Erscheinung, als Studentenvertreter bei Gründung der Abteilung Mathematik 1968. Obwohl bereits graduierter Elektroingenieur, hatte er als Offizier zusätzlich Mathematik studiert — an der TH, wie es vor Gründung der Hochschulen der Bundeswehr noch notwendig war. Er gehörte zu den allerersten de-facto-Informatikern, die wegen noch fehlender Prüfungsordnung weiterhin als Diplommathematiker abzuschließen hatten.[13]

Als die bereits in Neubiberg ansässige Fachhochschule der Luftwaffe, ehemals Technische Akademie der Luftwaffe, in die Hochschule der Bundeswehr integriert wurde, war der Übergang für Schorn fließend; er war und blieb Leiter des Rechenzentrums.

Dem Gründungsausschuss für die Hochschule der Bundeswehr München unter Leitung von Theodor Ellwein, der sog. „Ellwein-Kommission", gehörte insbesondere Horst Engerth[14] an, 1968–1970 Rektor der TH und 1974–1982 Präsident der Hochschule der Bundeswehr München. Gründungsrektor war jedoch zunächst Theodor Ellwein.[15] Ihm unterstand Schorn direkt als Sekretär im Gründungsausschuss für den Fachbereich Informatik.

Dann wurde Schorn auch noch Sekretär für F. L. Bauer in dessen Eigenschaft als Vorsitzender im Berufungsausschuss und hatte die Sitzungen des Ausschusses zu organisieren und zu protokollieren. In Abstimmung mit dem Kultusministerium in Bayern wurden die ersten Professoren berufen, deren Bewerbungen er abwickelte und über die er Berufungsberichte schrieb — der Ausschuss mußte diesen dann natürlich zustimmen.

---

Bauer beeinflusste die ersten Berufungen sehr: Mit Stephan Braun, Winfried Hahn, Fritz Lehmann, Wolfgang Niegel und Hans-Rüdiger Wiehle kamen etliche der ersten aus dem Umkreis

[13]Nach einer Aufzeichnung von Eickel absolvierten in dieser Zeit 86 Studenten ein Diplom in Mathematik mit Informatik als Nebenfach, die aber das Hauptseminar, das Fortgeschrittenen-Praktikum und die Diplomarbeit in der Informatik angefertigt hatten.

[14]Ich hatte ihn regelmäßig in der Etatkommission der TH erlebt, aber nie die leiseste Andeutung erhalten, dass er ein „Freiherr von Engerth" sei; er hat anscheinend die Abschaffung des Adels in Österreich, woher er stammte, ernstgenommen.

[15]Oberst i.G. Wachter hat diesen für eine Übergangszeit abgelöst, ehe Professor Horst Engerth, ehemaliger Rektor der TH München, erster ziviler Präsident wurde.

der TU-Informatik; ebenso Stephan Heilbrunner[16] als Assistenzprofessor (später Ordinarius in Salzburg und Dortmund). Etwas später traf Christoph Zenger ein, der aber schon bald darauf als Nachfolger für Klaus Samelson an die TUM zurückkehrte. Im Jahr 1981 verlieh man der nunmehrigen *Universität der Bundeswehr München* das volle Promotions- und Habilitationsrecht. Auch ich selbst erhielt dort schließlich ab 1988 eine C4-Professur.

---

Da für bestimmte Studienfächer die Professoren nicht schnell genug berufen werden konnten, hatte Schorn zusätzlich zu seinen bisherigen Unterrichtsverpflichtungen im Fachhochschulzweig ganz zu Beginn des Studienganges Informatik — und recht bald nach seinem Diplom 1971 mit einer Arbeit bei Eickel — für 3 Trimester eine Mathematik-Vorlesung zu übernehmen. In dem Zusammenhang entstand sicherlich sein auf Seite 153 gezeigtes Buch [123]. Für diese Lehrtätigkeit war allerdings aus Sicht der bayerischen Kultus-Hoheit ein Plazet notwendig:

Bundesministerium der Verteidigung
P IV 4 - PK 280638-S-32015

53 Bonn 1, den 10. April 1973
Postfach 161
Fernsprecher 20 61 61 /973
Fernschreiber 0886 575, 0886 576

Herrn
Major Math.
Dipl.-Ing. Günter Schorn

Über: (mit NA)

Aufstellungsstab der
Hochschule der Bundeswehr

8000 München

nachrichtlich:
Luftwaffenausbildungskommando

505 Porz-Wahn

BMBGenInsp-Hochschulplanungsgruppe 1
Fü S I 7
Fü L I 5

im Ministerium

Betr.: Übertragung der Aufgaben eines wissenschaftlichen Mitarbeiters

Vorg.: BMBGenInsp-HSPlGrp 1 - Az 10-89-01 vom 27. März 1973

Auf Vorschlag des Gründungsausschusses der HSBw München und nach Zustimmung durch das Bayerische Staatsministerium für Unterricht und Kultus werden Ihnen neben Ihren Aufgaben als Sekretär die eines wissenschaftlichen Mitarbeiters beim Berufungsausschuß für den Fachbereich Informatik übertragen.

Im Auftrag

( Koropp )

Günter Schorn als Wissenschaftlicher Mitarbeiter
mit der Zustimmung des Freistaates Bayern

[16]Stephan Heilbrunner (* 1947, † 1996) ließ sich 1985 beurlauben für eine Tätigkeit bei der IABG. Dort wuchs sein Engagement für die Sprache Ada; er richtete 1988 die Ada Europe Tagung mit 450 Teilnehmern in München aus und etablierte 1989 die Fachgruppe 2.1.5 in der Gesellschaft für Informatik.

Dann wurde Wiehle erster Dekan des Fachbereiches Informatik. Mit ihm hat Schorn lange zusammengearbeitet. Wiehle leitete später den damaligen sog. SUARZ (Senatsunterausschuss für das Rechenzentrum), für den der Rechenzentrumsleiter qua Amt als Sekretär tätig war.

Für die neue Hochschule wurden umfangreiche Neubauten genehmigt. Auch das Rechenzentrum erhielt einen eigenen Komplex im Hauptgebäude.[17] Infrastruktur, Technik und Ausrüstung wurden von Schorn federführend geplant und mit den Firmen verhandelt. Da alles sehr eilig war, musste Schorn (zusammen mit einem Kollegen[18]) eine Gesamtplanung für das Ministerium vorlegen, die dann genau so realisiert worden ist.

Für Material, Infrastruktur und Personal besaß die Bundeswehr eigene Kommandostrukturen und Dienstwege, die erst beim Staatssekretär zusammenliefen. Das machte die Planung besonders schwer. Manchmal mußte, weil gerade Geld da war, über Materialbeschaffungen entschieden werden, von denen man nicht so genau wußte, ob das im Sinne der späteren Nutzer, der Professoren und Wissenschaftlichen Mitarbeiter, auch richtig war. Denn diese waren ja noch nicht berufen oder vorhanden. Oft waren Räume fertig, aber noch kein Personal eingestellt und umgekehrt. Schorn sagt, er habe in dieser Zeit gelernt zu improvisieren, zu verhandeln, zu argumentieren, sich durchzusetzen — auch einmal zu „tricksen". Zweifellos diente das der Vorbereitung für sein viel später, im Pensionsalter, geschriebenes Büchlein [124] von Seite 153.

Ein besonderer Vorgang war die Anschaffung der neuen Rechenanlage. In einem hoch spezialisierten und objektivierten Ausschreibungsverfahren[19] konnten sie die Rechenanlage ihrer Wahl, eine Burroughs B7700[20] durchsetzen. Dazu mußten sie die Deutsche Forschungsgemeinschaft (DFG) als Gutachter überzeugen und den Politikern klar machen, dass damals eine deutsche Anlage den Bedarf nicht abzudecken im Stande war.

Frisch eingerichtetes Rechenzentrum der HSBw, u.a. mit Günter Schorn, 2. v.r.

[17]— wegen seiner eigenwilligen Form mit dem Spitznamen „Hirschkäfer" belegt.

[18]OLt Heinz Erlacher, der nach seiner Dienstzeit als Zeitoffizier an der TU Informatik studierte.

[19]Dieses Verfahren wurde später vom Verteidigungsministerium und auch vom Innenministerium als Standardverfahren für EDV-Großprojekte eingeführt, und das RZ der HSBw hat die beiden Ministerien beraten. Zeitweise war dabei auch Manfred Kunas involviert.

[20]Das RZ verfügte zuvor über eine Rechenanlage Siemens 4004 mit Lochkarteneingabe.

Als Manfred Kunas im Juli 1976 seinen Dienst am HSBw-Rechenzentrum antrat, war Schorn bis 1979 dessen Leiter, zuletzt im Range eines Oberstleutnants.[21]

Rechenzentrumsleiter Günter Schorn und Assistenzprofessor Stephan Heilbrunner um 1974 in der Offizierheim-Gesellschaft der Hochschule (später Universität) der Bundeswehr

Eine der letzten Tätigkeiten Schorns für das Rechenzentrum der HSBw war der folgende auf Bitten der DFG-Spitze zusammen mit Wiehle erstellte Bericht:

3200

An den
Vorsitzenden
der Kommission für Rechenanlagen
der Deutschen Forschungsgemeinschaft

Sch/Ho

Herrn Prof. Dr. Haupt
Technische Hochschule Aachen
Templergraben 55

5100 Aachen

18.06.1979

Betr.: Erfahrungsbericht der Hochschule der Bundeswehr München zum Betrieb des zentralen Hochschulrechners Burroughs B7700

Anlg.: -1-

Sehr geehrter Herr Professor Haupt,

Ihrem Wunsch entsprechend überreiche ich Ihnen hiermit den offiziellen Erfahrungsbericht der Hochschule der Bundeswehr München zum Betrieb der zentralen Hochschulrechenanlage Burroughs B7700 in der Zeit 03.04.78 bis 31.05.79.

[21] Anschließend schied er aus der Bundeswehr aus und baute als Technischer Direktor bei einer großen internationalen Versicherung deren Rechenzentren auf.

6. Zusammenfassung

Aus dem Erfahrungsbericht ist ersichtlich, daß es aus verschiedenen Gründen heraus Schwierigkeiten gegeben hat, die zu ernsthafter Sorge Anlaß gegeben haben. Diese Schwierigkeiten sind zu einem Teil auf die dargestellte Verkettung widriger Umstände zurückzuführen.

Auf der Basis der bisherigen Erfahrungen und nach Abwägung aller Vor- und Nachteile sowie auf dem Hintergrund der Berichte aus anderen Hochschulrechenzentren haben die Berichterstatter keine Evidenz, daß eine andere Wahl als die des Burroughs-Systems besser gewesen wäre.

Neubiberg, 07. Juni 1979

| für den SUARZ | für das RZ |
|---|---|
| (Prof. Dr. Wiehle) | (OTL Schorn) |
| Vorsitzender | Leiter |

---

Mein UniBw-Kollege Lothar Größl von der Fakultät für Betriebswirtschaft schrieb mir noch ein nettes Detail: *Herrn Schorn habe ich natürlich gekannt. Er war bereits als Hauptmann an der damaligen Technischen Akademie der Luftwaffe in Neubiberg und an der späteren Fachhochschule der Luftwaffe ... 1971 organisierte er zusammen mit der Firma Schenker und Co. (Olympiaspediteur 1972) die Möblierung und Entmöblierung des Olympischen Dorfes, indem er dafür von einigen seiner Mitarbeiter die Software entwickeln ließ.*

---

Als eine weitere Ausgründung kann man die Informatik in Passau bezeichnen, deren erste Berufungen nicht zuletzt von Bauer mit bestimmt worden sind und Manfred Broy, Winfried Hahn, Martin Wirsing und Birge Zimmermann-Huisgen aus dem weiteren Kreis der TU-Informatik dorthin führten.

## 4.7 Gegenleistungen

Wie schon erwähnt, haben es Sauer, Bauer und Samelson stets verstanden, intensiven Kontakt zu hohen und höchsten Regierungsvertretern zu halten, im Land wie im Bund. Auch zum Siemens-Vorstand oder zu den Industrie- und Handelskammern bestand stets eine enge Beziehung.[22] In Mainz hatte man es geschafft, die gänzlich neue Ausbildung zum Mathematisch-Technischen Assistenten an der IHK (in Ludwigshafen) prüfen zu lassen. Konsequenterweise versuchte Bauer im Gefolge des Umzugs nach München ähnliches. Zunächst musste allerdings für

[22]... nicht zuletzt in Gestalt von Heinz Gumin, der von 1975 bis 1989 auch Vizepräsident der Industrie- und Handelskammer für München und Oberbayern war.

den IHK-Geschäftsführer Dr. Dr. Herbert Wölker eine gewisse Leistung dahingehend erbracht werden, dass mit meiner Hilfe dessen Bemühung um Objektivierung von Prüfungsbenotungen unterstützt wurde, [112].

Gegenleistungen dieser Art gingen in eminent wichtige Richtungen: Neben der Industrie- und Handelskammer waren es die Landes- und Bundesministerien. Die so entstehenden Kontakte begleiteten indirekt die Bereitschaft zur Genehmigung einer Veränderung von Prüfungsordnungen und begünstigten die Atmosphäre im Umfeld der Stellen- und Mittelvergabe.

**Lehrerzuordnung:** Dass fast eine ganze Generation von potenziellen Mathematiklehrern in Bayern, resp. München, noch während des Studiums für Zwecke der Informatik abgegriffen wurde, hatte gravierende Auswirkungen auf die Gymnasialwelt. Diese zu mildern wurde ausgerechnet die Informatik der TU — und damit der Auslöser dieses Problems — betraut:

Nach Fühlungnahmen 1969 trat das Bayerische Staatsministerium für Unterricht und Kultus im April 1970 mit dem Problem der optimalen Zuweisung von Lehrkräften an Bauer heran. Die Leitung des Projektes wurde Thomas Ströhlein und mir übertragen [111]. Wir wählten als Akronym METHUSALEM, **Meth***odische* **U***nter***s***uchung* **a***ller* **L***ehrer***e***insatz***m***öglichkeiten.* Ziel war die Entwicklung eines Programmsystems zur Bereitstellung von Entscheidungsunterlagen für die Zuweisung der — viel zu wenigen — zu übernehmenden Gymnasiallehrer (damals 800 p.a.) an die staatlichen Gymnasien Bayerns (damals 250). Um überhaupt Lehrer gewinnen zu können, war ein weitgehendes Eingehen auf deren Bewertung der Schulorte wichtig.

Solchen Lehrer-Daten gegenüber standen die Schuldaten; darin wurden von allen staatlichen Gymnasien u.a. der Bestand an Lehrkräften mit deren Lehrbefähigung und Wochenstundenzahl und die Übersicht über die Klassenbildungen erfasst, insbesondere mit Schülerzahl pro Gymnasialzweig und Schwerpunktfach, Pflichtwochenstundenzahlen unter Berücksichtigung von Koppelungen sowie Angaben über Wahlunterricht und Arbeitsgemeinschaften.

Ferner standen Strukturdaten zur Verfügung, wie Stundentafeln für die einzelnen Schularten, Regelstundenmaß und Einsatzbereiche für die verschiedenen Fächerkombinationen, Grenz-Angaben für die Klassenstärken etc.

Diese Darstellung der Schulsituation mit einem alle möglichen Defizite repräsentierenden Zuordnungsschema stellte im Hinblick auf das Ziel der Maximierung der Zahl der Zuweisungen, unter Beachtung der Wünsche der Lehrkräfte, die Voraussetzung zur weiteren Bearbeitung dar. Sie war auch Grundlage für die Referenten des Kultusministeriums, die anstehenden Versetzungsgesuche auf Zulässigkeit und/oder Zweckmäßigkeit zu überprüfen und zu entscheiden.

Die entstehenden Programme liefen zunächst auf der TR 4 und wurden dann auf der größeren TR 440 des Leibniz-Rechenzentrums ausgeführt. Über die Jahre waren zumeist vier Mitarbeiter voll dafür tätig; insgesamt ein Projekt mit 20 Personenjahren.

In der ersten Hälfte des Jahres 1971 wurden spezielle Algorithmen zur Lösung des Problems entwickelt. Insbesondere entstand ein *selbstsortierender* Algorithmus zur Flussmaximierung, der einen Mangel — damals — bekannter Verfahren, die meist nur einen einzigen maximalen Fluss finden, ausgleicht und die Auswahl eines nahezu maximalen Flusses — ohne Berechnung aller — gestattet, [111]. Rudolf Berghammer hat das Programm viel später einmal näher an-

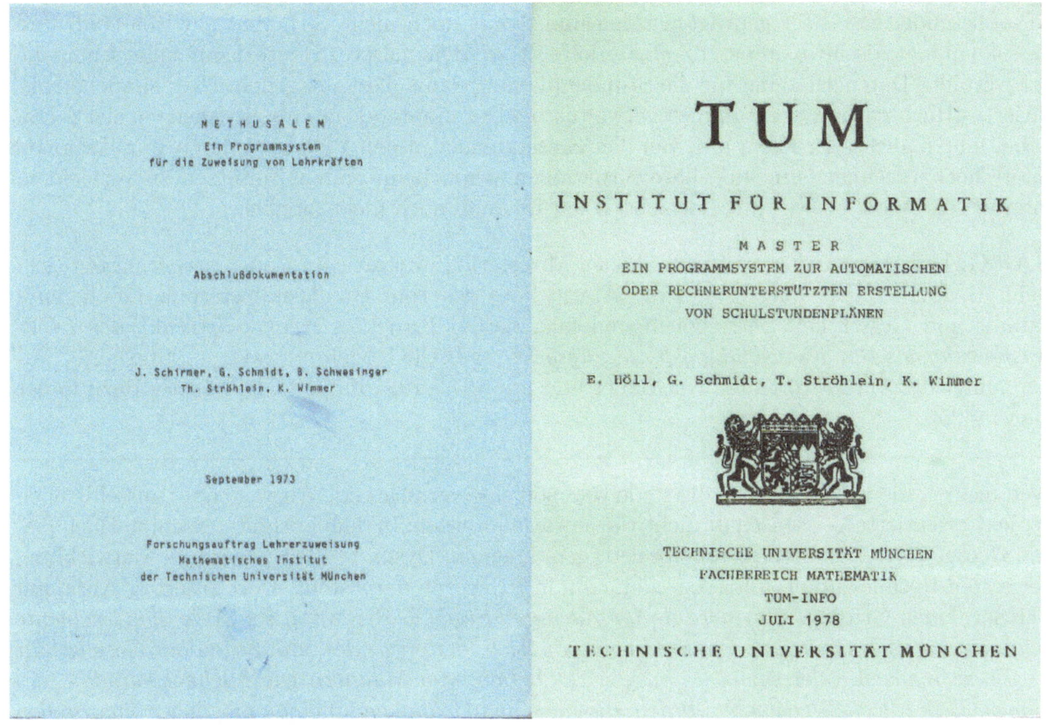

M E T H U S A L E M
Ein Programmsystem
für die Zuweisung von Lehrkräften

Abschlußdokumentation

J. Schirmer, G. Schmidt, B. Schwesinger
Th. Ströhlein, K. Wimmer

September 1973

Forschungsauftrag Lehrerzuweisung
Mathematisches Institut
der Technischen Universität München

TUM

INSTITUT FÜR INFORMATIK

M A S T E R
EIN PROGRAMMSYSTEM ZUR AUTOMATISCHEN
ODER RECHNERUNTERSTÜTZTEN ERSTELLUNG
VON SCHULSTUNDENPLÄNEN

E. Höll, G. Schmidt, T. Ströhlein, K. Wimmer

TECHNISCHE UNIVERSITÄT MÜNCHEN
FACHBEREICH MATHEMATIK
TUM-INFO
JULI 1978

TECHNISCHE UNIVERSITÄT MÜNCHEN

gesehen. In einer Zeit, die Komplexitätstheorie noch kaum kannte, und in einer Umgebung, die am arbeitsfähigen Programm und nicht an einer Publikation interessiert war, scheinen unsere „selbstsortierenden" Algorithmen in der Komplexität relativ gut gewesen zu sein.

**Epilog:** Im Jahre 2003 traf ich bei der Verleihung der Ehrendoktorwürde der Fakultät für Informatik der Universität Passau an Manfred Broy den Leiter der Gymnasialabteilung im Ministerium, den Ministerialdirigenten Dr. Peter Müller. In der angeregten Unterhaltung des anschließenden Empfangs sagte ich beiläufig zu ihm, dass wir vor 30 Jahren einmal für das Kultusministerium gearbeitet hätten. Er meinte darauf, Teile des Systems seien — vielfach nachgebessert — noch im Einsatz. Nach Abschluss der Arbeiten gebe es jedes Jahr die „Blaue-Buch-Feier" — in jener Farbe war seit dem ersten Male der Ausdruck präsentiert worden. Es scheint sich um eines der ganz alten noch irgendwie lauffähigen Softwaresysteme zu handeln.

**Stundenpläne**: Nachdem dieses Lehrerzuweisungsprojekt anscheinend ganz ordentlich aufgenommen worden war, trat im Mai 1971 das Bayerische Staatsministerium für Unterricht und Kultus mit der Bitte an das Mathematische Institut der TUM heran, einen Großversuch zur maschinellen Erstellung von Stundenplänen am LRZ durchzuführen. Zu Beginn des Schuljahres 1971/72 lieferten 25 Schulen Eingabedaten für das Programm *als Lochkartenstapel* an. Es folgte für die Zeit 1973–1978 das Stundenplan-Projekt MASTER — **M**ünchner **a**utomatische **St**undenplan**er**stellung, mit Ernst Höll, Manfred König, Klaus Wimmer und teilweise auch Georg Eder. [114, 80]

**Fazit:** Wir haben in diesem Gebiet ernsthaft wissenschaftlich gearbeitet; siehe etwa die Publikationen [114, 116, 115, 117, 80, 118]. Man sollte sich vergegenwärtigen, dass Begriffe wie

NP-vollständig erst 1971 geprägt wurden und damit noch nicht verfügbar gewesen sind, und dass kombinatorische Kompetenz erst erkämpft werden musste. Heute kann man schon die ggf. verteilte Datenerfassung für die Stundenplanung ganz anders angehen. Eher simpel strukturierte „Buchhaltungsprogramme" verwalten die Daten interaktiv und visualisieren sie. Schon dabei fällt manches Problem auf. Bei den Einsetzungen in den Plan sind deren Implikationen sofort hochzurechnen, um unlösbare Situationen schon beim ersten Einsetzen zu vermeiden. Interaktives Arbeiten war mit Lochkarten naturgemäß noch nicht möglich.

**BAföG:** Derartige Anfragen aus der hohen Ministerialbürokratie an Bauer perpetuierten sich. Beim BAföG-Projekt ging es um die Abwicklung des vom Bundesministerium für Jugend, Familie und Gesundheit betriebenen und finanzierten Projektes *Neukonzipierung der EDV-Ausführung des Bundesausbildungsförderungsgesetzes* BAföG. Mehrere externe Mitarbeiter waren „unter der Verantwortung" von Bauer und mir 1971–1981 dafür tätig; näheres dazu findet man in [25].

---

Weil hier gerade von Projekten die Rede war, soll eine vernichtende Aussage über ausschließlich projekt-orientierte Wissenschaft nicht verschwiegen werden: In dem hochinteressanten Buch [58] von George Dyson, Sohn des Nobelpreisträgers Freeman Dyson (∗1923–), wird die Entwicklung der ersten Rechner unter John von Neumann in Princeton dargestellt. Dort zitiert er Abraham Flexner,[23] den Gründer des *Institute for Advanced Study* in Princeton so: *„Wie die Geschichte zeigt, sind wissenschaftliche Entdeckungen, die sich letzten Endes zum Segen der Gesellschaft — sei es finanziell oder sozial — ausgewirkt haben, von Männern wie Michael Faraday und James Clerk Maxwell gemacht worden, die nie einen Gedanken an einen möglichen finanziellen Gewinn aus ihrer Arbeit verschwendet haben" schrieb er 1933 an die Redaktion der Zeitschrift Science mit empörtem Blick auf jene Universitäten, die angefangen hatten, sich um Patente für ihre Forschungsergebnisse zu bemühen.*

[23] ∗1866, † 1959

# 5 Studiengang Informatik

Es ist durchaus eine Frage der Einschätzung, was man bereits als Vorlesung zur Informatik bezeichnen möchte. Natürlich gab es an der TH München Vorlesungen zu den entsprechenden Verfahren und Geräten in den Mathematischen Praktika, vor allem im Institut für Angewandte Mathematik, dem „Heinhold-Bereich". Da nun im Jahre 2019 eine größere Feier für *50 Jahre Informatik-Studiengänge in Deutschland* stattfand, muss man genauer hinschauen. Ein schließlich formal definierter Studiengang *Informatik* ist der administrative Abschluss dessen, was an der TH als voll durchkonzipiertes Nebenfach *Informatik* für die Mathematik begann. Eine Übersicht der frühesten Studiengänge in Deutschland präsentierte Gerhard Goos mit [71].

## 5.1 Programmierung in ALGOL 60

Schon vor 1960 hatte es Programmierkurse durch Klaus Samelson gegeben, sowie vertretungsweise durch Gerhard Seegmüller und Wolfram Urich. Eine stärkere Nutzung von ALGOL 60 in der Praxis trug in München jedenfalls ab 1963 zu dessen Verbreitung bei. Von 1964 an standen den Mitarbeitern aller Fakultäten und später den Studenten mehrere ALGOL 60-Übersetzer zur Verfügung; z.B. auf der TR 4 des Leibniz-Rechenzentrums (von Seegmüller), auf der Zuse Z23 (von Paul), auf der IBM 7090 (von Gries/Paul/Wiehle), sowie bereits seit WS 63/64 der Zirngibl-Übersetzer für den Studentenbetrieb an der PERM. Man musste die ALGOL 60-Programme ablochen (lassen) und dann die Lochstreifen/karten zum Rechnen abgeben.

Für den Einstieg in die Programmierung gab es ab 1963 das von Richard Baumann pädagogisch hervorragend aufbereitete und in mehreren Auflagen erschienene Buch ALGOL-*Manual der* ALCOR-*Gruppe — Einführung in die algorithmische Formelsprache* ALGOL, [40]; siehe Seite 144 ff. Dazu kamen ab 1964 die von Richard Baumann abgehaltenen Kurse und Vorlesungen mit Tutorübungen nach diesem Buch. In den Übungen war der Große Physik-Hörsaal voll; in jeder zweiten Reihe saßen Studenten, dazwischen pendelten die beratenden Tutoren (Dirk Krönig, Peter Kandzia, Walter Lahner, Werner Rüb, Peter Hofmann, Wolfgang Werner u.v.a.).

## 5.2 Frühe Vorlesungen

Gewissermaßen dokumentarisch zeigt das Studienbuch von Gerhard Schrott die ersten Einführungen in die Informatik. Aus Gründen der Platzenge im Formular sieht die „Informationsverarbeitung" fast schon so aus wie „Informatik".

Er hat in der Tat die erste derartige Vorlesung bei Bauer gehört. Weil man damals Hörgeld bezahlen musste, ist dies auch mit Stempel im Studienbuch offiziell bestätigt, und es hat ihn 12 DM gekostet. Im darauf folgenden Semester gab es dann zur Vorlesung auch das Prakti-


G. Schmidt, *Rückblick auf die Anfänge der Münchner Informatik*, Die blaue Stunde der Informatik, https://doi.org/10.1007/978-3-658-28755-9_5

kum an der PERM für 5 DM extra. Im Studienjahr 1967/68 fand damit an der TH die erste „synoptische" Informatik-Einführungsvorlesung in der Welt statt.

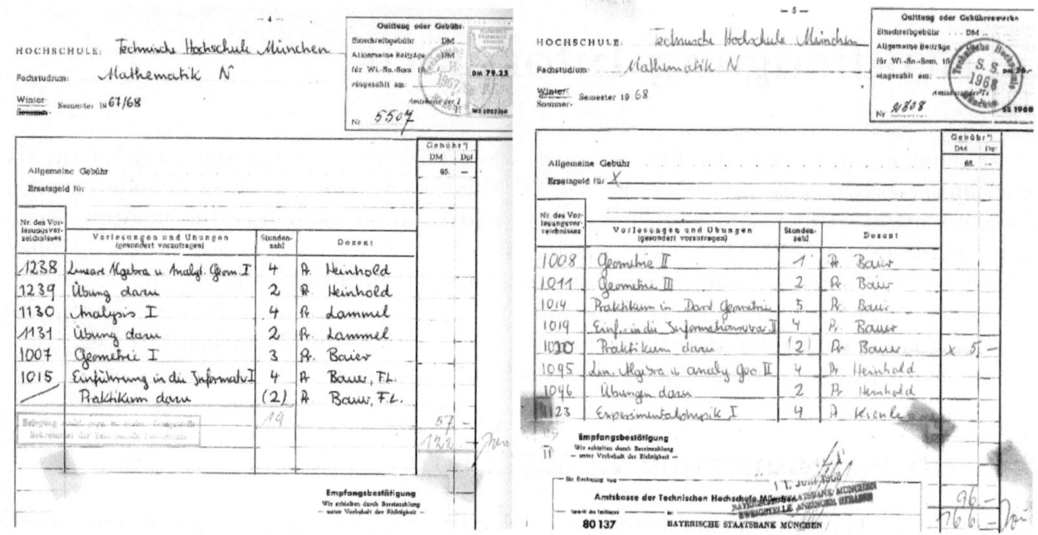

– 4 –

HOCHSCHULE: Technische Hochschule München
Fachstudium: Mathematik N
Winter-Semester 1967/68

Quittung oder Gebühr
Nr. 5507
DM 79.25

Allgemeine Gebühr: DM 65.–
Ersatzgeld für

| Nr. des Vorlesungsverzeichnisses | Vorlesungen und Übungen (gesondert vorzutragen) | Stundenzahl | Dozent |
|---|---|---|---|
| 1238 | Lineare Algebra u. Analyt. Geom. I | 4 | Pr. Heinhold |
| 1239 | Übung dazu | 2 | Pr. Heinhold |
| 1130 | Analysis I | 4 | Pr. Lammel |
| 1131 | Übung dazu | 2 | Pr. Lammel |
| 1007 | Geometrie I | 3 | Pr. Baier |
| 1015 | Einführung in die Informatik I | 4 | Pr. Bauer, F.L. |
| | Praktikum dazu | (2) | Pr. Bauer, F.L. |
| | | 19 | |

57.–
122.–

Empfangsbestätigung
Wir erhielten durch Bareinzahlung – unter Vorbehalt der Richtigkeit –

– 5 –

HOCHSCHULE: Technische Hochschule München
Fachstudium: Mathematik N
Sommer-Semester 1968

Quittung oder Gebührenwerke
Nr. 2808
S. S. 1968

Allgemeine Gebühr: DM 65.–
Ersatzgeld für X

| Nr. des Vorlesungsverzeichnisses | Vorlesungen und Übungen (gesondert vorzutragen) | Stundenzahl | Dozent |
|---|---|---|---|
| 1008 | Geometrie II | 1 | Pr. Baier |
| 1011 | Geometrie III | 2 | Pr. Baier |
| 1014 | Praktikum in Darst. Geometrie | 5 | Pr. Baier |
| 1019 | Einf. in die Informationsverar. II | 4 | Pr. Bauer |
| 1020 | Praktikum dazu | (2) | Pr. Bauer |
| 1095 | Lin. Algebra u. analyt. Geo. II | 4 | Pr. Heinhold |
| 1046 | Übungen dazu | 2 | Pr. Heinhold |
| 1123 | Experimentalphysik I | 4 | Pr. Kienle |

x 5.–

Empfangsbestätigung
Wir erhielten durch Bareinzahlung – unter Vorbehalt der Richtigkeit –
Amtskasse der Technischen Hochschule München
80 137 BAYERISCHE STAATSBANK MÜNCHEN

96.–
166.–

Studienbuch zum frühesten Informatik-Jahrgang 1967/68

Wann welche anderen Informatik-nahen Vorlesungen jeweils erstmals in München stattfanden, versucht die Tabelle auf der Folgeseite darzustellen.

Man kann gar nicht abschätzen, wie wichtig es war, dass Heinz Gumin neben seiner leitenden Tätigkeit, die ihn sogar für 20 Jahre in den Vorstand der Siemens AG führte, sich seit 1964 als Lehrbeauftragter und Honorarprofessor zur Verfügung stellte. Bereits auf dem IFIP-Kongress 1962 hatte er die einschlägigen Vorträge [73, 74] gehalten. Seine Vorlesungen sind in den Vorlesungsverzeichnissen angegeben mit

| | |
|---|---|
| SS 65 | *Einführung in die Mathematische Logik* |
| SS 66 | *Theorie der Schaltwerke* |
| WS 66/67 | *Rekursive Funktionen* |
| SS 67 | *Mengenlehre* |
| WS 67/68 | *Einführung in die Verbandstheorie* |
| WS 68/69 | *Turingmaschinen* |

Sie zeigen — vor allem in ihrer Vielfalt — einen Beitrag, der bei den Belastungen der Anfangsphase aus dem bestehenden Kollegium heraus wohl nicht zu leisten gewesen wäre.

Der Studiengang war zu Beginn eingebettet in eine bezüglich der Anwendungsgebiete sehr großzügig gefasste Studienordnung für Diplom-Mathematiker. Damit war die TH die erste Hochschule in Deutschland, die *der Sache nach* seit dem WS 67/68 ein Vollstudium der Informatik anbieten konnte. Zum WS 68/69 gab es bereits einen Studienplan[1] als Flyer für *Mathematik mit Nebenfach Informationsverarbeitung*; siehe die Fußnote auf Seite 99. Erst relativ spät entschloss man sich in München zu einer eigenen Studienordnung für die Informatik; in dieser Hinsicht waren andere Standorte schneller — teilweise wohl sogar zu schnell.

[1] `http://www.titurel.org/Hist6070/GruendungStuGMathNfInf.pdf`

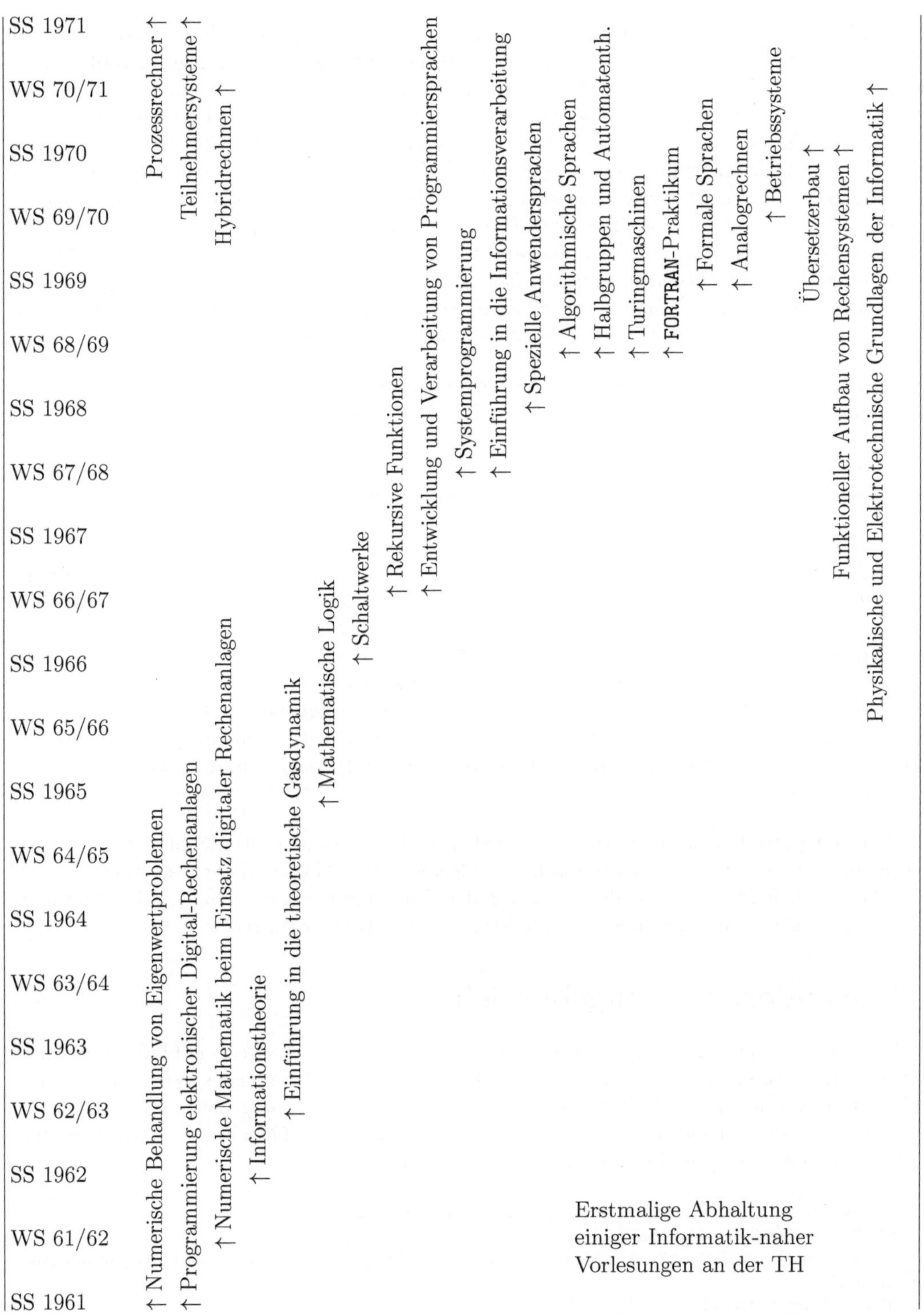

| Semester | Erstmalige Abhaltung |
|---|---|
| SS 1961 | Numerische Behandlung von Eigenwertproblemen; Programmierung elektronischer Digital-Rechenanlagen |
| WS 61/62 | Numerische Mathematik beim Einsatz digitaler Rechenanlagen |
| SS 1962 | Informationstheorie |
| WS 62/63 | Einführung in die theoretische Gasdynamik |
| SS 1963 | |
| WS 63/64 | |
| SS 1964 | |
| WS 64/65 | |
| SS 1965 | Mathematische Logik |
| WS 65/66 | |
| SS 1966 | Schaltwerke |
| WS 66/67 | Rekursive Funktionen; Entwicklung und Verarbeitung von Programmiersprachen |
| SS 1967 | |
| WS 67/68 | Systemprogrammierung; Einführung in die Informationsverarbeitung |
| SS 1968 | Spezielle Anwendersprachen |
| WS 68/69 | Algorithmische Sprachen; Halbgruppen und Automatenth.; Turingmaschinen; FORTRAN-Praktikum |
| SS 1969 | Formale Sprachen; Analogrechnen |
| WS 69/70 | Betriebssysteme |
| SS 1970 | Übersetzerbau; Funktioneller Aufbau von Rechensystemen |
| WS 70/71 | Physikalische und Elektrotechnische Grundlagen der Informatik; Hybridrechnen |
| SS 1971 | Teilnehmersysteme; Prozessrechner |

Erstmalige Abhaltung einiger Informatik-naher Vorlesungen an der TH

Schon 1971 hat Bauer in der Presse eine detaillierte Darstellung[2] des Informatikstudiums an deutschen Universitäten gegeben. Darin benannte er sehr klar die damaligen Probleme: zu wenig Lehrpersonal, wechselseitige Abwerbung unter den Standorten, zu viele neu mit der Informatik beginnende aber zu gering dafür ausgestattete Universitäten. Er nahm Bezug auf eine europäische Bestandserfassung seitens der damaligen EWG,[3] ausgeführt durch den niederländischen Ökonometriker Max Euwe:[4] *Dabei billigt Euwe der Technischen Universität München neben der französischen Universität Grenoble eine herausragende Spitzenstellung zu. Nur diese beiden Ausbildungsstätten seien heute bereits in der Lage, einen geordneten und wissenschaftlich voll befriedigenden Studiengang für ein Vollstudium der Informatik anzubieten. An weiteren fünf deutschen, drei französischen, drei italienischen, zwei belgischen und zwei niederländischen Universitäten konstatiert Euwe eine erfreuliche Aufwärtsentwicklung. Die übrigen Hochschulen, auch in Deutschland, befinden sich dagegen noch ganz im Anfang.*

Ein Jahr später legte Bauer in der WELT[5] einen großen Artikel vor, in welchem er sorgfältig die Einordnung des Studienganges in unser tradiertes Wissenschaftssystem diskutierte, die Ideen der Studienordnung vorstellte, und versuchte, das wechselseitige Verhältnis von *Programmatur* und *Apparatur* zu erläutern — einige von uns werden sich noch erinnern, wie er diese Wörter zeitweise als Eindeutschungen für Software und Hardware propagierte.

Er fuhr dann fort: *Es besteht ein großer Bedarf an gut ausgebildeten Informatikern, und die Berufschancen sind entsprechend exzellent. Freilich besteht auch ein großer Engpaß für die Deckung des Bedarfs an Informatikern in der Studienplatzkapazität, genauer gesagt in der Anzahl verfügbarer Dozenten von hinreichend umfänglicher Erfahrung und hinreichend hohem Niveau. Wissenschaft aufzubauen ist ein Prozeß, der seine Zeit braucht und sich auch durch politischen Druck nicht beschleunigen läßt. Das mag nun freilich Leuten, die mit der Wissenschaft Politik machen, nicht angenehm in den Ohren klingen. Im Falle der Informatik haben jedenfalls die nicht genügend vorsichtig dosierten Förderungsmaßnahmen des Bundes zu einer Überhitzung des Marktes geführt, die gelegentlich groteske Berufungssituationen heraufbeschworen hat.*

Das Vorlesungsangebot für die Informatik wurde gemäß dem Rahmenstudienplan einer von der Gesellschaft für Angewandte Mathematik und Mechanik (GAMM) und der Nachrichtentechnischen Gesellschaft (NTG) im VDE im Auftrag der Kultusministerkonferenz und der Westdeutschen Rektorenkonferenz gebildeten Kommission systematisch erweitert.

## 5.3 Sonderforschungsbereich

Im Jahr 1966 war die Aufnahme eines Schwerpunktes „Elektronische Rechenanlagen und Informationsverarbeitung an der TH München“ in den Schwerpunktskatalog des Wissenschaftsrates erfolgt. Der Katalog sollte die Grundlage für eine gezielte Förderung der wissenschaftlichen Forschung an den deutschen Hochschulen bilden. Später wurde dies als Sonderforschungsbereichsprogramm an die DFG übertragen.

---

[2] `https://www.titurel.org/Hist6070/FLB1971adlStudium.pdf`

[3] EWG — Europäische Wirtschaftsgemeinschaft

[4] Das war letztlich der Grund für seine Besuche an der TUM mit nachfolgenden Schach-Simultanpartien; siehe Seite 77.

[5] `http://www.titurel.org/Hist6070/FZBauerWelt.pdf`

Ein erster SFB-Antrag 1968 scheiterte — wie Bauer es intern ausdrückte — am Denken gewisser „Groß-Ordinarien“; erst der zweite intensivst vorbereitete Anlauf 1969, mit anderen Gutachtern, führte zum Ziel. Im Jahre 1971 begann die Arbeit unseres Sonderforschungsbereichs 49 „Elektronische Rechenanlagen und Informationsverarbeitung“.[6] Angehörige des damaligen Mathematischen Instituts und des Leibniz-Rechenzentrums agierten als Hauptbeteiligte.

Dieser SFB wurde zum Träger jeglicher Forschungs- und Entwicklungstätigkeit in der Münchner Informatik und eine unerlässliche Grundlage der gleichzeitig aufgebauten Lehr- und Unterrichtsaktivität in dem neuen Studienfach. Da er vielfach an anderer Stelle beschrieben worden ist, nicht zuletzt in der 40-Jahre-Festschrift [25], kann ich hier knapp bleiben. Dem Antrag vom 18.09.1969 folgten als tatsächliche Zahlungen ca. 0.5 Mio DM in 1970 und 1971, dann 1972–1975 jeweils etwa 2 Mio DM und schließlich 1977 bis 1985 jeweils 1.5 Mio DM. Er bot also eine ganz wesentliche Förderung der Informatik an der TUM, die wohl auch geneidet wurde.

Der SFB 49 der DFG war für die Informatik der erste — und für lange Zeit auch einzige. Samelson war die Seele des Sonderforschungsbereichs; mit unermüdlicher Geduld und mit seiner Fähigkeit zuzuhören, widmete er sich der Aufgabe, ihn thematisch zusammenzuhalten. Anfänglich war der SFB so eingeteilt:

A Grundlagen der Programmierung: Samelson, Goos, Paul
B Übersetzer-erzeugende Systeme: Eickel, Goos, Langmaack, Hill
C Graphische Kommunikationssysteme: Bauer, Gnatz, Hahn
D Linguistische Aspekte der Dokumentation: Braun
E Spez. Programmiersysteme für Hybridrechner: Heinhold, Peischl, Behringer, Feilmeier

Nach dem SFB-Antrag vom März 1979 gab es einen blauen Flyer mit dieser Aufteilung

A1 Grundlegende Programme: Bayer, Paul
A2 Breitbandsprache und Programmtransformationen: Bauer, Samelson †
A3 Übersetzer-erzeugende Systeme: Eickel
E Programmsysteme für Echtzeitaufgaben: Baumann
G Ein Arbeitsplatz-Rechnersystem für wissenschaftlich-technische Anwendungen: Bayer, Gerold, Paul, Seegmüller

und einigen Hinweisen:

E 1974 ausgelaufen (der E-Vorläufer bzgl. der Hybridrechner)
C 1977 abgeschlossen
A4 1979 abgeschlossen (der Teil Struktur von Betriebssystemen und ihre Verpflanzung)
D 1979 abgeschlossen

Insbesondere der Bereich Übersetzer-erzeugende Systeme zeichnete sich durch große Wirkung aus. Nur zu Beginn war neben Eickel auch Seegmüller leitend beteiligt. Man baute Übersetzergeneratoren „MUG“, studierte attributierte Programmbäume als interne Form des abstrakten Programms, Programmtransformation auf dieser internen Form mit attributierten Transformationsgrammatiken und schließlich die Codegenerierung aus formalen (syntaktischen) Maschinenbeschreibungen.

Wie sehr die Arbeiten dieser Gruppe anerkannt wurden, zeigen die Rufe für Ernst-Wolfgang Dieterich an die FH Ulm, Reinhard Wilhelm nach Saarbrücken,[7] Harald Ganzinger (†) nach

[6] … also noch mit der anfänglichen Bezeichnung bevor sich der Terminus *Informatik* durchsetzte
[7] Sehr bekannt wurde er als Leiter des Leibniz-Zentrums für Informatik, Schloss Dagstuhl.

Dortmund und dann Saarbrücken (als Scientific Director am Max Planck Institut), Robert Giegerich nach Bielefeld, Knut Ripken nach Stuttgart[8], Arnd Poetsch-Heffter an die FernUni Hagen und später an die Universität Kaiserslautern[9] und Bernhard Bauer nach Augsburg.

## 5.4 Arbeitsgruppe für Betriebssysteme

Nachdem Seegmüller schon an der PERM so etwas wie ein Betriebssystem geschrieben hatte, war es natürlich, dass er dies für die TR 4 perfektionierte — anderen damit wohl weit voraus.

Ausgehend vom Rechenzentrum der TH stellte man einen Antrag *Grundprogrammierung für Mehrprozessor-Rechenanlagen* und richtete die im Institut so bezeichnete Betriebssystemgruppe ein; sie sollte entsprechendes für die TR 440 leisten. Zwar hatte Telefunken in Gestalt des BS3 ein System mitgeliefert; aber es entsprach keineswegs den Vorstellungen der Münchner. Man begann die Arbeit am sog. BSM — mit wenig effektiver Unterstützung durch den Hersteller Telefunken. Von den beantragten gut 5 Mio DM erhielt man über die Jahre 1969–1972 immerhin ca. 3,6 Mio DM. Peischl hatte ab 01.09.1969 die organisatorische Leitung. Mit seinem Übertritt an das LRZ zum 01.10.1971 migrierte die BS-Gruppe mehr oder weniger dorthin, jedenfalls räumlich; vielleicht lief auch die bis 1974 andauernde Förderung später über das LRZ.

Die BSM-Gruppe begann ihre Arbeit im Frühjahr 1969. Die Anfangsbelegschaft bestand i.W. aus Goos, Peischl, Lagally und Sapper. Ich erinnere mich noch, wie ganz zu Beginn eine Art Seminar abgehalten wurde, in dem Peischl über MULTICS vortrug. Goos fuhr bald zur SJCC 69 nach Boston, „um etwas zu lernen“. Die Gruppe entwarf und implementierte dann PS 440 als ihre Implementierungssprache — vielleicht zu nahe an dem Rechner TR 440 angesiedelt, um abstrakter wahrgenommen zu werden.

Auch in dieser Initiative zeigte sich der mehrfach erwähnte Sog-Effekt. Einerseits konnte man nun Mitarbeiter bezahlen; es waren zwischen 20 und 30, aber solche, die erst anzulernen waren. Goos schreibt: *Wir mußten uns um die Beschäftigung dieser Mitarbeiter kümmern statt ein Betriebssystem zu entwerfen.* Andererseits wurden gerade die jeweils leitenden gleich weggeholt. Seegmüller war seit 1967 bei der IBM. Die wissenschaftliche Leitung lag bei Goos und nach seinem Weggang schon 1970 bei Lagally; förmlich allerdings erst ab 1973. Lagally war eigentlich bereits seit 1969 hinsichtlich Prozessverwaltung und Synchronisation dabei und hatte am Sprachentwurf PS440 und am Systementwurf BSM mitgewirkt.

Eine gewisse Konstanz kam durch die Beteiligung von Ludwig Zagler; über recht lange Zeit bot sein „Testbett“ eine standardisierte Basis für die vielen notwendigen Testläufe. Aus seinen Personalunterlagen ergibt sich, dass er 1969–1971 Gruppenleiter bei der Entwicklung eines Hardware Simulators im BMFT-Projekt BSM war. 1971–1975 war er Gruppenleiter im BSM.

Scheidig wurde 1975 nach Saarbrücken berufen. Weitere Mitarbeiter waren Jürn Jürgens,[10] der 1976 nach Montreal berufen wurde. Alfons Jammel konnte seinen Konferenzbeitrag 1977 bei der IFIP in Toronto 1980 umsetzen in einen Ruf nach Kiel. Vieles mehr ist dem Jubiläumsband [25] zu entnehmen und wird hier nicht wiederholt.

[8] Rufablehnung; er blieb in der Industrie in Paris.

[9] dort seit 2014 Vizepräsident für Forschung

[10] ... zusammen mit mir in den frühen 1950er Jahren Fahrschüler auf der Strecke von Achim nach Bremen.

## 5.5 Überregionales Forschungsprogramm Informatik

Die zentral gelenkten Bemühungen des damaligen Bundesministeriums für Bildung und Wissenschaft (BMBW) um den Aufbau dieses Studienfaches an einer größeren Zahl deutscher Hochschulen[11] begannen 1968/69 mit dem sogenannten Überregionalen Forschungsprogramm Informatik (ÜRF). Hierin wurde für Bayern die Einrichtung des Studiengangs Informatik in München und Erlangen vorgesehen. Dieser 1969 vom BMBW angestoßene Aufbau des Fachs Informatik an zahlreichen — zum Teil kaum darauf vorbereiteten — deutschen Hochschulen hatte durchaus auch teilweise negative Effekte: bis 1972 ergingen an die Informatiker der TH ununterbrochen Rufe auf auswärtige Ordinariate für Informatik. Dieser personelle Aderlass verzögerte den geplanten Aufbau des Lehrkörpers an der TH, bzw. dann der TUM, beträchtlich.

Es ergab sich andererseits auch die Möglichkeit, durch das Überregionale Forschungsprogramm (ÜRF) junge Leute einzustellen. Schon seit Bismarcks Zeiten bestanden die Länder allerdings auf der Kultus-Hoheit; daher war es eine komplizierte Konstruktion. Normaler Lehrbetrieb darf durch den Bund noch heute nicht gefördert werden; das könnte ja das Einfallstor sein, in kirchlich etablierten Revieren über solche Lehre Einfluss zu nehmen. So musste das ÜRF ein *Forschungsprogramm* sein, obwohl klar war, dass die *Lehre* in der Informatik gefördert werden sollte. Ich sehe mich noch dabei, zusammen mit Peter Deussen, diese ÜRF-Mittel abzurechnen. Aus Gründen der Komplementarität ist auch hier auf den Jubiläumsband [25] zu verweisen.

---

Die Unterlagen zum Antrag auf eine Beteiligung der TUM[12] am ÜRF für die Jahre 1975–1976 vom Oktober 1974 zeigen folgendes Bild: 12 Forschungsgruppen, davon 3 aus der Fakultät für Elektrotechnik. An Stellen gab es 1974 bereits 132 mit Wunsch zum Ausbau auf 152. Pro Jahr erhielt die TUM rund 6,5 Mio DM. Im März 1975 erfolgte bereits eine Fortschreibung auf 1977, und im Mai 1977 entstand eine sehr ausführliche *Arbeitsunterlage* zum Thema Informatik an der TUM mit vielen Studienplänen[13] der Art Informatik mit Nebenfach Rechtswissenschaft, Physik, Elektrotechnik, Theoretische Medizin, Mathematik.

Eine Denkschrift vom März 1976 schlüsselt die Belastungssituation beim Informatik-Rechner (System TR 440-TR86) und beim Prozess-Rechner-System detailliert auf. Da ist von Hunderten von Studenten die Rede, was dann als Grundlage für die Forderung nach weiteren Mitteln dient.

---

Die Mitarbeiterstellen für die ersten sechs Informatiklehrstühle wurden zu 70% durch dieses ÜRF (1969–1978) refinanziert. Nach Auslaufen des Programms hatten andere Bundesländer Schwierigkeiten, den Personalstellenausbau zu halten. In Bayern half dazu wesentlich ein Überlastprogramm. Hierzu wurde 1981 ein Überlast-Antrag der Informatik gestellt. Er geht aus von dem rasanten Anstieg der Studienanfänger in Informatik: 166 im WS 78/79, 272 im WS 79/80 und 328 im WS 80/81! In einem Memorandum hatten die Ordinarien und Extraordinarien der Informatik, sowie Seegmüller von der LMU, insgesamt 12, den damaligen Zustand der Informatik sehr ausführlich beschrieben. Auf diesen Antrag hin wurden 20 Stellen bewilligt. Aber schon im Juni 1982 musste man wegen der 457 Anfänger aus dem WS 81/82 um eine weitere Erhöhung des Ausbauziels bitten.

[11]Erstes DV-Programm der Bundesregierung

[12]Bauer fungierte als *Senatsbeauftragter für das Überregionale Forschungsprogramm Informatik* an der TUM.

[13]Meine beiden Kinder nutzten davon jene mit den Nebenfächern Theoretische Medizin resp. Elektrotechnik.

## 5.6 Eintritt in die 1970er Jahre

Mit dem Eintritt in die 1970er Jahre nahm die ohnehin stürmische Entwicklung der Informatik an der TUM weiter Fahrt auf, begleitet nicht zuletzt von Hoffnungen der Bayerischen Staatsregierung.

Die Bayerische Staatsregierung
lädt ein
zu einem Kongreß
über

**Chancen und Probleme der Datenverarbeitung in der öffentlichen Verwaltung**

am 21. und 22. Oktober 1970
in München,
Künstlerhaus am Lenbachplatz

TAGUNGSABLAUF

MITTWOCH, 21. OKTOBER 1970

9.30 Uhr Eröffnung
Ministerpräsident Dr. h. c. Alfons Goppel

9.45 Uhr Staatspolitische Aspekte der Datenverarbeitung
Staatssekretär Anton Jaumann, Bayerisches Staatsministerium der Finanzen

11.15 Uhr Gedanken zum Aufbau eines bayerischen Informationssystems
Ministerialrat Dr. Alois Langseder, Bayerische Staatskanzlei

14.30 Uhr Die Datenverarbeitung im kommunalen Bereich
Stadtdirektor Dr. Karl Wachtel, Bayerischer Städteverband; Rechtsk. Verwaltungsdirektor Hanns Herrlitz, Landkreisverband Bayern

16.15 Uhr Nationale und internationale Zusammenarbeit in der Sozialversicherung auf dem Gebiet der elektronischen Datenverarbeitung
Direktor Dr. Wilhelm Wanders, Landesversicherungsanstalt Schwaben

18.30 Uhr Empfang der Bayerischen Staatsregierung im Antiquarium der Residenz, München

DONNERSTAG, 22. OKTOBER 1970

9.30 Uhr Rechtsfragen der Verwaltungsautomation
o. Prof. Dr. Wilhelm Steinmüller, Universität Regensburg

11.00 Uhr Die Hochschulrechenzentren und das Studium der Informatik
o. Prof. Dr. Friedrich L. Bauer, Technische Universität München

14.30 Uhr Die Zukunft der Datentechnik
Dr. Heinz Gumin, Hon.-Prof. an der Technischen Universität München, Leiter des Geschäftsbereichs Datenverarbeitung der Siemens AG

15.45 Uhr Schlußdiskussion und Schlußwort

Bayerischer Datenverarbeitungskongress 1970

Es wurden die ersten beiden Professuren für Informatik besetzt: Manfred Paul (Informatik I, 1970) und Jürgen Eickel (Informatik II, 1971) erhielten diese Lehrstühle.

Dann erschien ein weiterer am Horizont; doch wer sollte ihn erhalten? Bauer oder Samelson; durchaus eine Prestige-Frage. Aber mit Bauers schon an anderer Stelle bewiesenem Talent wurde auch das souverän gelöst:

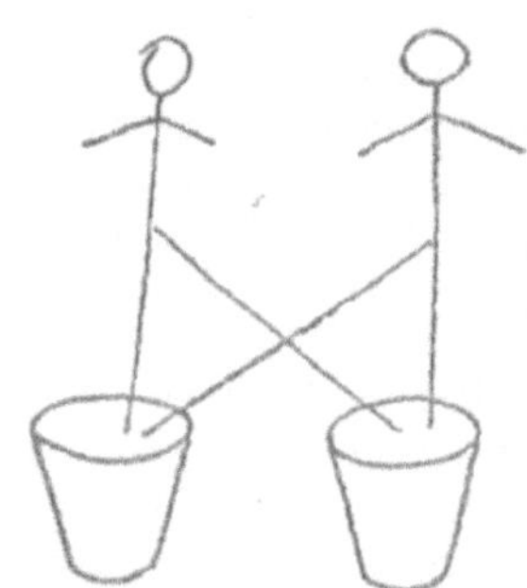


Dritter Informatik-Lehrstuhl
*nach der Ernennung von*
Paul und Eickel

Es folgte dann aber zunächst Rudolf Bayer (Informatik III, 1972). Bauer und Samelson übernahmen erst 1972 bzw. 1973 die Lehrstühle IV und V in der Informatik; ihre freigewordenen Mathematik-Lehrstühle gingen an Roland Bulirsch und Konrad Königsberger. Es folgte der Lehrstuhl Informatik VI mit Hans-Jürgen Siegert. Daneben wurde Heinz Schecher 1976 Extraordinarius.

Dem Eintritt in die 1970er Jahre unmittelbar voraus ging der Umzug des Instituts in die nachmals so benannten Robert-Sauer-Bauten; siehe Seite 163. Waren wir bis November 1969 zu fünft untergebracht im Bibliotheksraum 1227, verfügte ich plötzlich über einen recht großen Raum in dem vollkommen modular konzipierten Gebäude, der zu meinem Stolz 17 Steckdosen vorsah. Es ergaben sich aber weitere Auswirkungen allgemeiner Art: Die Enge der alten Kaffeerunde[14] ging zuende. In der MAFAZ wurde dies trauernd bedichtet:

*Die Kaffeetafel, das ist klar,*
*ist längst nicht mehr, was sie einst war.*
...
*Darauf begann die Spalterei.*
*Statt einem Kaffeetisch gab's zwei.*
...

Was bislang en passant geregelt werden konnte, verlangte nun den Weg in einen anderen Bau oder ein anderes Stockwerk und wurde damit förmlicher. Auch das LRZ war umgezogen, bereits damals viel größer geworden, und begann — zunächst nur räumlich — getrennte Forschungsarbeiten. Die Betriebssystemgruppe war dort angesiedelt, und es begannen Seegmüllers Arbeiten zur Systemprogrammierung, siehe Seite 149. Daneben entwickelte sich parallel zur Benutzerberatung zusätzliche Kompetenz in der Numerik, die Christian Reinsch und Christoph Zenger auf Professuren an der TUM führten.

---

Die Entwicklung wurde nun planbarer und fortschreibbarer, wenn auch zunehmend stürmisch. Man konnte jetzt ingenieurmäßiger vorgehen und konsequent, basierend auf dem Gegenwärtigen,

[14] Die alte Eisenbahn-Tischplatte könnte noch heute irgendwo in einem über Herbert Ehler oder Ernst Graf zugänglichen Keller besichtigt werden.

mögliches Zukünftiges vorausahnen. So entstanden Denkschriften zur jeweiligen Situation, wie auch beispielsweise ÜRF-Anträge.

Um den Beginn der 1970er Jahre war die Einwerbung von Mitarbeitern weiterhin dringendst notwendig, nicht zuletzt wegen erster Wegberufungen — und mitgehender Mitarbeiter. Immerhin konnten bereits die ersten de-facto-Informatiker eingestellt werden, d.h. jene, die noch mit einem Diplom in Mathematik hatten abschließen müssen; siehe auch Seite 99.

---

Einer von diesen war **Reinhold Schroff**. Ursprünglich kam er aus einem Handwerksberuf, war aber bereits in Ulm in Richtung auf eine Ausbildung zum graduierten Ingenieur gegangen. In München wurde ihm 1966 ein Zugang zum TH-Studium möglich gemacht, in welchem er sich einer Gruppe um Günter Schorn und Stephan Heilbrunner anschloss. Gleich nach dem Diplom konnte er mit einem Stipendium — und einer bereits vierköpfigen Familie — 1970 in die USA an die Cornell-Universität gehen, um bei David Gries Parser-Generatoren zu entwickeln. Nach seiner Rückkehr arbeitete er bis zur Promotion 1974 bei Manfred Paul.

---

Im Mai 1969 begann **Wolfgang Bibel** am Institut zu arbeiten. Er übernahm bald die Zuständigkeit für den Sachetat und wurde 1973 Oberassistent. Aus der Mathematischen Logik kommend wandte sich sein Interesse der Künstlichen Intelligenz zu, die er an der TUM gegen Widerstände aufzubauen versuchte, ehe er 1988 nach etlichen Gastaufenthalten im Ausland und Professurvertretungen einen Lehrstuhl in Darmstadt übernahm.

---

Bauers Initiative ist es auch zu verdanken, dass weitere Mitarbeiter mit ungewöhnlichem Werdegang gewonnen werden konnten. Zum einen war dies **Ralf Steinbrüggen**, der 1958 in Mainz Mathematik studiert hatte und den Beginn von Bauer und Samelson dort erlebte. Bis zu seinem Diplom später in Hamburg wurde er sich über seinen weiteren Weg schlüssig: Er wandte sich der Theologie zu und wurde nach dem Studium an der Philosophisch-Theologischen Hochschule St. Georgen[15] in Frankfurt 1969 ordiniert. Auf halbem Weg dorthin nahm er brieflichen Kontakt zu seinem vormaligen Mainzer Lehrer Bauer auf, der sich durchaus an ihn erinnerte und einen Spaziergang durch den Wiesbadener Kurpark zur Klärung von Steinbrüggens Fragen anbot. In den anschließenden Gesprächen mit seinem Bischof konnte Steinbrüggen sich auf dieses Gespräch berufen. Es ging um die Frage, ob sich Seelsorge und Berufstätigkeit miteinander verbinden lassen. Bauer machte ihm ein Stellenangebot, das er, als es nach kurzer Kaplanstätigkeit soweit war, auch annahm. Er promovierte[16] bei Bauer, blieb mit uneingeschränkter kirchlicher Amtsbefugnis die nächsten 33 Jahre bis zum Ruhestand am Institut und schied als Pfarrer und Akademischer Direktor. Zusammen mit Manfred Broy verfasste er später das Buch [53]; siehe Seite 142.

Einige Zeit nach dem tragischen Tod von Bauers erster Ehefrau 1973 heiratete Bauer die langjährige Instituts-Mitarbeiterin Dr. Hildegard Vogg, Tochter seines ehemaligen Lehrer-Kollegen Karl Vogg in Pfarrkirchen, und bereits länger wie eine Tochter im Hause des Ehepaars Bauer verkehrend. Die Trauung zelebrierte Ralf Steinbrüggen in seiner Eigenschaft als Priester. Auch das Ehepaar Berghammer hat Steinbrüggen am 15.10.1983 getraut.

---

[15] eine private katholische Hochschule in jesuitischer Trägerschaft

[16] Dissertation Steinbrüggen 1976: *Algebraische Ausdrücke, Formen, Identitäten*

---

Der eben erwähnte Karl Vogg taucht noch in einem weiteren Zusammenhang wieder auf: **Konrad Penzkofer** stammte aus einer sehr ländlichen Region der Oberpfalz und würde es schwer gehabt haben, schulische Ausbildung über die Zwergschule hinaus zu erhalten. Es kümmerte sich schließlich der Maristenorden[17] um ihn und brachte ihn im Alter von 11 Jahren auf die ordenseigene Oberrealschule in Furth bei Landshut. Penzkofer entwickelte sich bei diesem Orden über Schule und Studium in Italien und Nordamerika zum Mathematiklehrer und wurde Maristenfrater. Als solchen setzte man ihn in den USA und in Japan ein. Schließlich löste er sich doch vom Orden und gründete, wieder in Deutschland, eine Familie. Er wurde 1972 Mathematiklehrer in Pfarrkirchen — zwar mit BA und MA, jedoch ohne nach hiesigen Regeln Referendar oder Assessor gewesen zu sein. Es ist zu vermuten, dass ihn der dort kurz zuvor noch in der Schulleitung amtierende Karl Vogg, ganz zufällig Schwiegervater von Bauer, an diesen empfahl. Als Personalchef stellte ich Penzkofer im März 1975 ein, und er war sofort ein bei den vielen Professoren und Dozenten, auch der Mathematik, allseits geschätzter Übungsleiter.

Jubiläum *300 Jahre Dualsystem* im März 1979: Karl Vogg und Klaus Samelson, sowie GS, NN, Eva Hammerschmid, Siegfried Pöppl, Werner Rüb, Karl Vogg, Konrad Penzkofer

Daneben hatte Penzkofer die Räume für die Tutorübungen einzuteilen; eine einfache Aufgabe, sollte man meinen. Das war es aber nicht, wegen des eklatanten Raummangels und durch die weiter rasant steigenden Studentenzahlen der Informatik. Man hatte mit ca. 100 Std. auszuweichen in Räumlichkeiten fremder Lehrstühle an LMU und TUM. Als entschieden wurde, die Fakultäten für Mathematik und für Informatik nach Garching umzusiedeln, mussten Anforderungen an die Räume und deren konkrete Ausstattung bestimmt werden — sowie die voraussichtlichen Gesamtkosten.

---

Zwar wurden jetzt schon oft eigene Absolventen für das Institut eingestellt; dennoch mussten immer wieder Mitarbeiter angeworben werden. Als einer der letzten traf im August 1977 **Walter Dosch**[18] ein. Er war bereits Studienrat und hatte sich als solcher für den Hochschuldienst beworben; ich erinnere mich noch gut an das damalige Bewerbungsgespräch. Sehr bald übernahm er auch viele der nach wie vor nötigen Vorlesungsvertretungen. Kurz nach seiner Promotion[19] berief man ihn auf eine Professur in Augsburg, ehe er einen Lehrstuhl an der Medizinischen Universität Lübeck erhielt.

---

[17] Maristen bilden den in Deutschland weniger bekannten drittgrößten katholischen Orden.

[18] ∗ 1947, † 2010

[19] Dissertation Dosch: *On a Typed Higher Order Functional Calculus*

## 5.7 Programmiermethodik und CIP

Die Initiative CIP *Computer-aided intuition-guided Programming* wird gemeinhin als besonders wichtige Leistung Bauers gesehen. Es gab seit 1975 eine relativ große Gruppe mit zwei Untergliederungen, die dafür arbeiteten.

... a recursive situation

Rekursion, wie Bauer sie seit Anbeginn klarzumachen pflegte

Die Grundidee dieses Projekts war brillant; sie ist schon dokumentiert in Publikationen von Darlington und Burstall. Zunächst hatte ich organisatorische Hilfe bei der Installierung der CIP-Gruppe geleistet. Die nächsten Nummern des unten abgebildeten Berichtsblattes Nummer 1 stammen von Zagler, Ströhlein, Pepper, Partsch, Wirsing, Hesse, Steinbrüggen, Erhard, etc.

Nach meiner Habilitation 1978 hatte ich viele neue eigene Vorlesungen zu halten und konnte mich nicht mehr so intensiv um CIP kümmern. Ich habe aber auch eine andere Linie verfolgt: Mir schien es nicht möglich, das CIP-Ziel auf der damaligen *Text*-Transformationsbasis zu erreichen. Ich mühte mich über viele Jahre, *Graph*-Transformationen zu nutzen, sowie Semantik und Bereichstheorie einzubringen.

Heute kann man sicherlich sagen, dass das CIP-Projekt eine außerordentliche Bedeutung für die Informatik in Deutschland hatte. Die Konzentration auf Programmiersprachen wie L0, usw. entsprach dem Münchner Stil, führte aber nicht weit genug. Die Gruppe, gesehen als Versammlung von Einzelkämpfern, brachte allerdings viele spätere Professoren hervor.

Es fehlte der algorithmisch denkende Werkzeugkonstrukteur. Den ursprünglich formulierten Transformations-Zielen sind wir aber wohl — wenn auch wenig wahrgenommen — in Gestalt von HOPS[20] am nächsten gekommen; siehe z.B. [55]. Fortgesetzt wurde dies durch Methoden der Graph-Strukturtransformation von Wolfram Kahl.

[20] *Higher Order Programming System*

CIP

Band 1 CIP - Projektführung

Kapitel 2 CIP - Fortgang

Abschnitt 1 CIP - Notizen Nr. 1

Schmidt - 75 - 08 - 21

Teilnehmer: Prof. Samelson, Hill, Partsch, Riethmayer, Pepper, Brückner, Zagler, Schmidt, Wössner

Ort: Besprechungsraum 2213

Zeit: Do. 21.8.75 $13^{15}$ - $14^{15}$

Es wurde über einige Möglichkeiten zur Förderung der Kohärenz der CIP - Gruppe gesprochen:

1. Beabsichtigt ist, zwischen dem nur noch ad hoc einzuberufenden CIP-Plenum und den konkreten Arbeitsgruppen eine routinemäßige Informationsebene zu etablieren. Vorerst treffen sich am

   26.8.75 $9^{15}$ - $10^{00}$ im Raum 2213 unter dem Stichwort "Theorie":
   Wössner, Pepper, Hesse, Brückner, Wirsing, Ströhlein, Zagler, Gnatz, Schmidt

   18.9.75 $9^{15}$ - $10^{00}$ im Raum 2213 unter dem Stichwort "System":
   Hill, Panzer, Partsch, Riethmayer, Erhard, Geiselbrechtinger, Gnatz, Steinbrüggen, Schmidt.

   sowie Prof. Bauer und Prof. Samelson und ggf. diejenigen, welche sich ungenau eingeordnet finden.

2. In den kommenden Routinebesprechungen wird u.a. versucht werden,
   - die CIP-fremden Belastungen der einzelnen Mitarbeiter zu erfassen,
   - einen CIP-förderlichen Einsatz der Mitarbeiter im Lehrbetrieb zu erreichen.

3. Mit Unterstützung der neu einzustellenden CIP-Sekretärin soll in Anlehnung an die SFB-Dokumentationsrichtlinien ein CIP-Dokumentationsschema angelegt werden. (siehe auch obige Übung in Kalligraphie!)

4. Mit Unterstützung der CIP-Sekretärin soll das bereits diskutierte System der Literaturversorgung eingerichtet und ausgebaut werden.

5. Eine Reihe von CIP-Mitarbeitern sind noch nicht in der GI!

Schmidt

Frühestes CIP-Protokoll

Wie man sieht, war in diesen frühen Protokollen — anders als es das nachfolgende Foto der CIP-Kollegen von 1988 suggerieren könnte — noch nicht die Rede von Manfred Broy, der erst später prägend hinzutrat.

Bernd Krieg-Brückner, Werner Meixner, Alexander Horsch, Peter Pepper, Breu(?), Walter Dosch, Lichtmannegger, Bernhard Möller, Rudolf Berghammer, Robert Obermeier, FLB, ??, Manfred Broy, Otto Paukner, Thomas Matzner, Martin Wirsing, Carlos Delgado-Kloos, Herbert Ehler, Rupert Gnatz, Helmuth Partsch

Vor allem zwei Effekte kann man der CIP-Unternehmung nachsagen: Eine Generation junger Mitarbeiter wurde mit Methoden der abstrakten Datentypen infiziert ... und viele später in Amt und Würden gekommene Professoren generiert:

- Helmuth Partsch wurde Professor in Ulm und war dort lange Vizepräsident
- Martin Wirsing wurde Professor in Passau und an der LMU und ist dort sogar über seine Emeritierung hinaus der „Vizepräsident Lehre"
- Peter Pepper wurde Professor in Berlin; dort wurde er einmal in der Presse als Präsidentschaftskandidat vorgestellt — ohne letztlich als Bewerber anzutreten.
- Bernd Krieg-Brückner wurde Professor in Bremen
- Wolfgang Hesse wurde Professor in Marburg und Mit-Herausgeber des Informatik-Spektrums
- Franz Geiselbrechtinger (†), mit einer Irin verheiratet, wurde Senior Lecturer an der UCD School of Computer Science in Dublin
- Carlos Delgado Kloos, Professor in Madrid
- Manfred Broy, Professor in Passau und an der TUM, Präsident des Zentrums Digitalisierung in Bayern
- Rudolf Berghammer, Professor in Kiel
- Walter Dosch (†), Professor in Augsburg und in Lübeck
- Bernhard Möller, Professor in Augsburg

Das vielzitierte Ergebnis der CIP-Aktivitäten waren die entsprechenden Sprachberichte [54, 23, 24]. Auch hier zeigte sich wieder Bauers graphischer Impetus. Da der vorhergehende Institutsbericht in das Jahr 1984 fiel, bot sich an, auf George Orwell und dessen Roman „1984“[21] zu verweisen.

[21] Wikipedia: Orwell begann mit der Verfassung des Buches im Jahr 1946 während seines Aufenthaltes auf der Insel Jura vor der Küste Schottlands und stellte es Ende 1948 fertig. Der Titel enthält den Zahlendreher des Jahres 1948 zu 1984 als Anspielung auf eine zwar damals noch fern erscheinende, aber (ähnlich wie Orwells vorangegangener Roman *Animal Farm*) doch eng mit der damaligen Gegenwart verknüpfte Zukunft.

## 5.8 Abteilungsseminar

In etwa derselben Zeit veranstaltete ich seit April 1970 über 10 Jahre das, was ich je nach Stand der Hochschulreformen als Abteilungs-, Instituts-, Fachbereichs- bzw. Fakultätsseminar zu bezeichnen hatte. Ich schaute herum, wer von Kollegen, Mitarbeitern oder Gästen des Instituts tunlichst einmal über seine Arbeit vortragen sollte. Die schriftlichen Einladungen zu diesen Vorträgen landeten bei mir in einer Kiste, und später habe ich sie wegen ihres Erinnerungswertes nicht weggeworfen. Die folgende Liste zeigt einige, hier einschlägige, dieser Vorträge und gibt eine Vorstellung von jener Aufbruchstimmung, die die Informatik in München *aus Mathematik und Numerik heraus* beflügelte. Noch jetzt beeindruckt mich, wie viele der Vortragenden zu Professoren wurden oder anderweitig Karriere machten, und wie breit gestreut unsere Interessen waren.

---

17.11.1970 Christian Reinsch
Rationale $Q$-$R$-Transformation bei symmetrischen Tridiagonalmatrizen
*Später Professor für Mathematik an der TUM*

---

24.11.1970 Klaus Lagally
Die Sprache PS 440 — ein Hilfsmittel zur Systemprogrammierung
*Später Professor für Informatik an der U Stuttgart*

---

01.12.1970 Rudolf Zirngibl
Die Infinitesimalrechnung bei Jakob I Bernoulli
*Später über 2 Jahrzehnte Oberstudiendirektor am Starnberger Gymnasium*

---

08.12.1970 Jozef Mikloško
Stabilität der Berechnung der rekurrenten Relationen
und linearen Gleichungen mit Bandmatrizen
*Später Stellvertretender Ministerpräsident der Slowakei*

---

12.01.1971 Heinz Schecher †
Die Verwendung von Assoziativspeichern in elektronischen Rechenanlagen
*Damals Professor für Technische Informatik an der TUM*

---

02.02.1971 Stephan Braun
Strukturierte Symbole in formalen Sprachen
*Später Professor für Informatik an der UniBw*

---

28.05.1971 Richard Bartels
Schwierigkeiten mit dem CG Verfahren für nichtlineare Minimierung
*Gast aus den USA — siehe u.a. seine Beiträge in [145], sowie Seite 138*

---

25.06.1971 Walter Gautschi
Zur Numerik rekurrenter Relationen
*renommierter Gast, Professor in Zürich*

---

02.07.1971 Walter Gautschi
Zur Konstruktion Gaußscher Quadraturformeln
*siehe auch Seite 138*

---

13.02.1972 Michael Hirsch
KLEX, eine zeichengeräteunabhängige Zwischensprache für graphische Ausgabe

---

30.01.1973 Bernd Krieg
$S_0$ — Eine Implementierungssprache für den TR 86
*Später Professor für Informatik an der U Bremen*

05.06.1973 Doris Maison †
SCHOONSHIP — eine Symbolmanipulationssprache für Physiker

13.11.1973 Gerda Schott
Die automatische Deflexion als Mittel zur Verarbeitung von Texten

20.11.1973 Stephan Heilbrunner †
Unendliche Zeichenreihen
*Später Assistenzprofessor an der UniBw*
*und Professor für Informatik an den Universitäten Dortmund und Salzburg*

04.12.1973 Jan Madey
A survey of results in grammatical inference
*Später Informatikprofessor in Warschau; oft an McMaster Univ., Hamilton, Ontario*

22.01.1974 Peter Deuflhard †
Numerische Lösung von schlechtkonditionierten nichtlinearen Zwei-Punkt-Randwert-Aufgaben
*Später Prof. Dr. Dr. h.c., Präsident des Konrad-Zuse-Instituts Berlin;* *siehe Seite 47*

05.02.1974 Thomas Ströhlein
Einige Aspekte beim Stundenplanproblem
*Später Akademischer Direktor in der Informatik der TUM*

19.02.1974 Wolfgang Hesse
Programmieren in $L_0$ — eine praktische Einführung
*Später Professor an der U Marburg und LMU; Mitherausgeber Informatik-Spektrum*

14.05.1974 Paul Frederickson
Fast Approximate Inversion of Large Elliptic Systems
*Amerikanischer Gast*

25.06.1974 Bernd Krieg
Über Coroutinen und ihre rekursive Anwendung
*Später Professor für Informatik an der U Bremen*

23.07.1974 Reinhold Schroff
Totale Verklemmungen in Petrinetzen und ihre Vermeidung

26.11.1974 Fred Kröger
Eine Erweiterung der klassischen Aussagenlogik um algorithmische Konzepte
*Später Professor für Mathematik an TUM und LMU*

03.12.1974 Richard S. Varga
Rational Approximations of Certain Entire Functions, Gershgorin and Gudkov Eigenvalue Inclusion Regions
*Prominenter amerik. Gast; apostrophierte sich auch als* $\mathcal{R}\int\sqrt{\text{arg }\alpha}$*;* *siehe S. 91,92,157*

17.12.1974 Birge Zimmermann
Endomorphismenringe von Selbstgeneratoren
*Später Mathematik-Professorin an U Passau, U of Utah, U of Calif. at Santa Barbara*

21.01.1975 Bryan Cain
A Two Color Theorem for Analytic Maps in $R^n$
*Später Professor an der Iowa State University, Ames*

28.01.1975 Vitali Lvov
Randwertaufgaben aus der Mathematischen Physik in Gebieten mit kompliziertem Rand

Fachbereich Mathematik
der TU München

München, den 15. Nov. 1976/mi
verschickt: 18.11.76
mix

E i n l a d u n g

Im Rahmen des Fachbereichsseminars spricht Herr Jürgen Janas.

Thema: "Automatische Wortartbestimmung in Texten englischer Sprache."

Ort: Raum S 4438

Zeit: Dienstag, 23.11.1976, 14 Uhr c.t.

Gunther Schmidt

Fachbereich Mathematik
der TU München

München, den 7.12.1976/mi
verteilt: 8.12.76/mix

E i n l a d u n g

Im Rahmen des Fachbereichsseminars spricht Herr Dietrich W. Paul.

Thema: "Von einer kontextfreien Grammatik induzierter stochastischer Prozeß und Wahrscheinlichkeitsmaße."

Ort: Raum S 4438, Barer Straße 23 (TU-Südgelände)

Zeit: Dienstag, 14. Dezember 1976, 14 Uhr c.t.

Gunther Schmidt

Bezug zur UniBw: Einladungen zu den Vorträgen von
Jürgen Janas (†) und Dietrich „Piano“ Paul im Fachbereichsseminar an der TUM

27.05.1975 Gerda Schott
Automatisches Indexieren beliebiger Fachtexte auf linguistischer Grundlage

10.06.1975 Christoph Zenger
Über konvexe Mengen regulärer Abbildungen
*Später Professor an UniBw und TUM, Dr. h.c. mult., Akademiemitglied*

15.07.1975 Bryan Cain
Neue Ergebnisse in der Trägheitstheorie von Matrizen und Operatoren
*Später Professor an der Iowa State University, Ames*

11.11.1975 Mila Majster
Erweiterte gerichtete Graphen, ein Modell für Datenstrukturen
*Später Professorin an der U Mannheim und LMU München*

18.11.1975 Wolfgang Werner
Eine effiziente Methode zur numerischen Behandlung von Systemen parabolischer Differentialgleichungen (1.Teil)

25.11.1975 Anselm Schäfer
Eine effiziente Methode zur numerischen Behandlung von Systemen parabolischer Differentialgleichungen (2.Teil)

16.12.1975 Richard Henn
Deterministische Modelle für die Prozessorzuteilung in einer harten Realzeitumgebung
*Später Chef der GPP Communication GmbH & Co. KG*

03.02.1976 Ludwig Zagler †
Grundlegende Konzepte schachspielender Programme
*Später Akademischer Direktor an der TUM;* siehe Seite 78

24.02.1976 Ralf Steinbrüggen
Eigenschaften algebraischer Ausdrücke
*Später Akademischer Direktor an der TUM;* siehe Seite 116

18.05.1976 Ernst-Wolfgang Dieterich
Grobstrukturen kontextfreier Grammatiken
*Später Professor an der FH Ulm*

16.11.1976 Wolfgang Hesse
Vollständige formale Beschreibung von Programmiersprachen mit zweischichtigen Grammatiken
*Später Professor an der U Marburg und LMU; Mitherausgeber Informatik-Spektrum*

23.11.1976 Jürgen Janas †
Automatische Wortartbestimmung in Texten englischer Sprache
*Später Professor für Informatik an der UniBw*

07.12.1976 Joachim Schreiber
Der gegenwärtige Stand der Programmverifikation
*Später Professor der Informatik an der FH Schmalkalden*

14.12.1976 Dietrich W. Paul
Von einer kontextfreien Grammatik induzierter stochastischer Prozess und Wahrscheinlichkeitsmaße
*Später Mitarbeiter an der UniBw und der „Piano Paul“ — ein Klavier-Kabarettist*

14.02.1978 Knut Ripken
Formale Beschreibung von Maschinen und optimierender Maschinencodeerzeugung
*Später Gründer und Chef der ASHVATA SAS in Paris;* siehe Seite 112

---

21.02.1978 Ernst Mayr

Das Inklusionsproblem für endliche Erreichbarkeitsmengen von Petrinetzen

*Später Professor in Stanford, an der U Frankfurt und der TUM, Akademiemitglied*

---

27.11.1979 Peter Meinen

Bericht über das Internat. Symposium 1979 on Computer Hardware Description Languages

---

13.01.1981 Manfred Broy

Zur algebraischen Spezifikation der Semantik von Programmiersprachen

*Später Professor an der U Passau und der TUM, Dr. h. c., Akademiemitglied*

---

20.01.1981 Bernd Krieg-Brückner

Vergleich von Programmiersprachen durch Transformation und Übersetzung auf Quellensprachenebene am Beispiel FORTRAN, Pascal, Ada

*Später Professor für Informatik an der U Bremen*

Kleine Auswahl von München-stämmigen Informatik-Professoren
beim 60. Geburtstag von Wilfried Brauer am 7. November 1997:
Zenger, Lehmann, Paul, Eickel, Hahn, Bauer, Goos, Schmidt, Broy, Dosch, Möller, Hesse

Neben den bisher genannten fallen mir noch folgende Professoren ein, die damals in München begannen: Peter Deussen und Gerhard Goos (später Professoren in Karlsruhe), Peter Kandzia (später Professor in Saarbrücken und Kiel), Horst Langendörfer (später Professor in Braunschweig, †), Hans Langmaack (später Professor in Saarbrücken und Kiel), Helge Scheidig (später Professor in Saarbrücken), Henner Kröger (später Professor in Gießen), Manfred Sommer (später Professor in Marburg), Theodor Tempelmeier (später Professor an der FH Rosenheim), Gerhard Heindl (Professor an der Bergischen Universität — Gesamthochschule Wuppertal), Eberhard Kaniuth (Professor in Paderborn, †), Wilfried Hauenschild (Professor in Paderborn), Hans Joachim Oberle (Professor U Hamburg), Hans Josef Pesch (Professor U Bayreuth), Rüdiger Seydel (Professor U Köln), Wolfgang Bibel (Professor U Darmstadt), Gudrun Falkner (Professorin FH Stralsund), Harald Ganzinger (Professor U Saarbrücken, †), Werner Kießling (Professor U Augsburg), Bernhard Möller (Professor U Augsburg), Bernhard Seiler (Professor FH Furtwangen, †), Eckart Deutsch (Professor FH Berlin).

## 5.9 Widrigkeiten

Die Entwicklung der Münchner Informatik ging nicht zu allen Zeiten so geradlinig vor sich wie es rückblickend erscheinen mag. Gleich auf den Start folgte ja das vielzitierte Jahr 1968.

Der tradierte Respekt vor Professoren verfiel, Sit-ins wurden Mode, das Betreten eines Hörsaals gestaltete sich für den Professor gelegentlich als Spießrutenlaufen und „unter den Talaren lag der Muff von 1000 Jahren". Von Klaus Samelson ist bekannt, dass er — normalerweise eher unkonventionell und wenig förmlich — sich erst jetzt den bisher für durchaus entbehrlich gehaltenen Talar zulegte. Bauer und andere marschierten geradeaus in den Hörsaal — selbst wenn ein Seil gespannt oder eine Papierwand zu zerreißen war.

---

Einmal wurde vielleicht sogar versucht, das Institut zu unterwandern. Jedenfalls sammelte ein Mitarbeiter „Solidarität", schon *bevor* seine BAT-gemäße Probezeit[22] abgelaufen war. Die Kündigung innerhalb der Probezeit versuchte er mit Hilfe der damals mächtigen GEW (Gewerkschaft Erziehung und Wissenschaft) als politisch motivierte Kündigung anzugreifen. Formaljuristisch gab es überhaupt keine Frage — schließlich handelte es sich um eine Kündigung in der Probezeit. Wichtig war dennoch, keine kampagnenträchtige Affäre entstehen zu lassen. So kam es im Mai 1973 zu einer vielstündigen Unterredung mit Rektor Grigull, dem personalseitig den Kanzler vertretenden RegDir. Schmid, F. L. Bauer, Gunther Schmidt und dem Anwalt des betreffenden — letzterer in mehr oder weniger direkter Telefonschaltung mit der GEW-Zentrale. Einen vollen Arbeitstag lang wurde verhandelt; dann war die Sache abgehakt. Agitationsmäßig gab sie nichts her, wenngleich mehrfach versucht wurde, Honig daraus zu saugen.

---

Die Sommerschulen in Marktoberdorf,[23] heute weltweit renommiert, hatten 1970 einen schwierigen Start. Anti-Amerikanismus war Mode, und *Elite*, oder gar *Elite-Förderung*, hatte dem fortschrittlichen Menschen als suspekt zu gelten. Gut 20 Jahre waren nötig, um Elite als zukunftsträchtig gepriesen zu hören und damit für eine Massenagitation unangreifbar. Der Beginn der Ferienakademie, erstmals 1984, war ebenfalls noch durch studentische Anti-Elite-Aktivitäten[24] belastet, die man sich heute nicht mehr vorstellen kann.

Das Zeitalter des Sit-in traf München nicht so direkt wie die anderen Universitäten. Dagegen musste in den Augen einiger[25] etwas getan werden. Wenn schon die Münchner Studenten kein Sit-in veranstalten, dann doch bitte wenigstens solche aus „fortschrittlicheren" Städten. So wurde 1970 eines im Hörsaal neben dem goldenen Engel an der Ecke Gabelsberger/Luisenstraße angekündigt.

Dem Aufruf nach galt es, Militärforschung — quasi in direkter Nachfolge des Dritten Reiches — zu verhindern, die im Institut für Mathematik vorgesehen sei. So etwas zu verhindern war nun allerdings *allen* im Institut ein Herzensanliegen. So kamen auch *alle*, Sekretärin wie Professor oder Mitarbeiter. Geschickt wurde die drohende Kulisse einer Militärforschung aufgebaut, wozu

[22] Weniger begeisternde Leistungen schien er sich wohl innerlich einzugestehen.

[23] erstmalig 19.–30.07.2071, sogar noch vor der ersten GI-Jahrestagung!

[24] Ein Teilnehmer wurde sogar extra zur Beobachtung eingeschleust. Hinterher berichtete er darüber in einer Studentenpostille: er fand die Ferienakademie recht nett und nicht zu beanstanden.

[25] Vermutlich waren das diejenigen, deren Spendenbereitschaft für die Aufrechterhaltung der Unmenge von Marxismus-Leninismus-Informationsständen an den Hochschulen 1989 so abrupt auf Null gesunken ist.

Lesungen von Texten dienten. Manche hätte man sicherlich unterschreiben können, wo immer sie Schlimmes ablehnten. Andere sollten das Institut in den Geruch des Inkriminierten stellen. In dieser Mischung war das infam. Wie kann man aber in einem übervollen Hörsaal Nuancen einer vorsätzlich in unsachgemäßen Zusammenhang gestellten Argumentation zurechtrücken? Die ganze Veranstaltung diente dazu, die Informatik — resp. FLB persönlich als „NATO-Bauer" — anzugreifen.

Der Sprecher war gut gewählt. Das tief innerliche Engagement nahm man ihm ohne weiteres ab. Er war minimal sprachbehindert, was seine Botschaft eher stützte als hinderte. Er zitierte aus einem Heft.

Irgendwann wurde auch etwas als Zitat von Bauer verlesen. Wer wusste schon, wer an der diffizilen Trennlinie wann was gesagt hatte? Nach einer Minute der Ruhe hechtete FLB über den gewaltigen Experimentiertisch und griff sich das Heft des Vorlesers: „Das habe ich niemals gesagt!" Der Sprecher konterte: „Hier steht das aber!" Schon das wirkte nicht mehr so ganz authentisch. Dann gab es eine kleine Argumentation zwischen beiden, die damit endete, dass der Sprecher verkündete: „... aber hier drei Seiten davor, das stammt doch von Ihnen!" Damit war das Sit-in im Wesentlichen geplatzt. Derartige Rollkommandos sind danach übrigens niemals wieder aufgetaucht.

## 5.10 Weiterer Ausbau

Wie gewaltig die Tochter Informatik in der öffentlichen Wahrnehmung und im Personalbedarf über die Mathematik emporgeschossen ist, weiß heute jeder. Ohne zu ahnen, wie geeignet es wäre, das eben genannte Mutter/Tochter-Verhältnis zu beschreiben, machte der sehr bekannte Physiker Walther Gerlach 1968 einen Text Johannes Keplers [67, 68] publik — durchaus charakteristisch für Keplers Art, sich sympathisch plakativ auszudrücken:

*Astronomie und Astrologie haben doch eine „Verwandtschaft oder Schwägernschaft". „So ist wohl diese Astrologie ein närrisches Töchterlein — aber lieber Gott, wo wollte ihre Mutter, die hochvernünftige Astronomie bleiben, wenn sie diese ihre närrische Tochter nicht hätte" ... „Es sind doch sonst Gehälter für Mathematiker so selten und klein, dass die Mutter ja Hunger leiden würde, wenn die Tochter nichts erwürbe" und noch schärfer: „die Hure Astrologia müsse die ehrsame Astronomia ernähren".*

In seiner typischen Art, Dinge treffend herauszuheben, nahm Bauer dies baldigst auf:

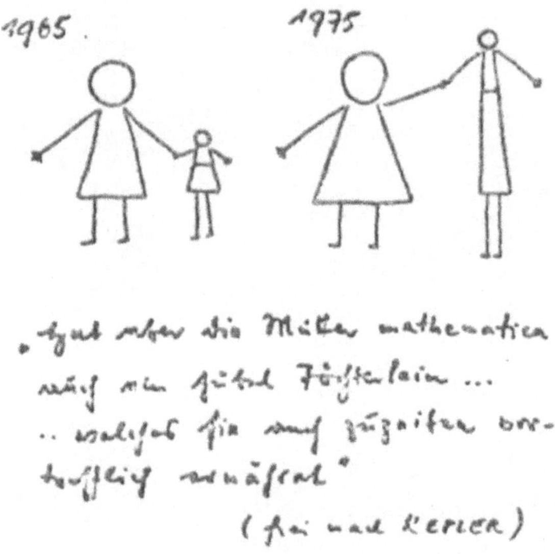


Gut vierzig Jahre danach dürfen wir uns Gedanken machen, was Bauer damals zu der Zeichnung veranlasst haben könnte; gewiss meinte er nicht, dass Mathematiker „großkopfert" seien und Informatiker „schmalbrüstig".

## 5.11 Schulunterricht in Informatik

Schon sehr früh begann die Münchner Informatik in den Schulbereich auszustrahlen. Dies lief vielfach über Jürgen Eickel; er wurde 1973 vom GI-Ausschuss für Ausbildung beauftragt, in einem Unterausschuss deren Ziele und Inhalte zu definieren. Als Ergebnis entstanden die ersten öffentlichen Empfehlungen der GI, die eine gewisse Normierung in Deutschland bewirkten. Sie wurden im Zentralblatt der Didaktik der Mathematik veröffentlicht — das Informatik-Spektrum existierte damals ja noch nicht.

Aktivitäten gab es auch in München. Um 1970 starteten ALGOL-Kurse für Lehrer an der PERM, gegeben von Deussen, Eickel und Paul. Ebenfalls 1970 begann ein Kurs der Bayerischen Staatskanzlei für die Verwaltungsführung höherer Beamter. Es gab Lehrerfortbildungen in Dillingen durch Eickel und Paul, sowie bis 1990 Fortbildungen an der TU.

Fortbildungslehrgang für Beamte des höheren Dienstes

Seminar "Einführung in das mathematische Denken"

Zeit: 9. November 1970 - 17. Dezember 1970

Ort: Bezirksfinanzdirektion, Alexandrastr. 3

| | | | | |
|---|---|---|---|---|
| 1. | Bauer | Einführung: Mathematik und Wirklichkeit | 9.11. | 10.45 - 12.45 |
| 2. | Deussen | Logik | 13.11. | 10.45 - 12.45 |
| 3. | Zenger | Angewandte Mathematik und Unternehmensforschung | 23.11. | 10.45 - 12.45 |
| 4. | Baumann | Angewandte Mathematik und Ingenieurwissenschaften | 30.11. | 10.45 - 12.45 |
| 5. | Paul | Programmierung I | 4.12. | 10.45 - 12.45 |
| 6. | Paul | Programmierung II | 7.12. | 10.45 - 12.45 |
| 7. | Eickel | Programmierung III | 11.12. | 10.45 - 12.45 |
| 8. | Schecher | Aufbau und Wirkungsweise von Rechenanlagen I | 14.12. | 10.45 - 12.45 |
| 9. | Peischl | Aufbau und Wirkungsweise von Rechenanlagen II | 15.12. | 8.30 - 10.30 |
| 10. | Seegmüller | Organisationsformen und Betriebsweisen von Rechenzentren | 17.12. | 8.30 - 10.30 |

Dann waren die ersten Lehrpläne und Prüfungsordnungen für das Lehramt zu erstellen; Informatik als dritte FACULTAS. In dem entsprechenden Ministerial-Ausschuss wirkten Seegmüller und Eickel mit. Parallel entstanden bereits entsprechende Unterrichtsmaterialien, z.B. in Gestalt des Lehrbuches von Bauer und Weinhart ([34], siehe Seite 150), sowie der von Weinhart herausgegebenen Handreichungen ([141], ebenfalls Seite 150).

Im Vorwort von deren Vorläufer [140] schreibt Karl Weinhart: *An den Hochschulen ist man noch bemüht, begrifflich und terminologisch ein Gerüst für die Informatik aufzubauen; eine synoptische Auffassung bildet sich erst heraus. Es stellt ein Novum dar, daß eine Wissenschaft in der Schule eingeführt wird, bevor eine Abklärung auf den Hochschulen erreicht ist.*

## Inhaltsverzeichnis



Inhaltsverzeichnis der Handreichungen ([141], Seite 150)

Auch ein Lehrplan für die Berufsoberschulen (BOS) mit Ausbildungsrichtung Technik und Gewerbe wurde mit Hilfe von Eickel und Zirngibl am Staatsinstitut für Schulpädagogik München erarbeitet. Es handelte sich bei Abschluss im Sommer 1976 wohl um die ersten Lehrpläne dieser Art, sogar noch vor den zuvor erwähnten für die Gymnasien. Von Zirngibl stammen darin die umfangreichen Handreichungen [147].

# 6 Publikationen

Gesammelt werden sollen hier einige von Institutsmitgliedern der ersten Stunde geschriebene, herausgegebene oder übersetzte Bücher sowie entsprechende Zeitschriften. Da sind zunächst wenige aus den 1950er Jahren zu nennen. Dann ist es interessant zu verfolgen, wie Sauer und später Bauer nicht nur *Bücher* schrieben, (mit)herausgaben oder anregten, sondern *Buchreihen.*

## 6.1 Grundlehren

Hochberühmt sind seit 1921 die *Grundlehren der mathematischen Wissenschaften* des Springer-Verlags, oder einfach die *Gelbe Reihe.* Es ist Geschichte, wie sich zwischen dem Verleger und den wichtigeren Mathematikern eine Symbiose herausbildete. Diese Bände waren in Satztechnik und Einband hervorragend[1] ausgestattet. Heute ist die Verlagstätigkeit eine werbungsdominierte Angelegenheit: Wenn der Autor eines Mathematik-Textes den Satz erledigt hat, gibt der Verlag das Projekt mit Anweisungen zum Layout an Setzer in einem Billig-Lohn-Land. Die bringen mit einem neuem Font den Umbruch und die Numerierung durcheinander, was der Autor mathematischer Texte mühsam wieder zurecht zu rücken hat. Druck und Vermarktung erledigen in der Tat die Verlage.

**1952** [101]

Sauer, R. *Anfangswertprobleme bei partiellen Differentialgleichungen*, Bd. 62, *Grundlehren der mathematischen Wissenschaften – In Einzeldarstellungen.* Springer-Verlag, 1952. ISBN 3-642-85597-9.

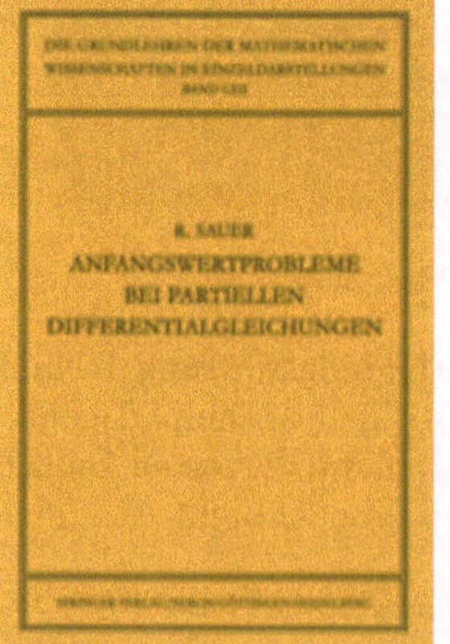

**1954** [2]

Aumann, G. *Reelle Funktionen*, Bd. 68, *Grundlehren der mathematischen Wissenschaften – In Einzeldarstellungen.* Springer-Verlag, 1954. ISBN 978-3-662-42636-4.

[1] Nach der schlimmen „Fixed-Width-Phase“ mit Kugelkopf-Schreibmaschinen konnte dieses Niveau erst seit dem Ende der 1980er Jahre mit dem System TeX von Donald Knuth wieder erreicht werden.


G. Schmidt, *Rückblick auf die Anfänge der Münchner Informatik*, Die blaue Stunde der Informatik, https://doi.org/10.1007/978-3-658-28755-9_6

Sauer hatte bereits mehrfach bei Springer publiziert, auch in der Gelben Reihe; ebenso in den 1950er Jahren Aumann, schon bevor er an die TH München wechselte. Die „Anfangswertprobleme“ erlebten ihre 2. Auflage schon 1958, die „Reellen Funktionen“ erst 1969:

**1958** [102]

Sauer, R. *Anfangswertprobleme bei partiellen Differentialgleichungen*, Bd. 62, *Grundlehren der mathematischen Wissenschaften – In Einzeldarstellungen.* Springer-Verlag, 1958. 2. Auflage.

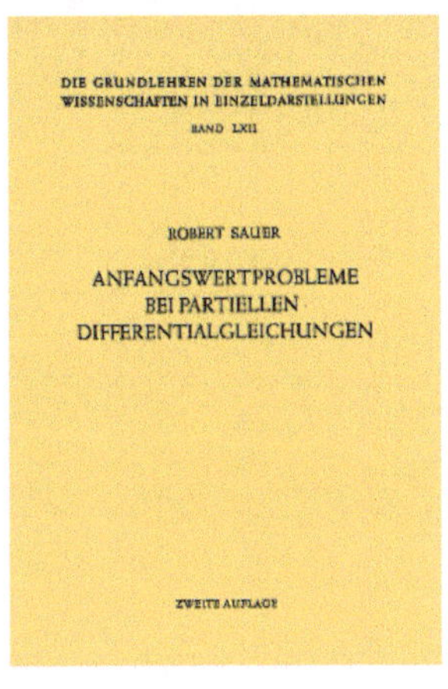


**1969** [3]

Aumann, G. *Reelle Funktionen*, Bd. 68, *Grundlehren der mathematischen Wissenschaften – In Einzeldarstellungen.* Springer-Verlag, 1969. 2. Auflage.

In diese Grundlehren wurden durch Sauer, Bauer und Samelson als Sub-Serien eingepasst:

— *Mathematische Hilfsmittel des Ingenieurs*
- I: Band 139 (1967) [105],
- II: Band 140 (1969) [107],
- III: Band 141 (1968) [106],
- IV: Band 142 (1970) [108],

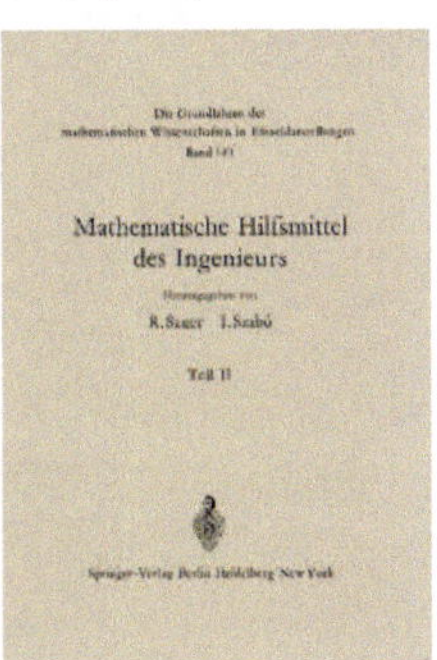

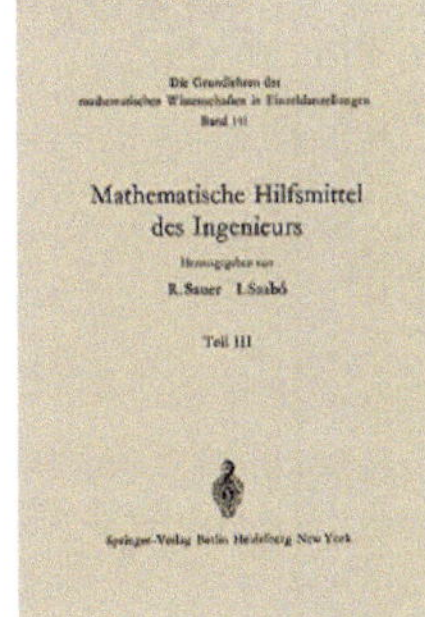

— *Handbook for Automatic Computation*
- Ia: Band 135 (1967) [95],
- Ib: Band 137 (1967) [72],
- II: Band 186 (1971) [145].

Von ersteren war hier bereits auf Seite 20 ausführlicher die Rede. Zum *Handbook* erläutert [15] den historischen Hintergrund.

Man erkennt erneut, wie die Numerik die entstehende Informatik begleitend stützte.

**1967** [95]

RUTISHAUSER, H. *Description of* ALGOL *60*, Bd. 135, *Grundlehren der mathematischen Wissenschaften – In Einzeldarstellungen.* Springer-Verlag, 1967. 323 Seiten; Handbook for Automatic Computation Bd. 1a. (Hrsg. F. L. Bauer, H. Rutishauser, A. S. Householder, F. W. J. Olver, K. Samelson, E. Stiefel)

**1967** [72]

GRAU, A. A., HILL, U., UND LANGMAACK, H. *Translation of* ALGOL *60*, Bd. 137, *Grundlehren der mathematischen Wissenschaften – In Einzeldarstellungen.* Springer-Verlag, 1967. 397 Seiten; Handbook for Automatic Computation Bd. 1b; Chief editor: Klaus Samelson.

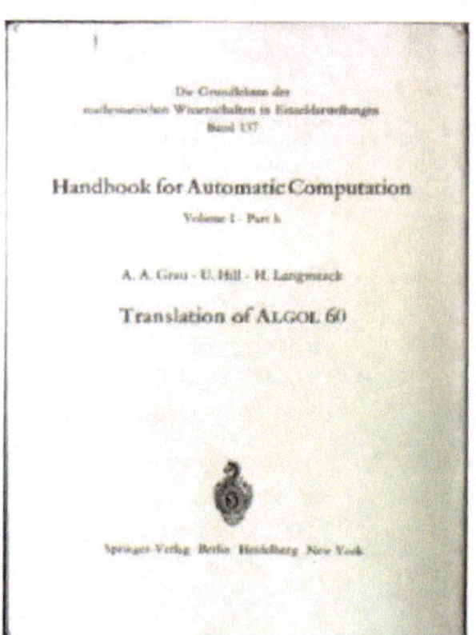


Diese reinen ALGOL-Titel zur Sprache und zu deren Übersetzung wurden fortgesetzt mit solchen zur Numerik — weitestgehend unter Nutzung von ALGOL. Vielleicht sollte man gerade an dieser Schnittstelle einstreuen, dass Wilkinson Heinz Rutishauser[2] gelegentlich als das „algorithmische Genie" bezeichnet haben soll.

**1971** [145]

WILKINSON, J. H., UND REINSCH, C. *Linear Algebra*, Bd. 186, *Grundlehren der mathematischen Wissenschaften – In Einzeldarstellungen.* Springer-Verlag, 1971. 439 Seiten; Handbook for Automatic Computation Bd. II; Chief editor: F. L. Bauer.

**1971** [145]

⟵ Innentitel hierzu mit Chief editor F. L. Bauer

[2] * 30.01.1918, † 10.10.1970 — 2018 war sein hundertstes Geburtsjahr!

An den Innentiteln erkennt man, dass Bauer zumeist als Herausgeber auftrat. In die Gelbe Reihe kam auch noch der Band 163, jedoch nicht als Teil einer Sub-Reihe. Als Verbindungsglied zu ihm kann man den Band 44 der Heidelberger Taschenbücher anschließen, zwischen 1966 und 1969 von Gerhard Goos an der TH München übersetzt — womöglich noch bevor Christian Reinsch in engeren Kontakt zu Wilkinson trat.

**1969** [144]

WILKINSON, J. H. *Rundungsfehler*, Bd. 44, *Heidelberger Taschenbücher*. Springer-Verlag, 1969. 208 Seiten; engl. Original von 1963 übersetzt durch G. Goos.

**1970** [136]

STOER, J., UND WITZGALL, C. *Convexity and Optimization in Finite Dimensions I*, Bd. 163, *Grundlehren der mathematischen Wissenschaften - In Einzeldarstellungen*. Springer-Verlag, 1970.

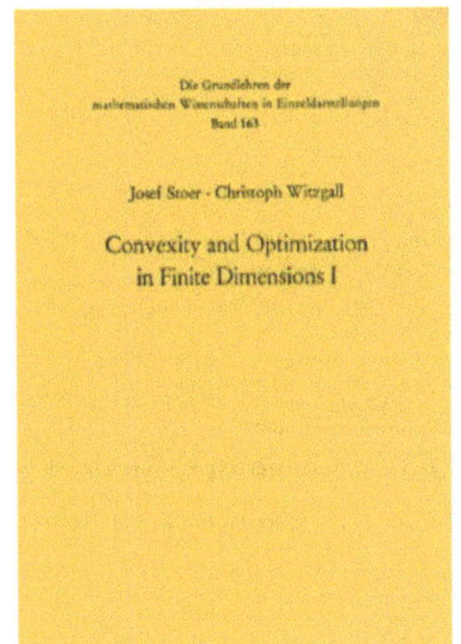


## 6.2 Heidelberger Taschenbücher

Kurz nach Beginn des Studienganges *Informatik* erschienen die wegweisenden, das neue Gebiet erschließenden Lehrbücher [29, 30] von 1971. Für sie war wieder eigens eine Sub-Reihe *Sammlung Informatik* der Heidelberger Taschenbücher etabliert worden, mit den Herausgebern Friedrich L. Bauer und Manfred Paul, sowie später auch Gerhard Goos. In gewisser Weise sollte wohl die Gelbe Reihe mit der Sammlung Informatik in das Taschenbuchformat hinein fortgesetzt werden.

**1971** [29]

Bauer, F. L., und Goos, G. *Informatik, Eine einführende Übersicht, Erster Teil*, Bd. 80, *Heidelberger Taschenbücher — Sammlung Informatik.* Springer-Verlag, 1971. ISBN 3-540-05303-4.

**1971** [30]

Bauer, F. L., und Goos, G. *Informatik, Eine einführende Übersicht, Zweiter Teil*, Bd. 91, *Heidelberger Taschenbücher — Sammlung Informatik.* Springer-Verlag, 1971. ISBN 3-540-05487-1.

Inhaltlich recht komplementär deckten die Bände von Deussen und Schecher Gebiete der Automatentheorie wie auch der Elektrotechnik ab.

**1971** [56]

Deussen, P. *Halbgruppen und Automaten*, Bd. 99, *Heidelberger Taschenbücher — Sammlung Informatik.* Springer-Verlag, 1971. ISBN 978-3-642-65275-2.

**1973** [110]

Schecher, H. *Funktioneller Aufbau digitaler Rechenanlagen*, Bd. 127 *Heidelberger Taschenbücher — Sammlung Informatik.* Springer-Verlag, 1973. ISBN 978-3-540-06275-0.

Sofort angeregt — und von Bauer teils selbst mit erarbeitet — waren die Bände für die elektrotechnische Seite des vorgesehenen Studiums [75, 76]:

**1971** [75]

HAHN, W. *Elektronik-Praktikum für Informatiker*, Bd. 85, *Heidelberger Taschenbücher — Sammlung Informatik*. Springer-Verlag, 1971. ISBN 3-540-05364-6.

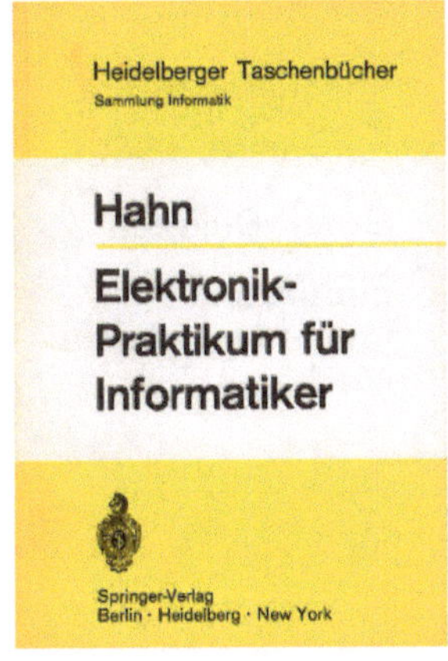


**1975** [76]

HAHN, W., UND BAUER, F. L. *Physikalische und elektrotechnische Grundlagen für Informatiker*, Bd. 147, *Heidelberger Taschenbücher — Sammlung Informatik*. Springer-Verlag, 1975. ISBN 3-540-06900-3.

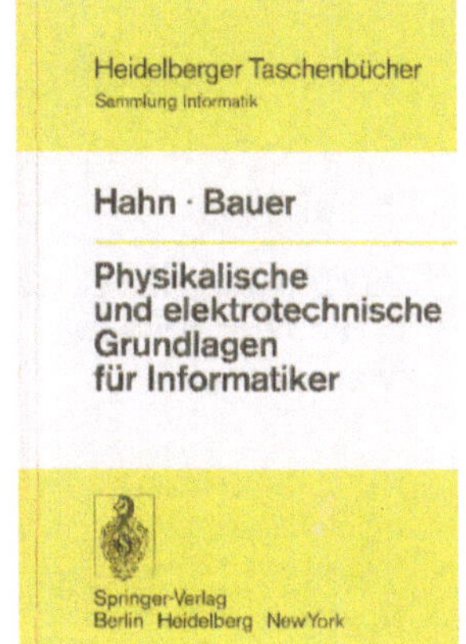


Gut erkennbar ist, wie in diesen Heidelberger Taschenbüchern jene Abgrenzung vorbereitet wurde, mit der man verhinderte, dass der Informatiker am besten Mathematik, Logik, Physik und Elektrotechnik additiv studieren sollte.

Die *Sammlung Informatik* scheint danach nur noch um vier weitere Nicht-Münchner Bücher erweitert worden zu sein: um die dritte Auflage des schon länger existierenden Logik-Buches [79] von Hermes, die Architektur digitaler Rechenanlagen 1975 von Eike Jessen, 1981 um die Rechnerarchitektur [69] von Giloi, sowie um [44].

Wieder zeigt sich die Parallelität: Von der numerischen Seite wurden grundlegende Bücher beigetragen, deren früheste Versionen schon ab 1969 als Schreibmaschinentexte die Sekretariate des Instituts durchzogen:

**1972** [130]

Stoer, J. *Einführung in die Numerische Mathematik I*, Bd. 105, *Heidelberger Taschenbücher*. Springer-Verlag, 1972. ISBN 3-540-05750-1.

**1973** [131]

Stoer, J., und Bulirsch, R. *Einführung in die Numerische Mathematik II*, Bd. 114, *Heidelberger Taschenbücher*. Springer-Verlag, 1973. ISBN 3-540-05924-5.

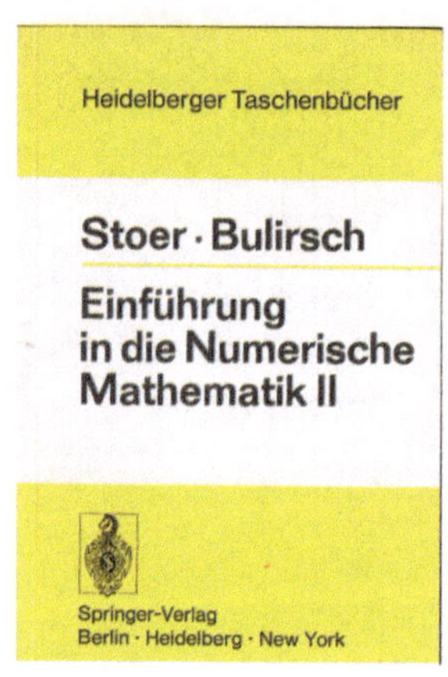


**1973** [132]

Stoer, J., und Bulirsch, R. *Introduction to Numerical Analysis*. Springer-Verlag, 1973. ISBN 0-387-90420-4.

**1975** [133]

Stoer, J., und Bulirsch, R. *Introducione all'analisi numerica*. Nicolo Zanichelli, Bologna; übersetzt von C. Barozzi, 1975. ISBN-13: 978-8808051301.

Ins Englische übersetzt 1980 von Richard Bartels (damals auch zeitweise am Institut; siehe Seite 122), Walter Gautschi (siehe ebenfalls Seite 122) und Christoph Witzgall, erlebte es mindestens noch die dritte Auflage. Beide Bände erschienen 1975 auch im Verlag Nicolo Zanichelli (Bologna) auf Italienisch und im Staatlichen Verlag der Wissenschaften in Warschau 1987 auf Polnisch. Wenn es so sichtbar erfolgreich war, drängt sich die Frage auf, wieso gibt es keine französische oder spanische Ausgabe?

**1987** [134]

Stoer, J., und Bulirsch, R. *Wstęp do analizy numerycznej*. Państwowy Wydawnictwo Naukowe PWN, Warschau; übersetzt von Jerzy Cytowski, 1987. ISBN-13 978-83-01-06505-8.

**1995** [135]

Stoer, J., und Bulirsch, R. *Einführung in die Numerische Mathematik*, chinesisch.

Aus Übungen zu den Informatik-Vorlesungen der ersten Jahre entwickelten sich bis 1975 und 1976 diese ergänzenden Übungsbände, für die es auch eine kyrillische Version gibt:

**1975** [26]

Bauer, F. L., Gnatz, R., und Hill, U. *Informatik, Aufgaben und Lösungen, Erster Teil*, Bd. 159, *Heidelberger Taschenbücher — Sammlung Informatik*. Springer-Verlag, 1975. ISBN 3-540-07007-9.

**1976** [28]

Bauer, F. L., Gnatz, R., und Hill, U. *Informatik, Aufgaben und Lösungen, Zweiter Teil*, Bd. 160, *Heidelberger Taschenbücher — Sammlung Informatik*. Springer-Verlag, 1976. ISBN 3-540-07116-4.

**1975/6** [27]

Bauer, F. L., Gnatz, R., und Hill, U. *Informatik, Aufgaben und Lösungen* Verlag Mir, Moskau, 1975/1976. Beide Bände zusammen in kyrillischer Schrift; übersetzt und redigiert von Ershov.

**1975/6** [27]

⟸ Widmung aus Akademgorodok! Viktor Sabelfeld war zeitweise auch am Institut angestellt.

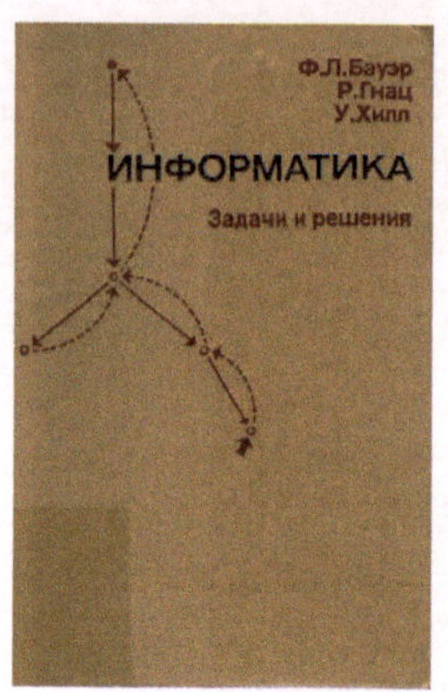


Herrn Professor
F.L. Bauer
hochachtungsvoll und
mit besten Komplimenten
von Redakteur und Übersetzern.
A. Jerschow
V. Sabelfeld
M. Walijew
Akademiestädchen, 12 Juni 1978

HEIDELBERGER TASCHENBÜCHER
SAMMLUNG INFORMATIK
Herausgegeben von F. L. Bauer und M. Paul

Band 159 Band 160

INFORMATIK

Aufgaben und Lösungen

FRIDRICH L. BAUER
ord. Professor der Mathematik und Informatik
an der Technischen Universität München

RUPERT GNATZ
Leitender wissenschaftlicher Angestellter im Sonderforschungsbereich 49
an der Technischen Universität München

URSULA HILL
Akad. Oberrätin
an der Technischen Universität München

Erster Teil | Zweiter Teil
Kapitel 1–4 | Kapitel 5–8

Springer-Verlag
Berlin Heidelberg New York

1975 | 1976

Ф. Л. Бауэр, Р. Гнац, У. Хилл

ИНФОРМАТИКА

задачи и решения

Перевод с немецкого
М. К. ВАЛИЕВА и В. К. САБЕЛЬФЕЛЬДА

Под редакцией
А. П. ЕРШОВА

ИЗДАТЕЛЬСТВО «МИР»
МОСКВА 1978

Wie man sieht, ist dem Friedrich das „e" als Folge der beiden Transliterationen verloren gegangen.

## 6.3 Mathematik für Informatiker

Sehr viel später fungierte Bauer wieder als Herausgeber einer eigenen Reihe *Mathematik für Informatiker*. Das *Gelb* wurde in das neu-kreierte Silber bei Springer eingebettet.

**1989** [119]

Schmidt, G., und Ströhlein, T. *Relationen und Graphen.* Mathematik für Informatiker. Springer-Verlag, 306 Seiten, 1989. ISBN 3-540-50304-8, ISBN 0-387-50304-8.

**1991** [35]

Bauer, F. L., und Wirsing, M. *Elementare Aussagenlogik.* Mathematik für Informatiker. Springer-Verlag, 196 Seiten, 1991. ISBN 978-3-540-52974-3.

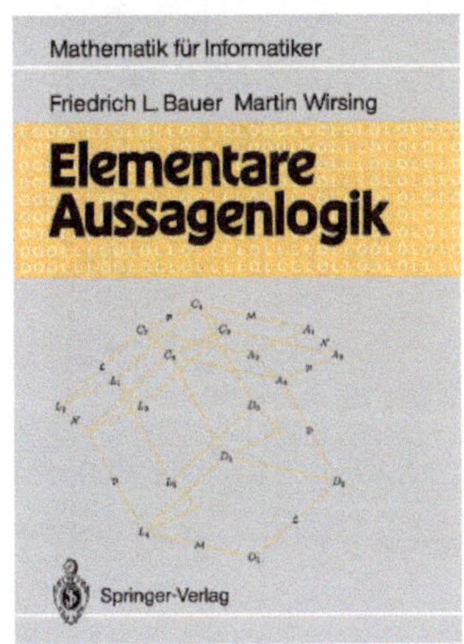


Eine englische Version der *Relationen und Graphen* erschien bald darauf. Mein weitergehender Band in der *Encyclopedia of Mathematics and its Applications* der Cambridge University Press hat hier seinen Ursprung, wie auch viel später ein Band zur relationalen Topologie in den *Lecture Notes in Mathematics*. Beide liegen weit außerhalb des hier eigentlich betrachteten Bereiches:

**1993** [120]

Schmidt, G., und Ströhlein, T. *Relations and Graphs — Discrete Mathematics for Computer Scientists.* EATCS Monographs on Theoretical Computer Science. Springer-Verlag, 301 Seiten, 1993. ISBN 3-540-56254-0, ISBN 0-387-56254-0.

**2011** [113]

Schmidt, G. *Relational Mathematics*, Bd. 132, *Encyclopedia of Mathematics and its Applications.* Cambridge University Press, 2011. ISBN 978-0-521-76268-7, 584 Seiten.

Von Broy und Steinbrüggen wurde — ebenfalls bereits weit außerhalb unseres vorgesehenen Zeit-Bereiches — ein Buch über Modellbildung in der Informatik veröffentlicht:

**2004** [53]

Broy, M., und Steinbrüggen, R. *Modellbildung in der Informatik.* Springer-Verlag, 2004. ISBN: 978-3-642-62267-0.

**2018** [121]

Schmidt, G., und Winter, M. *Relational Topology.* Bd. 2208, *Lecture Notes in Mathematics*, xiv + 198 Seiten, 2018. ISBN 978-3-319-74450-6, ISBN 978-3-319-74451-3.

## 6.4 Einzeltitel

Schon kurz vor der Rückkehr der Mainzer Gruppe um Bauer und Samelson an die TH München erschienen Richard Baumanns `ALGOL`-Einführungen als hektographierte Blätter [37] und 1961 dann in der Zeitschrift *Elektronische Rechenanlagen*; [38, 39].

Dieses Manual in seiner jeweiligen Version bildete eine unersetzliche Hilfe für den Anfang. Es wurden viele zusammengebundene Sonderdrucke davon hergestellt, die jeder von uns damals genutzt hat.

Die Ursprungsversion heute noch zu erhalten war durchaus nicht einfach; es gelang schließlich per Fernleihe. Wegen der Zusatzinformationen ist die Titelei hier in Kopie wiedergegeben.

**A L G O L - M A N U A L**

der

**A L C O R - G r u p p e**

**Herausgegeben**
von den
**Mitgliedern der ALCOR-Gruppe**



**Bearbeitet**
von
R. Baumann

**März 1961**



V o r w o r t

ALGOL 60 ist das **Ergebnis** langjähriger Bemühungen um eine internationale **algorithmische** Formelsprache (ALGOL: algorithmic language) [1]. **Neben** der Verwendung in Publikationen zur Beschreibung von Algorithmen soll **ALGOL** vorwiegend als Programmierungssprache dienen. Die in ALGOL formulierte Aufgabe wird durch die Rechenmaschine mittels eines Übersetzungsprogrammes in ein internes Maschinenprogramm übersetzt. Für jeden Rechenmaschinentyp ist ein eigenes Übersetzungsprogramm zu entwickeln.

Um die Vereinheitlichung auch auf die Übersetzungsprogramme auszudehnen und zum Zwecke des Erfahrungsaustausches haben sich mehrere Institutionen zur ALCOR-Gruppe zusammengeschlossen (ALCOR: ALGOL-CONVERTER).

Mitglieder der ALCOR-Gruppe sind (in Klammern die Vertreter der Institute bzw. Firmen):

| | |
|---|---|
| Zürich: | Institut für Angewandte Mathematik der Eidgenössischen Technischen Hochschule, Zürich (H.Rutishauser, H.R. Schwarz). |
| München: | Rechenzentrum der Technischen Hochschule (G. Seegmüller), München. |
| Mainz: | Institut für Angewandte Mathematik der Universität Mainz (F.L.Bauer, K.Samelson, M.Paul, U.Hill). |
| Darmstadt: | Institut für Praktische Mathematik der Technischen Hochschule Darmstadt (N.N.). |
| SIEMENS: | Zentral-Laboratorium der Siemens & Halske A.G., München (W.Heise, K.Fröhr, H.Walter). |

1) Report on the algorithmic language ALGOL 60.
J.W. Backus et al. Num.Mathematik 2 (1960), 106-136

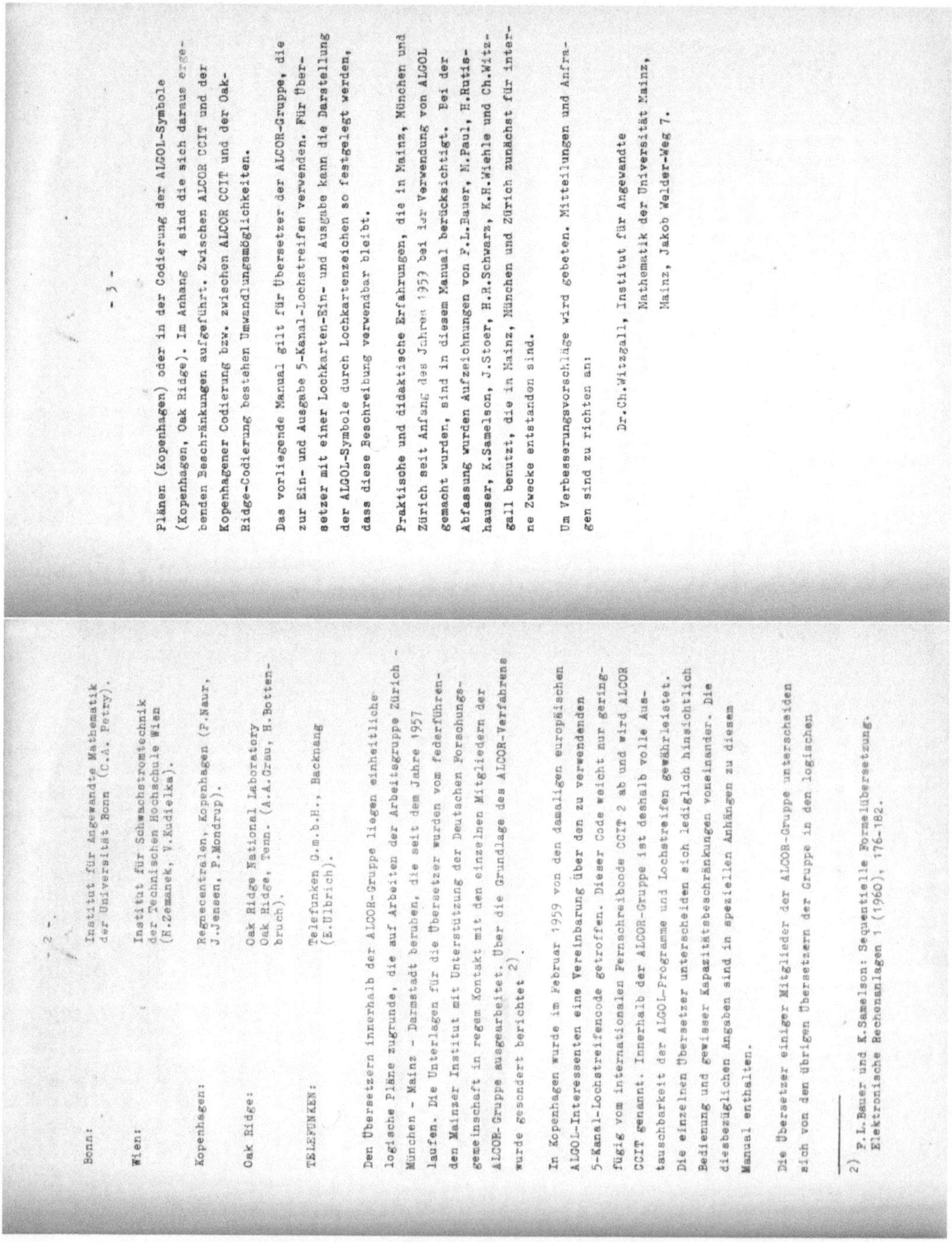

- 2 -

| | |
|---|---|
| Bonn: | Institut für Angewandte Mathematik der Universität Bonn (C.A. Petry). |
| Wien: | Institut für Schwachstromtechnik der Technischen Hochschule Wien (H.Zemanek, V.Kudielka). |
| Kopenhagen: | Regnecentralen, Kopenhagen (P.Naur, J.Jensen, P.Mondrup). |
| Oak Ridge: | Oak Ridge National Laboratory Oak Ridge, Tenn. (A.A.Grau, H.Bottenbruch). |
| TELEFUNKEN: | Telefunken G.m.b.H., Backnang (E.Ulbrich). |

Den Übersetzern innerhalb der ALCOR-Gruppe liegen einheitliche logische Pläne zugrunde, die auf Arbeiten der Arbeitsgruppe Zürich - München - Mainz - Darmstadt beruhen, die seit dem Jahre 1957 laufen. Die Unterlagen für die Übersetzer wurden vom federführenden Mainzer Institut mit Unterstützung der Deutschen Forschungsgemeinschaft in regem Kontakt mit den einzelnen Mitgliedern der ALCOR-Gruppe ausgearbeitet. Über die Grundlage des ALCOR-Verfahrens wurde gesondert berichtet [2].

In Kopenhagen wurde im Februar 1959 von den damaligen europäischen ALGOL-Interessenten eine Vereinbarung über den zu verwendenden 5-Kanal-Lochstreifencode getroffen. Dieser Code weicht nur geringfügig vom internationalen Fernschreibcode CCIT 2 ab und wird ALCOR CCIT genannt. Innerhalb der ALCOR-Gruppe ist deshalb volle Austauschbarkeit der ALGOL-Programme und Lochstreifen gewährleistet. Die einzelnen Übersetzer unterscheiden sich lediglich hinsichtlich Bedienung und gewisser Kapazitätsbeschränkungen voneinander. Die diesbezüglichen Angaben sind in speziellen Anhängen zu diesem Manual enthalten.

Die Übersetzer einiger Mitglieder der ALCOR-Gruppe unterscheiden sich von den übrigen Übersetzern der Gruppe in den logischen

2) F.L.Bauer und K.Samelson: Sequentielle Formelübersetzung. Elektronische Rechenanlagen 1 (1960), 176-182.

- 3 -

Plänen (Kopenhagen) oder in der Codierung der ALGOL-Symbole (Kopenhagen, Oak Ridge). Im Anhang 4 sind die sich daraus ergebenden Beschränkungen aufgeführt. Zwischen ALCOR CCIT und der Kopenhagener Codierung bzw. zwischen ALCOR CCIT und der Oak-Ridge-Codierung bestehen Umwandlungsmöglichkeiten.

Das vorliegende Manual gilt für Übersetzer der ALCOR-Gruppe, die zur Ein- und Ausgabe 5-Kanal-Lochstreifen verwenden. Für Übersetzer mit einer Lochkarten-Ein- und Ausgabe kann die Darstellung der ALGOL-Symbole durch Lochkartenzeichen so festgelegt werden, dass diese Beschreibung verwendbar bleibt.

Praktische und didaktische Erfahrungen, die in Mainz, München und Zürich seit Anfang des Jahres 1959 bei der Verwendung von ALGOL gemacht wurden, sind in diesem Manual berücksichtigt. Bei der Abfassung wurden Aufzeichnungen von F.L.Bauer, M.Paul, H.Rutishauser, K.Samelson, J.Stoer, H.R.Schwarz, K.H.Wiehle und Ch.Witzgall benutzt, die in Mainz, München und Zürich zunächst für interne Zwecke entstanden sind.

Um Verbesserungsvorschläge wird gebeten. Mitteilungen und Anfragen sind zu richten an:

Dr.Ch.Witzgall, Institut für Angewandte
Mathematik der Universität Mainz,
Mainz, Jakob Welder-Weg 7.

Aus dem Vorwort kann man die damals beteiligten Personen und Institutionen entnehmen.

**1961** [38, 39]

BAUMANN, R. ALGOL-Manual der ALCOR-Gruppe (Teil I); *Elektronische Rechenanlagen 5* (1961), 206–212. ALGOL-Manual der ALCOR-Gruppe (Teil II). *Elektronische Rechenanlagen 6* (1961), 259–265.

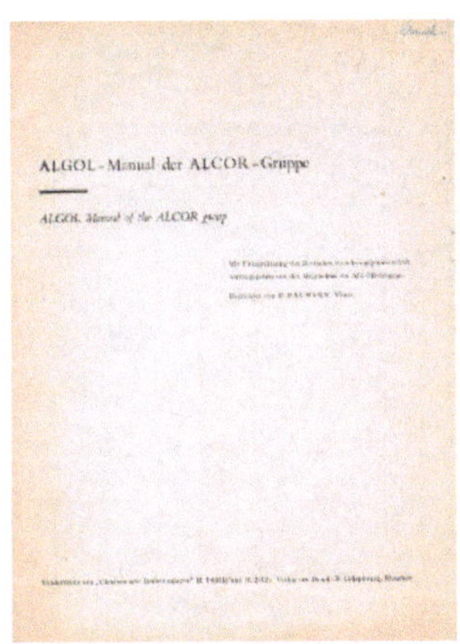


Die zweite Auflage davon scheint die erste als Buch erkennbare Version zu sein. An die englische Übersetzung bei Prentice-Hall erinnert sich in München heute kaum noch jemand — Englisch war noch nicht die heute so generell eingeforderte Sprache an der TH.

**1964** [40]

BAUMANN, R. ALGOL-*Manual der* ALCOR-*Gruppe — Einführung in die algorithmische Formelsprache* ALGOL. Oldenbourg-Verlag, 1964. 2. Auflage. ISBN 0-13-477828-6

**1964** [42]

Innentitel der nachfolgenden englischen Version:

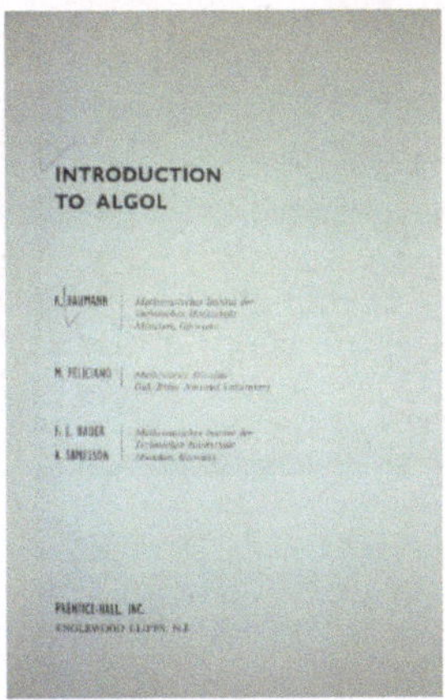

**1964** [42]

Baumann, R., Feliciano, M., Bauer, F. L., und Samelson, K. *Introduction to* ALGOL *– primer for nonspecialist, practical uses of the algorithmic language.* Series in Automatic Computation. Prentice-Hall, 1964.

**1964** [42]

MR0163449 ⇓

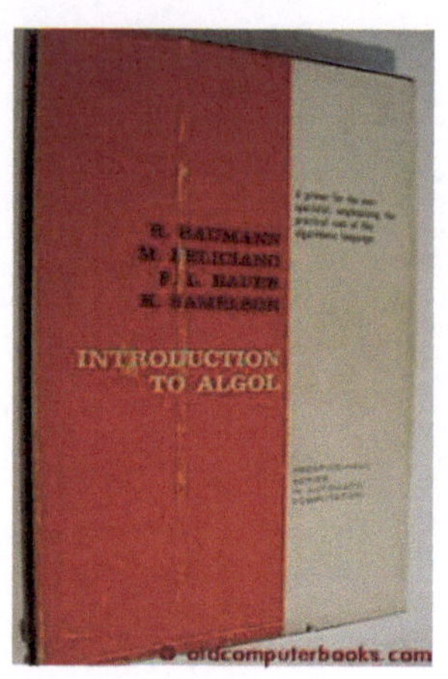


Auch zwei bereits erwähnte Titel sollen noch gezeigt werden, und wieder kann man sehen, dass die numerischen Probleme weiterhin als ein Treibsatz dienten.

**1965** [31]

Bauer, F. L., Heinhold, J., Samelson, K., und Sauer, R. *Moderne Rechenanlagen – Eine Einführung*, Bd. 5, *Leitfäden der angewandten Mathematik und Mechanik.* B. G. Teubner Verlagsgesellschaft Stuttgart, 1965.

**1966** [103]

Sauer, R. *Nichtstationäre Probleme der Gasdynamik.* Springer-Verlag, 1966. 195 Seiten.

Sauers Spätwerk war die Differenzengeometrie:

**1970** [104]

Sauer, R. *Differenzengeometrie.* Springer-Verlag, 1970. ISBN: 978-3-642-86412-4.

Für die entstehende Informatik bedurfte es einiger Zeit, die Ergebnisse der allerersten Tagungen der GI geordnet in Druckreihen einzugruppieren. Auch dies darf als ein historischer Hinweis gelten.

**1972** [86]

Langmaack, H., Paul, M., Hrsg. *GI – 1. Fachtagung über Programmiersprachen* (1972), Bd. 75 der *Lecture Notes in Economics and Mathematical Systems – Operations Research, Computer Science, Social Science*, Springer-Verlag. Nr. 3; München, März 1971.

**1972** [65]

Frielinghaus, W., Langmaack, H., Paul, M., und Seegmüller, G., Hrsg. *Zweite Fachtagung über Programmiersprachen* (1972), Gesellschaft für Informatik, Bericht Nr. 4, GMD St. Augustin. Bericht 4; Saarbrücken, 07.–09. März 1972, 279 Seiten.

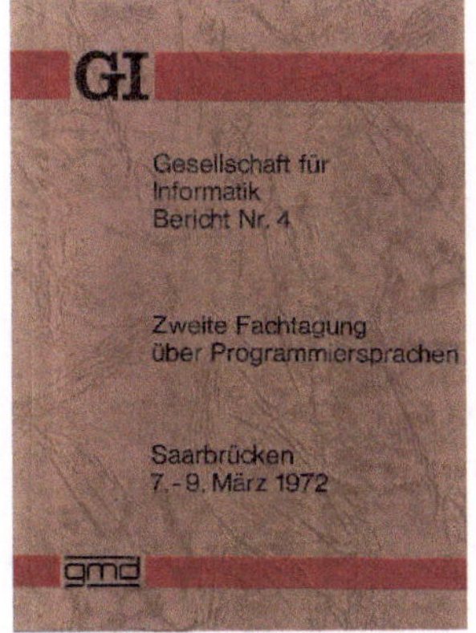

**1972** [11]

Bauer, F. L., Hrsg. *Software Engineering — An Advanced Course*, Bd. 30 der *Lect. Notes in Comput. Sci.* Springer- Verlag, 1975. ISBN-13: 978-3-540-37502-9, ISBN-10: 3540071687. Nachdruck der 1. Ausgabe von 1972

[12]

⟸ dessen späteres Aussehen:

**1973** [9]

Bauer, F. L., Hrsg. *Advanced Course on Software Engineering*, Bd. 81 der *Lect. Notes in Economics and Mathematical Systems* Springer-Verlag, 1973.

[9]

⟸ Innentitel dazu:

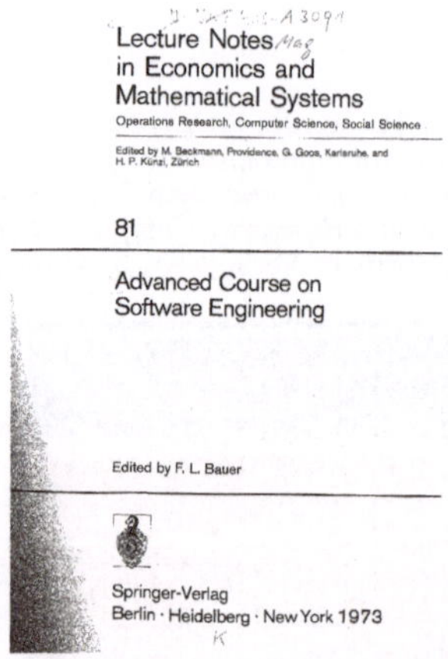


Dieser Titel wurde später in die Lecture Notes in Computer Science LNCS mit zwei weiteren Inkarnationen übernommen.

Und wenn jemand wegberufen wurde, gab es sofort ein Buch zu den Vorlesungen am neuen Tätigkeitsort:

**1973** [82]

KANDZIA, P., UND LANGMAACK, H. *Informatik: Programmierung*, Bd. 18, *Leitfäden der angewandten Mathematik und Mechanik LAMM*. B. G. Teubner Stuttgart, 1973.

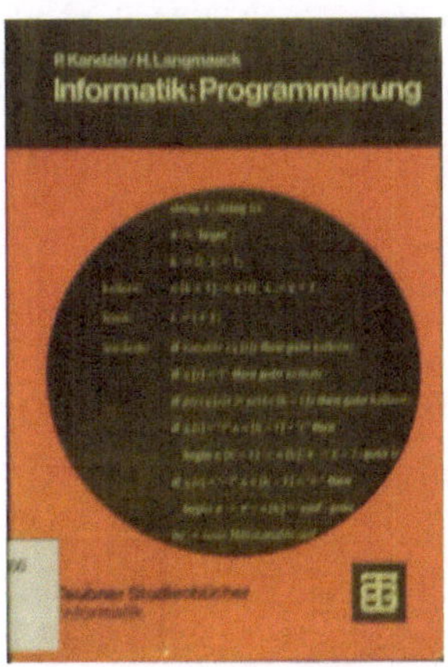


**1974** [48]

BRAUN, S. *Algorithmische Linguistik*. Stuttgart u.a., Verlag Berliner Union / Kohlhammer, 1974. ISBN 3-408-53513-2, ISBN-13: 978-3-408-53513-8.

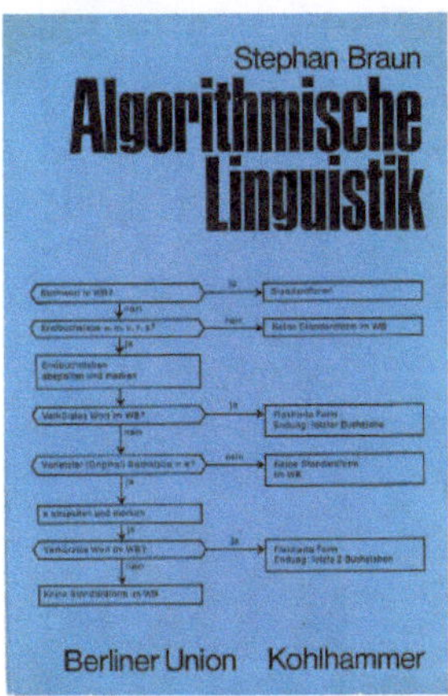


Die Linguistik im SFB-Teilprojekt D *Linguistische Aspekte der Dokumentation* des SFB 49 beschäftigte sich schon mit vielem, für das Google heute bei der Behandlung der Anfragen gerühmt wird.

**1974** [126]

SEEGMÜLLER, G. *Einführung in die Systemprogrammierung*. Bd. 11 der Reihe Informatik. BI Wissenschaftsverlag ISBN 3-411-01437-7

**1979** [94]

REMMELE, W., UND SCHECHER, H., Hrsg. *Microcomputing — Berichte des German Chapter of the ACM, Tagung III/1979 am 24./25.10.1979 in München*. B. G. Teubner Stuttgart, 1979, ISBN 35190242259

Schon früh in der 1970er Jahren kümmerte sich die Münchner Informatik auch um die schulische Ausbildung.

**1974** [34]

Bauer, F. L., und Weinhart, K. *Informatik.*. Bayer. Schulbuchverlag, 1974. 156 Seiten, ISBN-13: 9783762730606.

**1979** [141]

Weinhart, K., Hrsg. *Informatik im Unterricht – Eine Handreichung.* Nr. 2 in: Mathematik, Didaktik und Unterrichtspraxis. Oldenbourg Wissenschaftsverlag, 1979. 209 Seiten, ISBN-13: 9783486226911.

**1976** [61]

Zielsetzungen und Inhalte des Informatikunterrichts, 1976. Sonderdruck aus Zentralblatt für Didaktik der Mathematik (ZDM 76/1); W. Brauer, V. Claus, P. Deussen, J. Eickel (Federführend), W. Haacke, W. Hosseus, C.H.A. Koster, D. Ollesky, K. Weinhart.

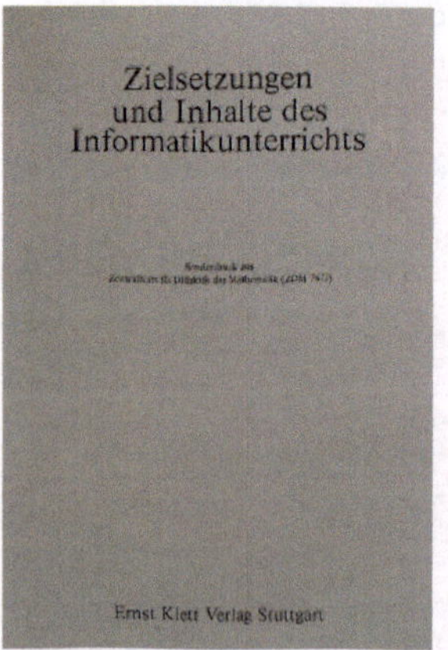


**1977** [147]

Curricularer Lehrplan und Handreichungen für die Berufsoberschule — Ausbildungsrichtung Technik und Gewerbe: Informatik, Rudolf Zirngibl: Teil III — Handreichungen, 1977.

Es folgten Bauers Bücher zur Algorithmischen Sprache, wie auch sein erstes zur Kryptologie.

**1981** [36]

Bauer, F. L., und Wössner, H. *Algorithmische Sprache und Programmentwicklung.* Springer-Verlag, 1981. ISBN 3-540-09853-4; in Zusammenarbeit mit H. Partsch und P. Pepper; zum Andenken an Klaus Samelson.

**算法语言与程序开发 /**
**Suan fa yu yan yu cheng xu kai fa**

| | |
|---|---|
| Autor: | F.L. 包尔, H.韦斯纳著 ; 肖尔江译 ; 梁业伟校. : Friedrich Ludwig Bauer; H Wössner |
| Verlag: | 國防工业出版社, Beijing : Guo fang gong ye chu ban she, 1992. |
| Ausgabe/Medienart | Gedrucktes Buch : Chinesisch : Di 1 ban |
| Zusammenfassung: | Ben shu jie shao le guang pu yu yan, shu xue yu yi, chou xiang lei xing, di gui bian huan, cheng xu bian liang, kong zhi liu ji qi ta zhong yao ti cai. |
| Bewertung: | (noch nicht bewertet) 0 mit Rezensionen - Verfassen Sie als |
| Themen | Computer programming.<br>Programming languages (Electronic computers) |
| Ähnliche Titel | Ähnliche Titel |

**1993** [14]

Bauer, F. L. *Kryptologie — Methoden und Maximen.* Springer-Verlag, 1993. ISBN 3-540-56356-3.

**1995** [14]

spätere Auflage

**1993** [16]

Bauer, F. L. *Decrypted Secrets — Methods and Maxims of Cryptology.* Springer-Verlag, 1997. ISBN 3-540-60418-9. Übersetzung ins Englische

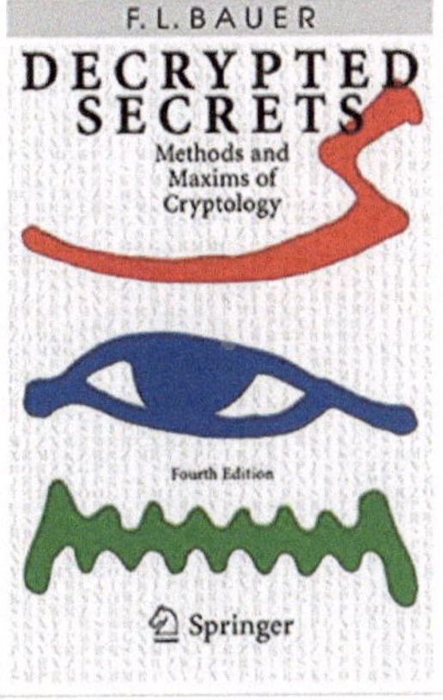

Neben solch hochwissenschaftlichen Publikationstätigkeiten widmete sich Bauer auch kleineren Formaten. Von uns gelegentlich etwas belächelt, kamen immer wieder Teile der Andrei-Serie [4, 10] zum Vorschein. Sie sollten elementarere Informatik-Ideen auch breitenwirksam vermitteln.

**1972** [8]

BAUER, F. L. *Andrei und das Untier.* Bayerischer Schulbuch-Verlag, 1972. ISBN 3-7627-3047-4.

**1974** [10]

BAUER, F. L. Andrei and the monster — six lessons in Informatics, 1974. Translated by M. Woodger.

Aber schon 1954 hatte Bauer einem vorliegenden, auf Breitenwirkung zielenden, Manuskript *Vom Zauber der Zahlen* des zuvor mit einem analogen Physik-Titel erfolgreichen, aber im Kriege verschollenen, Autors Paul Karlson den Feinschliff gegeben. In Bauers Schriftenverzeichnis taucht es nicht auf.

VORWORT

Der große Erfolg seines Buches „Du und die Natur" hat Paul Karlson bewogen, seinen Lieblingsplan zu verwirklichen, eine „Mathematik" für die vielen abzufassen, die zu dieser unser ganzes Leben beherrschenden Wissenschaft aus irgendeinem Grunde keine rechte Beziehung finden können. Es sollte beileibe kein systematisches Lehrbuch werden, sondern in leichtverständlicher und unterhaltsamer Form jedem, der guten Willens ist, den Zugang zu dem Reich der Zahlen ermöglichen. Es sollte Verständnis für dieses Geistesgebäude erwecken, in dem der Ästhet die göttliche Weltordnung, der Humanist ein bedeutendes Stück Geistes- und Kulturgeschichte und der nüchterne Realist ein unentbehrliches Werkzeug für andere Wissenschaften und für die Technik sehen mag. Karlson wollte aus der großen Schar der Gleichgültigen und Ablehnenden Freunde für die von ihm geliebte Wissenschaft gewinnen.

Die Herstellung des Buches war schon sehr weit gediehen, als sie durch das Kriegsende unterbrochen wurde. Da Paul Karlson seit April 1945 verschollen ist, hat der Verlag die Überprüfung des Textes und die Überwachung der Drucklegung in die Hände des Unterzeichneten gelegt, der sich als Verehrer des Verfassers von „Du und die Natur" bekennt und den die Lektüre dieses Buches seinerzeit bestimmte, sich ebenfalls dem Studium der Physik und Mathematik zu widmen. Er hofft, diese Aufgabe im Sinne von Paul Karlson gelöst zu haben.

Dr. Friedrich L. Bauer

Von dem schon auf den Seiten 28 und 99 erwähnten „Mitgründer“ der Abteilung Mathematik an der TH (1968) und Mitglied der ersten Berufungskommissionen an der HSBw (1973) stammen diese beiden Bücher; letzteres natürlich weit jenseits unseres betrachteten Fach- und Zeit-Bereiches:

**1976** [123]

Schorn, G. *Mengen und Algebraische Strukturen — Grundlagen der modernen Mathematik für Naturwissenschaft und Technik an Hoch- und Fachhochschulen.* R. Oldenbourg Verlag München Wien, 1976. ISBN 3-486-20291-X.

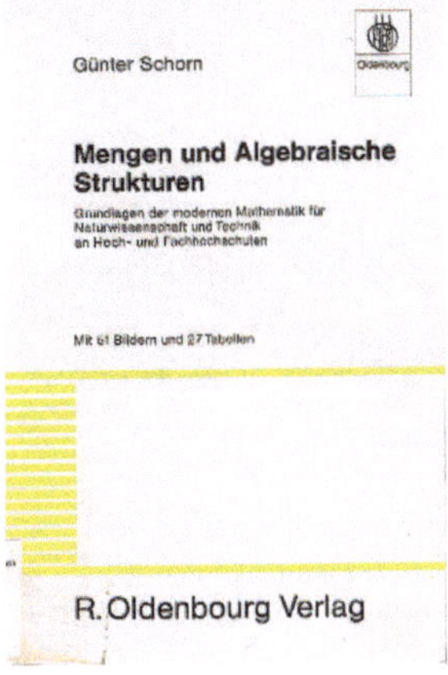


**1976** [123]

⟸ dessen Rückseite:

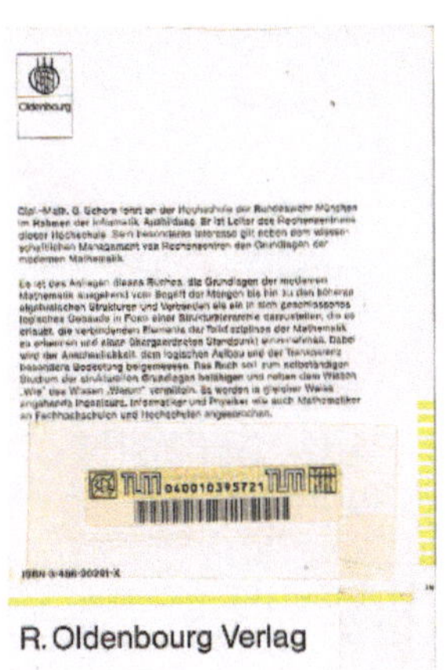


**1976** [123]

⇑ dessen Innentitel:

**2018** [124]

Schorn, G. *Zauberkunst.* epubli GmbH Berlin, 2018. ISBN 3746748615.

Später erschienen die vier Bände von Broy zur Einführung, die wohl bereits in Passau vorbereitet worden waren.

**1992** [49]

BROY, M. *Informatik — Eine grundlegende Einführung, Teil I.* Springer Lehrbücher. Springer-Verlag, 1992.

**1993** [50]

BROY, M. *Informatik — Eine grundlegende Einführung, Teil II.* Springer Lehrbücher. Springer-Verlag, 1993.

**1994** [51]

BROY, M. *Informatik — Eine grundlegende Einführung, Teil III.* Springer Lehrbücher. Springer-Verlag, 1994.

**1995** [52]

BROY, M. *Informatik — Eine grundlegende Einführung, Teil IV.* Springer Lehrbücher. Springer-Verlag, 1995.

## 6.5 Museumspublikationen

Bauer hat den Aufbau der beiden Abteilungen Mathematik [5] und Informatik [19] wie auch der für Mikroelektronik (eröffnet 1989) im Deutschen Museum wesentlich (mit-)betrieben und dazu schöne und lesenswerte Führer (mit-)verfasst:

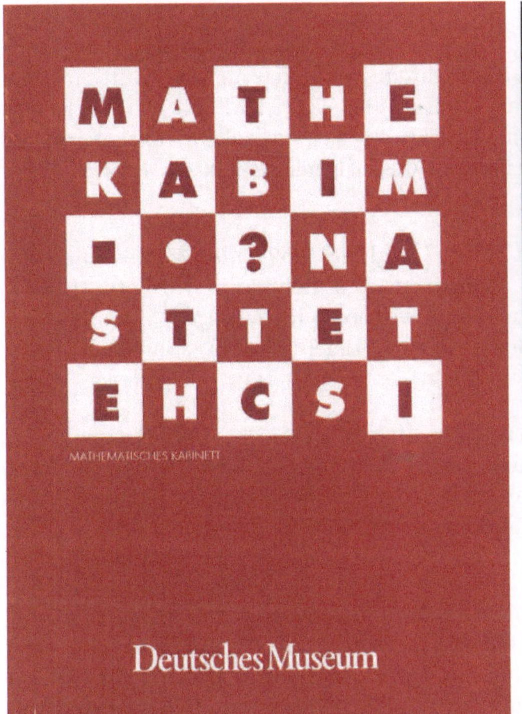
M A T H E
K A B I M
? N A
S T T E T
E H C S I
MATHEMATISCHES KABINETT
Deutsches Museum

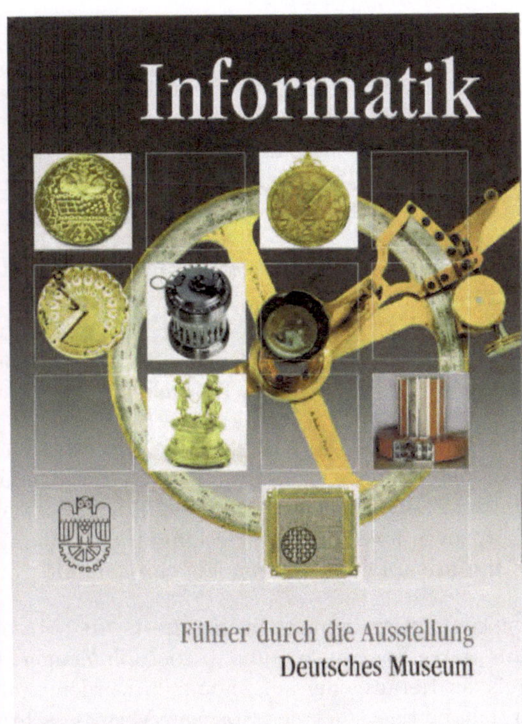
Informatik
Führer durch die Ausstellung
Deutsches Museum

INFORMATIK
UND AUTOMATIK
Führer durch die Ausstellung
Deutsches Museum
VON MEISTERWERKEN DER NATURWISSENSCHAFT UND TECHNIK

## 6.6 Zeitschriften

In den hier vor allem betrachteten 1960er und 1970er Jahren entstanden mehrere Zeitschriften unter essentieller Beteiligung des Mathematischen Instituts der TH/TUM. Es gab die heute kaum mehr überschaubare Fülle an Zeitschriften noch nicht; insofern muss die herausgeberische Betreuung dieser ersten und völlig neuen Zeitschriften als wesentlicher Aspekt der Entwicklung von Numerik und Informatik gesehen werden.

Die NUMERISCHE MATHEMATIK wurde zur Zeit ihrer Gründung 1959 *unter Mitwirkung* von F.L. Bauer, L. Collatz, G.E. Forsythe, W. Givens, R. Inzinger, N.J. Lehmann, H. Piloty, H. Rutishauser, A. van Wijngaarden, J.H. Wilkinson (und fünf weiteren) herausgegeben von Alston Householder (Oak Ridge), Robert Sauer (München), Eduard Stiefel (Zürich), John Todd (Pasadena) und Alwin Walther (Darmstadt).

Noch 1966 nennt die NUMERISCHE MATHEMATIK diese Herausgeber, ehe 1967 Sauer durch Bauer und Samelson ersetzt und Stetter neu unter den mitwirkenden geführt wurde. Aus Münchner Blickwinkel ist zu beobachten, dass ab 1968 Noël Gastinel, ab 1970 Bulirsch und Stoer, sowie ab 1971 auch Beckmann und Hämmerlin hinzutraten. Noël Gastinel ergriff 1974 die Initiative, Bauer in Grenoble ein Ehrendoktorat zu verleihen; siehe Seiten 171 und 172.

Neu konfiguriert wurde die NUMERISCHE MATHEMATIK dann 1975 mit den zwei *Assistant Editors* Werner Sautter und Christoph Zenger, ehe 1981 Bulirsch, Stoer und Zenger in den Kreis der Herausgeber aufgenommen wurden — und ihm lange angehören sollten. Heinz Götze, der langjährige Chef des Springer-Verlags, schreibt in seiner Historie[3] des Verlags: *Auf die Bedeutung der 1959 gegründeten Zeitschrift Numerische Mathematik als „Basisorgan" für die Entwicklung unseres Computer-Science-Programms wurde bereits hingewiesen. Die Gründung setzte ein Zeichen für den Beginn der theoretischen und praktischen Computerwissenschaften.*

*Die Verselbständigung der neuen Wissenschaft wurde 1971 durch die Gründung der Zeitschrift* ACTA INFORMATICA ... *bestätigt ... und der Verlag hat seit den siebziger Jahren ein beachtliches Verlagsprogramm entwickelt ..., das zu den erfolgreichsten Programmen des Verlages gehört. Dabei haben wir uns der Mithilfe einiger herausragender Wissenschaftler erfreut, die sowohl die Entwicklung der Computer Science insgesamt als auch das Programm des Springer-Verlags geprägt haben. In Deutschland waren es Robert Sauer und vor allem Friedrich L. Bauer, Gerhard Goos, Wilfried Brauer und José L. Encarnaçao, in den USA Alston S. Householder, Juris Hartmanis und David Gries ...* Wieder kann man sehen, wie oft Münchner auftreten — seien es ehemalige oder später dazu gekommene.

Sehr früh nach Einrichtung des Studiengangs wurden — wie erwähnt — die ACTA INFORMATICA gegründet, die sich theoretischen Aspekten der Informatik widmen sollten. Bereits 1971 erschienen die ersten Hefte.

[3]`https://link.springer.com/book/10.1007%2F978-3-540-92889-8`

Als *Advisory Board* fungierten über die 1970er Jahre stets Bauer und Perlis, sowie später auch Ershov. *Managing Editor* war Wolfgang Niegel. Im 25köpfigen Board tauchten damals die Namen Goos, Gries, Paul, Samelson und Seegmüller auf. Ab Band 10 hatte man einen *Editor in Chief* Manfred Paul und einen *Assistant Editor* Ulrich Güntzer. Später, ab Band 18 bzw. um das Jahr 1982/3 gab es ein nicht näher strukturiertes *Editorial Board* von 39 Personen, darunter Güntzer; es wurde dazu mit Manfred Broy ein *Managing Editor* installiert.

Etwa 1968 entstanden die LINEAR ALGEBRA AND ITS APPLICATIONS: Sieht man sich den Jubiläumsartikel von 2008 an, der auch die Gründer und langjährigen Herausgeber nennt, so habe ich davon im Institut kennengelernt: natürlich „Fritz“ Bauer, Alston S. Householder, Olga Taussky und Richard S. Varga. Hans Schneider († 28.10.2014) wohnte bei seinem Aufenthalt in München sogar neben uns im Gästehaus der Volkswagenstiftung. Wilkinson hat mit Reinsch zusammen den Grundlehren-Band [145] verfasst. Auch hier war der bereits zuvor genannte Noël Gastinel wieder als Editor dabei.

Für mich selbst erfolgte unerwartet eine gewisse wissenschaftliche Prägung: Zwar haben Thomas Ströhlein und ich nur ein einziges Paper in den LAA veröffentlicht, aber unsere Bücher [119, 120, 113, 121] zu relationalen Methoden folgen dort abgehandelten Ideen, wenn auch mit $\mathbb{B}^{n\times m}$ an Stelle von $\mathbb{R}^{n\times m}$.

Die Monatszeitschrift INFORMATIK-SPEKTRUM erscheint seit August 1978 als Publikation der Gesellschaft für Informatik (GI). Neben dem (späteren) Münchner Wilfried Brauer als Hauptherausgeber treten unter den 10 Herausgebern wieder die Namen Bauer und Goos auf. Dass aus dem Münchner Umfeld auch Wolfgang Hesse dazukam und Arndt Bode zum Hauptherausgeber avancierte, sei nur am Rande erwähnt — weil weit außerhalb des hier eigentlich betrachteten Zeitrahmens liegend.

Bei der Gründung des JOURNAL OF APPROXIMATION THEORY 1968 war Bauer[4] ebenso dabei wie 1979 bei der der IEEE ANNALS OF THE HISTORY OF COMPUTING.

## 6.7 Herausgeberschaften

Es wurde die — inzwischen eingestellte — Reihe der *Informatik-Fachberichte* gegründet, sowie die *Lecture Notes in Computer Science*, die sich noch immer explosiven Wachstums erfreuen. In deren noch sub-exponentieller Phase[5] habe ich selbst darin die Bände 246 (1987), 570 (1991) und 903 (1994) (mit-)herausgegeben; später auch noch die beiden Bände 2929 (2003) und 4342 (2006).

[4]neben u.a. Garrett Birkhoff, Lothar Collatz, Günter Meinardus, John Todd, Richard S. Varga und 14 weiteren Associate Editors

[5]Im November 2018 überreichte man mir bei einer Tagung als Proceedings den Band 11194.

**1977** [70]

Gnatz, R., und Samelson, K., Hrsg. *Methoden der Informatik für Rechnergestütztes Entwerfen und Konstruieren* (1977), *Informatik-Fachberichte*, Bd. 11, Reihe hrsg. von W. Brauer, Springer-Verlag.

**1979** [128]

Siegert, H.-J., Hrsg. *Virtuelle Maschinen: Nachbildung und Vervielfachung maschinenorientierter Schnittstellen* (1979), *Informatik-Fachberichte*, Bd. 18, Reihe hrsg. von W. Brauer, Springer-Verlag.

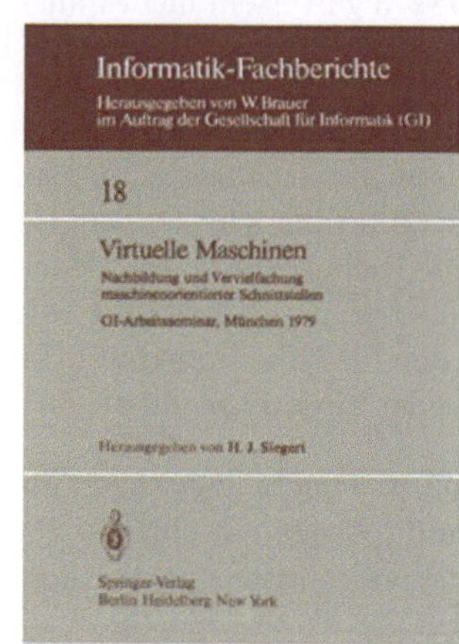


**1981** [41]

Baumann, R., Hrsg. *Fachtagung Prozessrechner, München, 10.–11. März 1981*, *Informatik-Fachberichte*, Bd. 39, Reihe hrsg. von W. Brauer, Springer-Verlag.

**1982** [89]

Nowacki, H., und Gnatz, R., Hrsg. *Geometrisches Modellieren* (1982), *Informatik-Fachberichte*, Reihe hrsg. von W. Brauer, Springer-Verlag. Fachtagung der GI und der TU Berlin, November 1982.

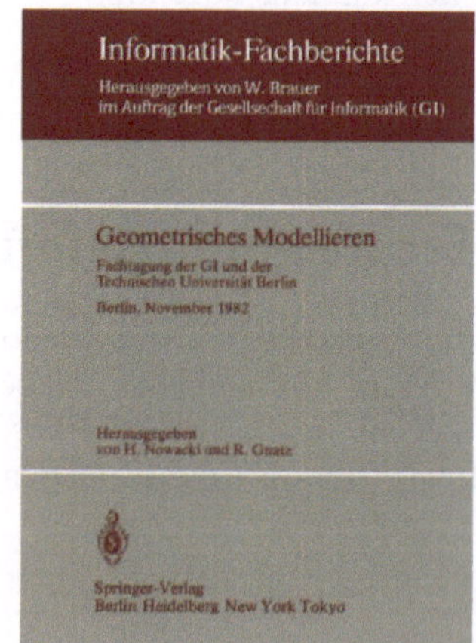


Von späteren Fachberichten sind die drei mit den Nummern 50, 156, 222 aus Münchner Sicht bemerkenswert; sie widmen sich GI Jahrestagungen:

11. GI-Jahrestagung 1981, Hrsg. W. Brauer; 17. 1987 und 19. 1989 mit Hrsg. M. Paul

Während der Vorbereitungen zur 11. GI-Jahrestagung in Verbindung mit der 3. ECI Conference verstarb deren "General Chairman" Klaus Samelson und andere hatten dies weiterzuführen. Es wurde seiner in einer Samelson-Memorial-Lecture gedacht, abgehalten von R. W. Floyd.

Die LNCS gaben seit 1973 für viele Jahre Gerhard Goos und Juris Hartmanis heraus. Der erste Band widmet sich der 3. GI-Jahrestagung in Hamburg, als Band herausgegeben von Wilfried Brauer.

**1973** [47]

BRAUER, W., Hrsg. *3. Jahrestagung der Gesellschaft für Informatik* 8.–10. Oktober 1973; im Programmausschuss sind u.a. genannt Langmaack und Samelson, Bd. 1 der *Lect. Notes in Comput. Sci.*, Springer-Verlag.

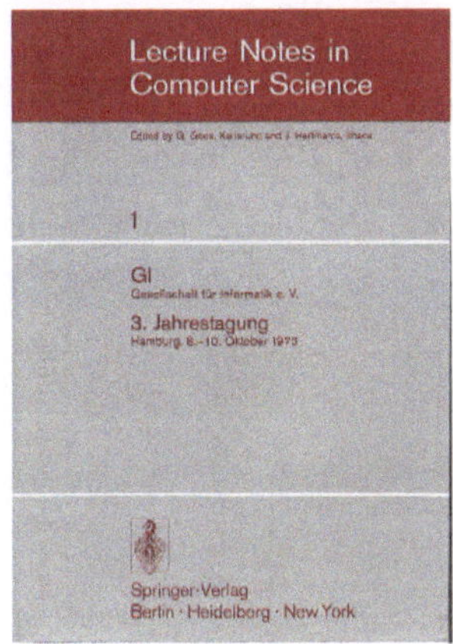


**1974** [60]

EICKEL, J., Hrsg. *Compiler Construction — An Advanced Course* (1974), Bd. 21 der *Lecture Notes in Computer Science*, Springer-Verlag. ISBN 3-540-06958-5; Series Eds. Gerhard Goos, Juris Hartmanis.

**1976** [97]

SAMELSON, K., Hrsg. *ECI Conference 1976, Proceedings of the 1st Conference of the European Cooperation in Informatics Amsterdam* (1976), Bd. 44 der Lect. Notes in Comput. Sci., Springer-Verlag.

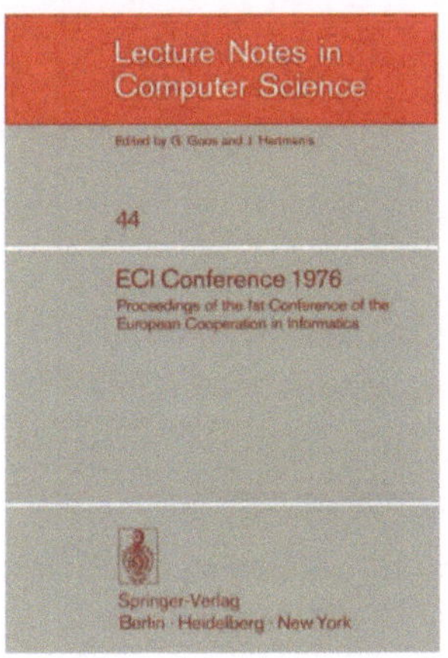


**1974** [60]

⇑

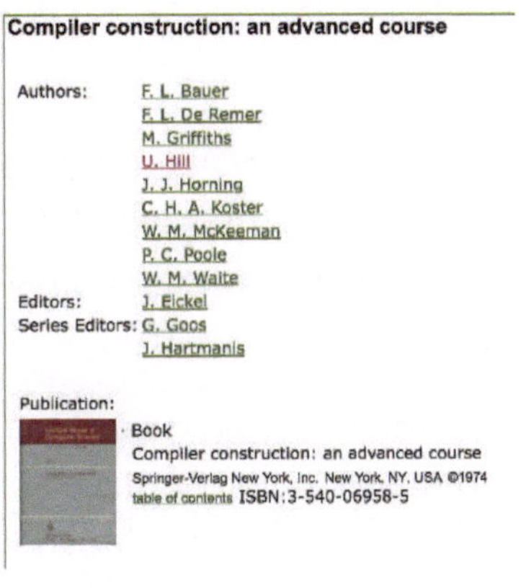

**Compiler construction: an advanced course**

Authors: F. L. Bauer, F. L. De Remer, M. Griffiths, U. Hill, J. J. Horning, C. H. A. Koster, W. M. McKeeman, P. C. Poole, W. M. Waite

Editors: J. Eickel

Series Editors: G. Goos, J. Hartmanis

Publication:

· Book

Compiler construction: an advanced course

Springer-Verlag New York, Inc. New York, NY, USA ©1974

table of contents ISBN:3-540-06958-5

**1976** [32]

Bauer, F. L., Samelson, K., et al., Hrsg. *Language Hierarchies and Interfaces: An International Summer School* (1976), Bd. 46 der Lect. Notes in Comput. Sci., Springer-Verlag.

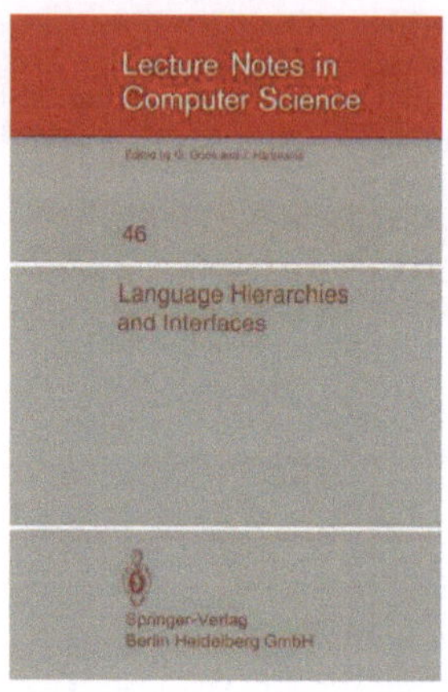


**1979** [12]

Bauer, F. L., Hrsg. *4th Intl. Conf. on Software Engineering, Sept. 17–19, 1979, TUM Munich*, IEEE. Catalog No. 79CH1479-5C.

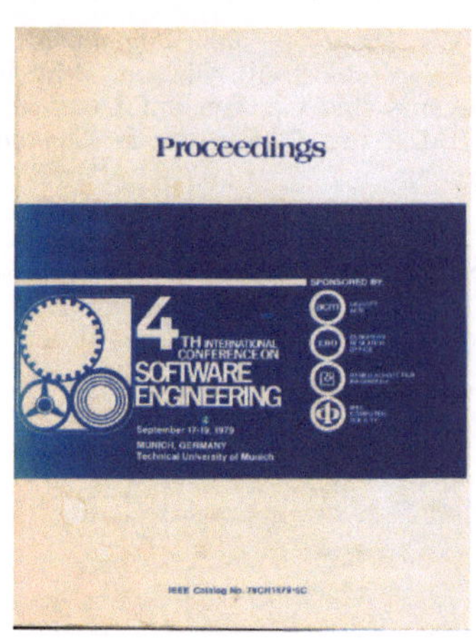


Weitere Münchner Beteiligungen an der Herausgeberschaft für frühe Bände der **Lecture Notes in Computer Science** (LNCS):

- 1977 LNCS 48

  Theoretical Computer Science, 3rd GI Conference Darmstadt, March 28–30, 1977

  G. Goos, J. Hartmanis, P. Brinch Hansen, D. Gries, C. Moler, G. Seegmüller, J. Stoer, N. Wirth

  `http://dx.doi.org/10.1007/3-540-08138-0`

- 1978 LNCS 60

  Operating Systems: An Advanced Course

  R. Bayer, R. M. Graham, G. Seegmüller, Eds.

  `http://dx.doi.org/10.1007/3-540-08755-9`

- 1979 LNCS 69

  Program Construction: An International Summer School

  Friedrich L. Bauer, Manfred Broy, E. W. Dijkstra, S. L. Gerhart, D. Gries, M. Griffith, J. V. Guttag, J. J. Horning, S. S. Owicki, C. Pair, H. Partsch, P. Pepper, M. Wirsing, H. Wössner

  `https://doi.org/10.1007/BFb0014649`

- 1979 LNCS 75

  Mathematical Studies of Information Processing, Proceedings of the International Conference Kyoto, Japan, August 23–26, 1978

  E. K. Blum, M. Paul, S. Takasu

  `http://dx.doi.org/10.1007/3-540-09541-1`

- 1985 LNCS 190

  Distributed Systems — Methods and Tools for Specification, April 1984 and April 1985 23–26, 1978: An Advanced Course

  M. Paul, H. J. Siegert, Eds.

Fassen wir zusammen! Hier entstand fast aus dem Nichts eine Woge an Publikationen zu neu und frisch erarbeiteten Gebieten, wie man sie in dieser Vielfalt *in nahezu nur einem Institut* wohl selten wieder finden wird. Die Breite reicht von Gasdynamik bis Kryptologie, von Linguistik bis Automatentheorie. Erkennbar ist der Wille, neue Gebiete grundlegend zu ordnen.

Abschließend darf der gebildete Lateiner sicherlich sagen: HABENT SUA FATA LIBELLI.[6] In der Tat wurden einige Titel in erweiterter Form vielfach aufgelegt und teilweise ins Englische, Russische, Polnische, Italienische oder Chinesische übersetzt. Andere dienen überwiegend zur Markierung dieses Aufbruchs.

## 6.8 Jubiläen

Zum Schluss hat Bauer mit breitester Unterstützung aus dem alten wie auch dem späteren Institut noch einmal die aktuellen Themen der Münchner Informatik mit Rückerinnerungen an die frühe Zeit gebündelt. Dem folgte später die große und zukunftweisende Jubiläumschronik des Leibniz-Rechenzentrums von 2012, [78].

Auch kann man wieder die Jahreszahlen 1898 und 1918 erkennen, denen zufolge wir gerade jetzt Jubiläen feiern dürfen.

[6]Bücher haben schon so ihre eigene Geschichte ...

**1981** [33]

BAUER, F. L., UND SCHMIDT, G., Hrsg. *Erinnerungen an Robert Sauer* (1981), Springer-Verlag. Beiträge zum Gedächtniskolloquium anläßlich seines 10. Todestages, 75 Seiten, ISBN 978-3-540-10951-8

**1998** [17]

BAUER, F. L., Hrsg. Robert Sauer 1898–1970 — Klaus Samelson 1918–1980. Mit Beiträgen von Oswald Giering, Roland Bulirsch, Hans Langmaack, Ludwig Morenz und Friedrich L. Bauer. Informatik-Club e.V., 56 Seiten, 1998.

**2007** [25]

BAUER, F. L. ET AL., Hrsg. *40 Jahre Informatik in München: 1967–2007, Festschrift.* Informatik-Club e.V., TUM, 2007; 382 Seiten.

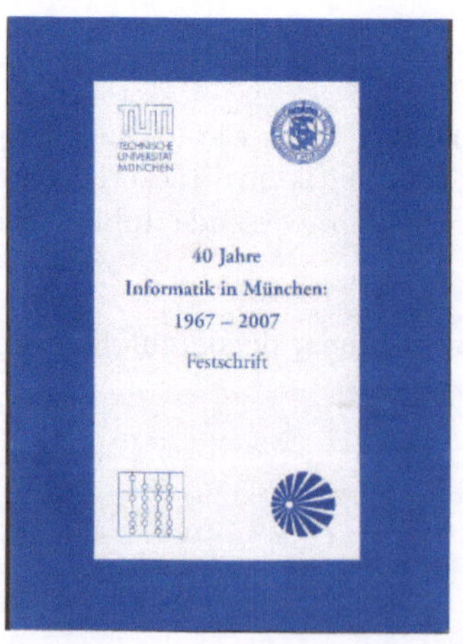


**2012** [78]

HEGERING, H.-G., Hrsg. *50 Jahre LRZ — Das Leibniz-Rechenzentrum der Bayerischen Akademie der Wissenschaften — Chronik einer Erfolgsgeschichte.* LRZ, 2012. ISBN 978-3-00-038333-5.

# 7 Ehrungen und Würdigungen

Hier werden einige Langzeitwirkungen gezeigt — Ehrungen für Sauer[1], Bauer[2] und Samelson[3] vor allem. Es wurden nämlich Bauten und Straßen, resp. ein Platz, nach ihnen benannt, ein Relief wie auch eine Büste gefertigt sowie eine U-Bahn-Station ausgeschmückt.

## 7.1 Robert Sauer

Die fünf Gebäude des sog. Südgeländes[4] der TU, seligen Angedenkens, erhielten die offizielle Bezeichnung „Robert-Sauer-Bauten“. Von diesen Robert-Sauer-Bauten steht nur noch einer der ursprünglichen fünf: der Block D ganz rechts.

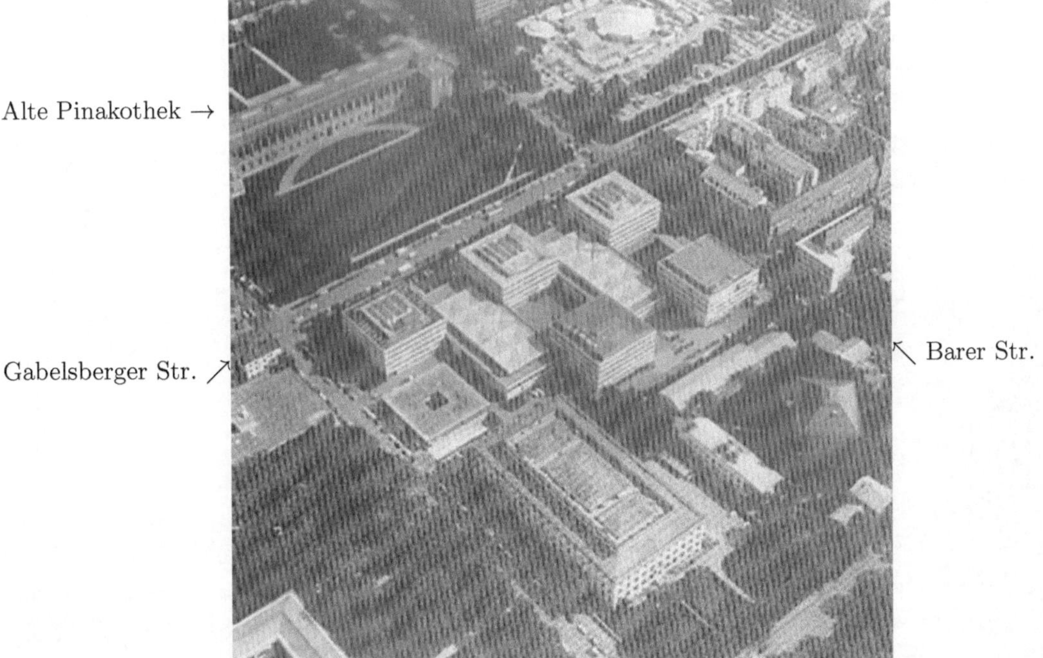


Luftbild der damaligen fünf Robert-Sauer-Bauten: oben links die Alte Pinakothek, unten: der ehemalige Parteibau, heute Musikhochschule

[1]Robert Sauer (∗ 16.09.1898, † 22.08.1970)

[2]Friedrich L. Bauer (∗ 10.06.1924, † 26.03.2015)

[3]Klaus Samelson (∗ 21.12.1918, † 25.05.1980)

[4]Offiziell zunächst benannt als „Südost-Gelände“; im Frühjahr 1969 bezogen, im November 1969 eingeweiht und nach geradezu vorsätzlicher Vernachlässigung ab ca. 2002 abgerissen.


G. Schmidt, *Rückblick auf die Anfänge der Münchner Informatik*, Die blaue Stunde der Informatik, https://doi.org/10.1007/978-3-658-28755-9_7

Vier der fünf Robert-Sauer-Bauten waren von der Kreuzung Barer/Gabelsberger Straße aus zu sehen

Im obigen Bild ganz links sieht man den Block D der Robert-Sauer-Bauten; er beherbergte von 1970 bis 2006 das LRZ. In seiner nicht freitragenden Eingangshalle wurden bald nach der Fertigstellung des Gebäudes 1971 die unten stehenden Halbreliefs an zwei rechteckigen Säulen angebracht. Die beiden Protagonisten schauten in dieselbe Richtung. Damit sie hier auf der Buchseite nicht voneinander weg nach außen schauen, mussten die Bilder trotz der Texte, die in chronologisch richtiger Weise bei Piloty beginnen, getauscht werden. Heute befinden sich die Reliefs im Garchinger LRZ-Gebäude.

**Robert Sauer — Hans Piloty**

In Freundschaft und
wechselseitigem fachlichen
Interesse verbunden,
haben sie den Grund gelegt für das
Leibniz-Rechenzentrum
der Bayerischen Akademie der
Wissenschaften und für
die wissenschaftliche Informatik
in München

Vis à vis angebrachte Halbreliefs in der Vorhalle von Block D der ehemaligen Robert-Sauer-Bauten

Die Robert-Sauer-Bauten, mussten — mit Ausnahme von Block D — der *Hochschule für Film und Fernsehen* (HFF) und dem *Staatlichen Museum Ägyptischer Kunst* weichen. Als durabler erwies sich eine von Agnes Schmiedel-Schulin gefertigte Bronze-Büste. Sie stand seit 1998 im langen Durchgang der Robert-Sauer-Bauten, ehe sie am 08.11.2002 mit nach Garching umgezogen und im Beisein der Stifterfamilie Morenz-Bachmann und des TUM-Altpräsidenten Meitinger in der dortigen Magistrale feierlich wieder aufgestellt wurde.

Nach dem Bericht von Ludwig Morenz in [17] hatte die Künstlerin Robert Sauer nie kennengelernt und daher nach zahllosen Fotografien und Portraits arbeiten müssen; sicherlich auch nach einer bereits früher gefertigten Büste.[5]

Immerhin haben wir heute auch noch eine für die breite Öffentlichkeit sichtbare Erinnerung an Piloty und Sauer in der Gestaltung des U-Bahnhofs *Garching-Forschungszentrum*:

[5]Im Februar 1965 hatte ich von Sauer fotographisch hart umrissbetonte Portrait- und Kopf-Fotografien anzufertigen. Sein Akademie-Kollege Melchior Westhues aus der Tiermedizinischen Fakultät der LMU fertigte eine Büste von ihm, und Sauer wollte die Zahl und Länge der Modell-Sitzungen wohl minimieren.

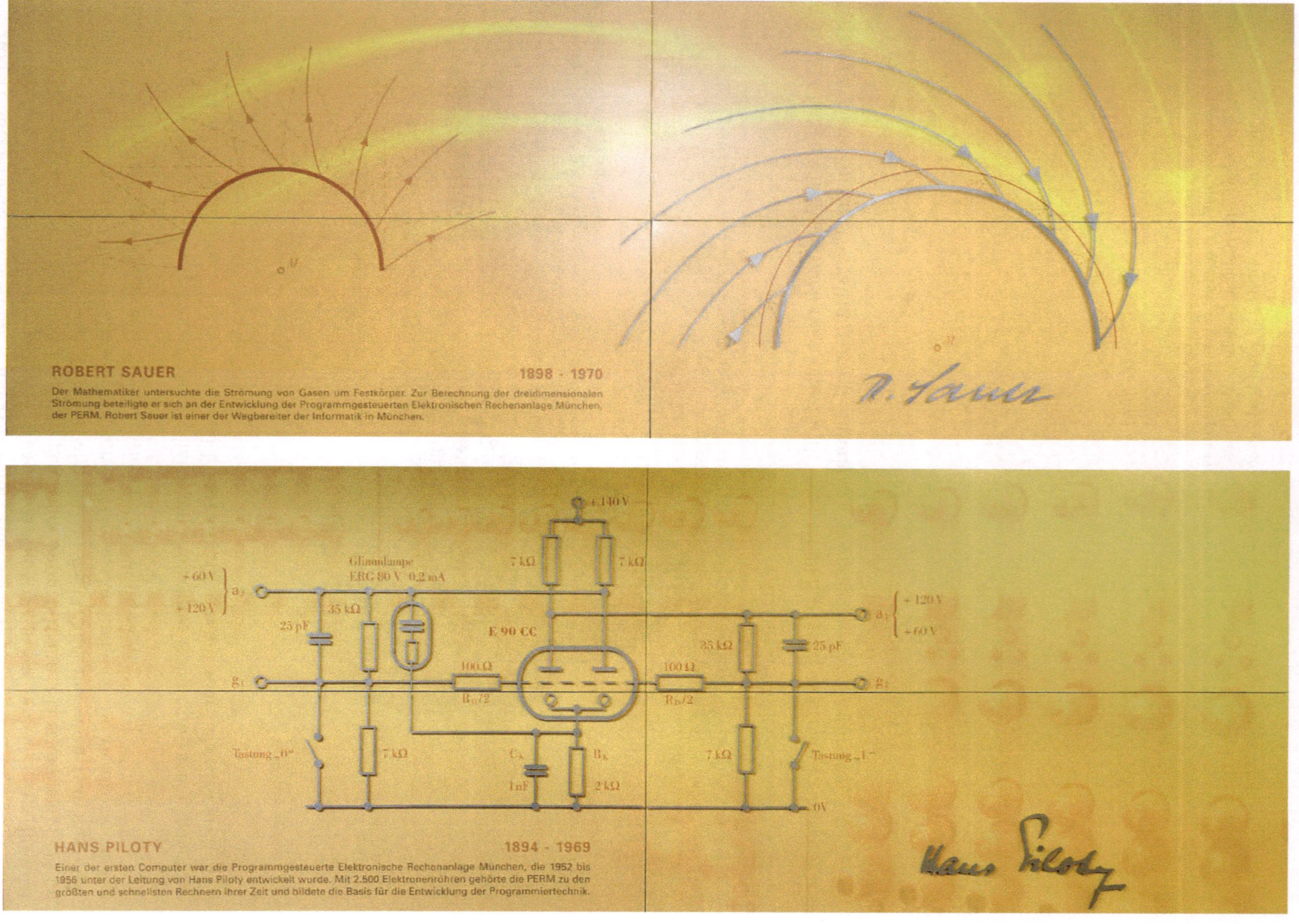
ROBERT SAUER
1898 - 1970
Der Mathematiker untersuchte die Strömung von Gasen um Festkörper. Zur Berechnung der dreidimensionalen Strömung beteiligte er sich an der Entwicklung der Programmgesteuerten Elektronischen Rechenanlage München, der PERM. Robert Sauer ist einer der Wegbereiter der Informatik in München.
HANS PILOTY
1894 - 1969
Einer der ersten Computer war die Programmgesteuerte Elektronische Rechenanlage München, die 1952 bis 1956 unter der Leitung von Hans Piloty entwickelt wurde. Mit 2.500 Elektronenröhren gehörte die PERM zu den größten und schnellsten Rechnern ihrer Zeit und bildete die Basis für die Entwicklung der Programmiertechnik.
E 90 CC
+140 V
0V

Sauers Ehrendoktorate, 1961 an der TU Dresden, in Mailand 1964 und 1965 an der TH Wien, galten damals weniger seinen Bemühungen um die Informatik als jenen um die Numerik.

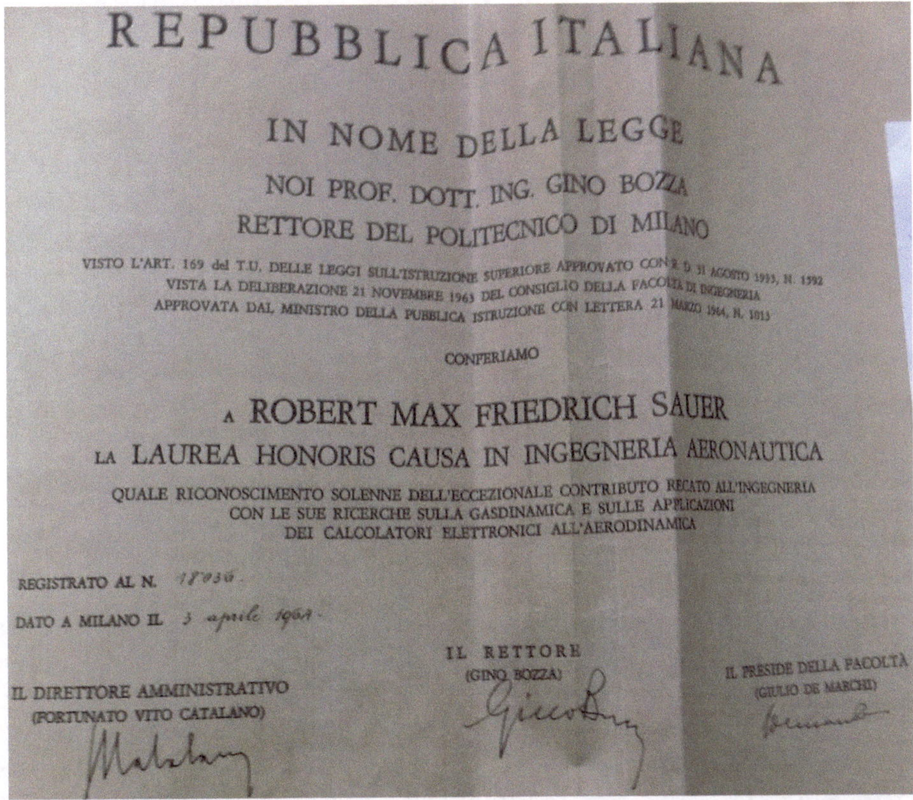

REPUBBLICA ITALIANA

IN NOME DELLA LEGGE

NOI PROF. DOTT. ING. GINO BOZZA
RETTORE DEL POLITECNICO DI MILANO

VISTO L'ART. 169 del T.U. DELLE LEGGI SULL'ISTRUZIONE SUPERIORE APPROVATO CON R. D. 31 AGOSTO 1933, N. 1592
VISTA LA DELIBERAZIONE 21 NOVEMBRE 1963 DEL CONSIGLIO DELLA FACOLTÀ DI INGEGNERIA
APPROVATA DAL MINISTRO DELLA PUBBLICA ISTRUZIONE CON LETTERA 21 MARZO 1964, N. 1013

CONFERIAMO

A ROBERT MAX FRIEDRICH SAUER
LA LAUREA HONORIS CAUSA IN INGEGNERIA AERONAUTICA

QUALE RICONOSCIMENTO SOLENNE DELL'ECCEZIONALE CONTRIBUTO RECATO ALL'INGEGNERIA
CON LE SUE RICERCHE SULLA GASDINAMICA E SULLE APPLICAZIONI
DEI CALCOLATORI ELETTRONICI ALL'AERODINAMICA

REGISTRATO AL N. 18036.

DATO A MILANO IL 3 aprile 1964.

IL DIRETTORE AMMINISTRATIVO
(FORTUNATO VITO CATALANO)

IL RETTORE
(GINO BOZZA)

IL PRESIDE DELLA FACOLTÀ
(GIULIO DE MARCHI)

Als Ehrung besonderer Art wurde der 10. Todestag von Robert Sauer in ganz großem Rahmen begangen, was ich als relativ frisch ernannter Professor 1981 (mit) zu organisieren hatte, und wozu es einen schönen Erinnerungsband gibt, [33]. Auch zum Anlass seines 100sten Geburtstags gab es eine große Veranstaltung; siehe [17] und Seite 162.

Erwähnt von seinen weiteren Ehrungen seien noch der Bayerische Verdienstorden (1962) und das Große Verdienstkreuz mit Stern des Verdienstordens der Bundesrepublik Deutschland (1966).

---

Beschriftung für $\Longrightarrow$

1. Reihe: v.l. Leiter der Staatskanzlei Ministerialdirektor Rainer Kessler, Audomar Scheuermann, Johannes von Elmenau, Heinz Götze, NN, Akademiepräsident Herbert Franke, Kanzlerin Angela Molitoris, Staatssekretärin im Kultusministerium Mathilde Berghofer-Weichner, Hermann Jordan, Rektor Wolfgang Wild, Gunther Schmidt, TU-Vizepräsident Zapf, TU-Vizepräsident Rastetter

2. Reihe verdeckt hinter Franke: Adolf Butenandt

4. Reihe ganz rechts: Roland Bulirsch, Gerhard Seegmüller

5. Reihe: Rupert Gnatz, Richard Baumann, ... Norbert Willisch, Hans-Jürgen Siegert, Manfred Paul, weiter hinten; senkrecht hinter v. Elmenau: Heinz Bauer (Erlangen), Karl Stein

Stehend v.l.: TU-Präsident Wolfgang Wild, TU-Kanzlerin Angela Molitoris, NN verdeckt, Akademie-Präsident Herbert Franke, Gunther Schmidt, F. L. Bauer, Staatskanzlei-Chef Rainer Kessler. Sitzend u.a.: Nobelpreisträger Adolf Butenandt, Staatssekretärin im Kultusministerium Mathilde Berghofer-Weichner

⟸ Beschriftung auf der Vorseite

## 7.2 Klaus Samelson

Klaus Samelson wurde recht unerwartet in Hildesheim geehrt. Um 1987 sollte die Informatik der Universität in ein neues Gebäude umziehen, eine ehemalige Schule. Höchst patriotisch zeigen Gneisenau-, Scharnhorst- und Blücherstraße von der Yorkstraße auf eine durch die Körnerstraße literarisch abgeschirmte „Ausbeulung“ der Schillstraße, mit deren Name offensichtlich auf den Major Schill[6] der Befreiungskriege gegen Napoleon verwiesen werden sollte. Auch an Nettelbeck, Helfer bei der Verteidigung Kolbergs, erinnert dort eine nach ihm benannte Straße. Vermutlich erlebte Hildesheim diese Ballung von Straßenbenennungen 1866, als es zu Preußen kam.

Schill, schon mit 33 Jahren gefallen, wurde historisch mehrfach überhöht. In der aus [84] wiedergegebenen Illustration auf der Folgeseite stellte man den Major Schill neben die ganz großen Militärstrategen. In der DDR ehrte man Schill 1976 mit einer 5-Mark-Münze zu seinem 200sten Geburtstag — seine Freikorps-Bewegung zum revolutionären Volksaufstand umdeutend.

Ernst-Erich Doberkat — damals Hildesheim, heute Emeritus in Dortmund — erschien „Schillstraße“ als Adresse auch für Universitätsinstitute an diesem Platz wenig geeignet. Doberkat wählte Klaus Samelson als Namenspatron, einen derjenigen, die in neuester Zeit — noch nach deren eigentlichem Start — wichtige Beiträge zur Informatik in Deutschland geleistet hatten. In Anwesenheit von Ursula Hill-Samelson wurde der neu benannte Platz mit einem Festakt eingeweiht; das Informatik-Spektrum berichtete im Februar 1987 über den Vollzug.

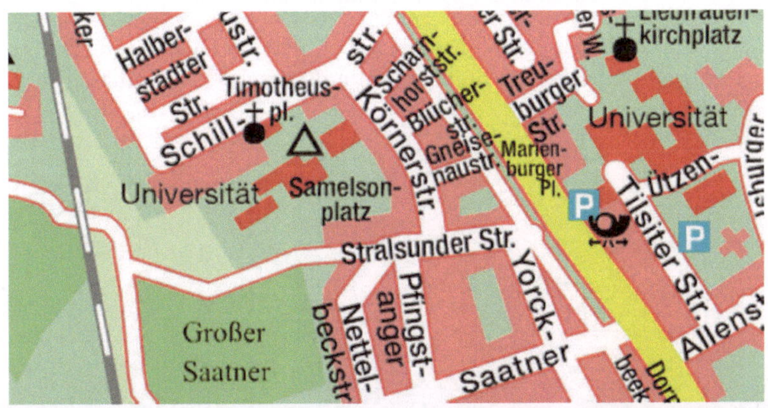


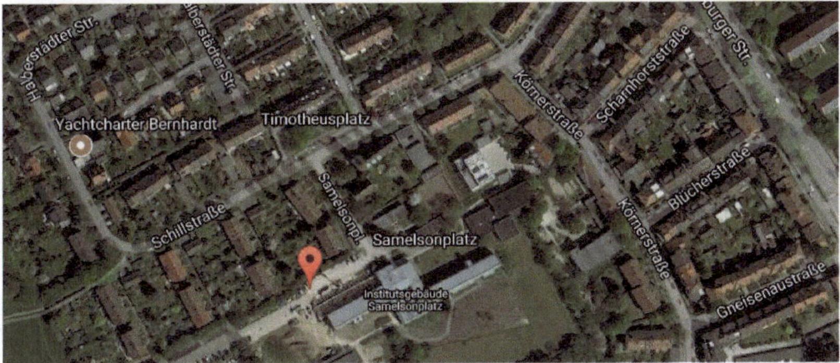


[6] https://de.wikipedia.org/wiki/Ferdinand_von_Schill

Gneisenau, York, Scharnhorst und Schill

Ein Gedankenspiel: So wie Samelson den Namensgeber Schill in Hildesheim ersetzte, denke man sich, dass er hier von rechts an dessen Stelle in die militärische Versammlung in [84] tritt.

Zu Samelsons 80stem Geburtstag, den er nicht mehr erleben durfte, gab es eine große Festveranstaltung an der TUM; siehe [17] und Seite 162. Hans Langmaack hielt damals den später im Informatik-Spektrum veröffentlichten Vortrag [85].

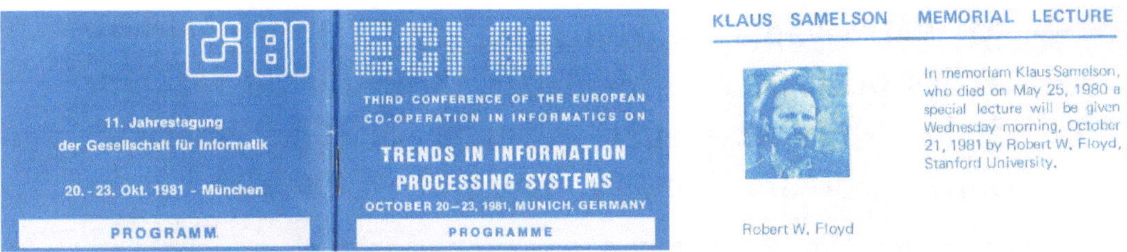


Samelson Memorial Lecture bei der 11. GI-Jahrestagung 1981, verbunden mit der 3. ECI

## 7.3 Friedrich L. Bauer

Friedrich L. Bauer wurden drei Ehrendoktorate verliehen:

- im Oktober 1974 an der Universität Grenoble der Dr. ès sc. h.c., an ihn und zugleich an den Nobelpreisträger Rudolf Mössbauer,
- im Jahr 1989 der Dr. h.c. der Fakultät für Informatik der Universität Passau
- und am 10. Oktober 1998 der Dr. h.c. der Fakultät für Informatik der Universität der Bundeswehr München — als erstmalig von dieser verliehenes Ehrendoktorat.

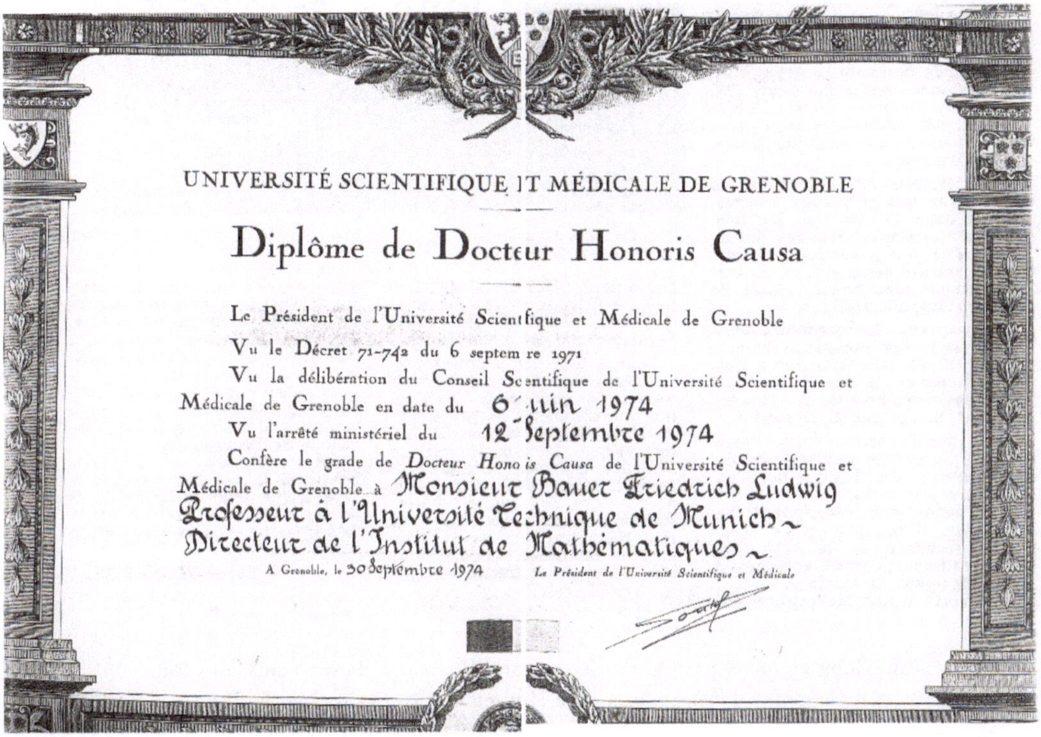

UNIVERSITÉ SCIENTIFIQUE ET MÉDICALE DE GRENOBLE

Diplôme de Docteur Honoris Causa

Le Président de l'Université Scientifique et Médicale de Grenoble
Vu le Décret 71-742 du 6 septembre 1971
Vu la délibération du Conseil Scientifique de l'Université Scientifique et Médicale de Grenoble en date du 6 juin 1974
Vu l'arrêté ministériel du 12 Septembre 1974
Confère le grade de *Docteur Honoris Causa* de l'Université Scientifique et Médicale de Grenoble à Monsieur Bauer Friedrich Ludwig Professeur à l'Université Technique de Munich – Directeur de l'Institut de Mathématiques –

A Grenoble, le 30 Septembre 1974

*Le Président de l'Université Scientifique et Médicale*

# ★ M. Pétrosyants, patron russe de l'atome pacifique et les professeurs Mossbauer, directeur du réacteur à haut-flux et Bauer, pionnier de l'informatique faits docteurs honoris causa à Grenoble

L'Université scientifique et médicale de Grenoble a marqué sa rentrée par une cérémonie de grand apparat au cours de laquelle trois personnalités scientifiques de renommée mondiale, M. A.M. Petrosyants, président du Comité d'Etat de l'U.R.S.S. pour l'utilisation pacifique de l'énergie atomique, et les professeurs R.L. Mossbauer, directeur de l'Institut Lane-Langevin à Grenoble, et F.L. Bauer, patron de l'informatique en Allemagne fédérale, ont été faits docteurs honoris causa.

Le recteur Maurice Niveau, chancelier des Universités présidait cette cérémonie, et il avait, à ses côtés, M. Le Bris, directeur de cabinet au secrétariat d'Etat aux Universités, Néel, directeur de l'I.N.P.G., Soutif, président de l'Université scientifique et médicale, Quermonne, président de l'Université des sciences sociales, Bonneville, président de l'Université des langues et lettres, tandis qu'aux premiers rangs de la nombreuse assistance on remarquait M. Jannin, préfet de l'Isère, M. Giraud, administrateur au C.E.A., et M. Dubedout, député - maire de Grenoble.

M. Niveau mit l'accent sur les changements qui sont intervenus dans l'Université. « Mais, dit-il, certaines grandes traditions ne sont pas nécessairement des valeurs déplacées, et les institutions demeurent, au-delà de leurs transformations. »

Evoquant la « communauté mondiale des savants », le recteur Niveau souligna que « tous les hommes de science sont désormais responsables, directement, de l'avenir de la société ».

M. Soutif parla, notamment, de l'autonomie des universités, illusoire jusqu'ici, mais que l'on espère pour cette année, et, sur un autre plan, rejoignant M. Niveau, il souligna que « seuls les résultats de la recherche scientifique peuvent amener un changement de la vie ».

C'était situer les raisons qui ont amené l'Université de Grenoble à distinguer trois hommes qui ont beaucoup fait pour l'avancement des sciences.

*De gauche à droite, le professeur Mossbauer, M. Petrosyants et le professeur Bauer.*

Tour à tour, les parrains présentèrent les docteurs honoris ⇒causa. Le professeur Gastinel montra comment le professeur Bauer a été un pionnier de l'informatique, M. Soutif mit en évidence la personnalité du professeur Mossbauer, prix Nobel de physique (on connait l'effet Mausbauer, qui a introduit une nouvelle spectroscopie), et directeur à Grenoble, depuis deux ans, du réacteur franco - anglo-allemand à haut-flux, un institut « où l'on s'entend mieux qu'en politique ou en finances ». M. Néel, enfin, fit honneur à M. Petrosyants, principal artisan de la coopération scientifique franco - soviétique qui aboutit à d'intéressantes perspectives en matière d'utilisation pacifique de l'énergie atomique.

En conclusion, M. Le Bris confirma la vocation de métropole scientifique de Grenoble et sa contribution d'avant-garde à la recherche et à la coopération internationales.

**Roger VIGNERON.**

Pressemeldung zu den Ehrenpromotionen von Mössbauer, Petrosyants und Bauer in *Le Dauphiné Libéré*;[7] ferner ein Hinweis auf Noël Gastinel im Text

[7] Die Zeitung übersandte dankenswerterweise ein Original des Fotos — noch nach 45 Jahren!

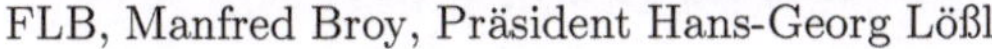

FLB, Manfred Broy, Präsident Hans-Georg Lößl    Hans Langmaack, Gunther Schmidt, FLB

Seite 2 / Süddeutsche Zeitung Nr. 59 LKS    SÜDÖSTLICHER LANDKREIS    12.3.98

# Neubiberger Ehrendoktorwürde für Friedrich Bauer

**Festakt in der Bundeswehr-Hochschule / Der emeritierte Professor gilt als Mentor des Studienfachs Informatik**

Von Karl Rieck

**Neubiberg – Die Universität der Bundeswehr hat im Rahmen einer akademischen Feier die Ehrendoktorwürde an Professor Friedrich Ludwig Bauer verliehen. Er gilt als Mentor der Informatik mit weitreichender Wirkung im In- und Ausland. Bauer hat bahnbrechende Arbeiten zur Numerischen Mathematik geschrieben, über die Theorie hinaus jedoch auch ganz konkrete Beiträge zur Entwicklung der Informatik zum vollwertigem akademischen Fach geleistet.**

AKADEMISCHE AUSZEICHNUNG *für einen verdienten Wissenschaftler: Neubibergs Universitätspräsident Hans-Georg Lößl (rechts) gratuliert Friedrich Ludwig Bauer zur Ehrendoktorwürde.* Photo: Schunk

Professor Fritz Lehmann, der Dekan der Fakultät für Informatik, würdigte den Geehrten in seiner Laudatio als den Verfasser maßgeblicher Arbeiten und eines umfangreichen wissenschaftlichen Werkes. Bauer habe mehr als 200 Beiträge publiziert, darunter 14 Bücher. Bereits 1951 habe er ein Patent für einen fehlerkorrigierenden Code bekommen, der später als „Bauer-Code" bekanntgeworden sei.

Seit seiner Assistentenzeit zogen ihn die Rechenanlagen in ihren Bann: Bereits in den fünfziger Jahren hat Bauer maßgeblich am Bau der „Programmgesteuerten Elektronischen Rechenanlage München" (PERM) mitgearbeitet. Der Professor habe sich, so Lehmann, stets gegen die Verwendung der irreführenden Bezeichnung „Künstliche Intelligenz" gewandt.

Bahnbrechende Arbeiten habe er zur Definition geeigneter problemorientierter Sprachen und ihrer Übersetzung vorgelegt. Der 1956 fertiggestellte formelgesteuerte Logikrechner STANISLAUS sei jetzt noch im Deutschen Museum zu besichtigen. Laudator Lehmann vergaß nicht anzumerken, daß die dortige Abteilung für Informatik und Automatik von Bauer konzipiert und 1988 eröffnet wurde.

An vielen anderen Projekten sei der Informatiker über Jahrzehnte hinweg beteiligt gewesen. Nachhaltigen Einfluß habe er als akademischer Lehrer ausgeübt. Um der Informatik außerhalb des akademischen Bereiches Geltung zu verschaffen, habe er mit einigen anderen die Gesellschaft für Informatik gegründet, die heute mehr als 18 000 Mitglieder zähle. Nicht zuletzt sei er Mitglied vieler nationaler und internationaler Gremien, Herausgeber oder Mitherausgeber bedeutender Zeitschriften und Veranstalter renommierter Tagungen, sagte Professor Fritz Lehmann.

Friedrich Ludwig Bauer wurde 1924 in Regensburg geboren, machte 1942 in München sein Abitur, war im Weltkrieg Soldat und studierte danach Mathematik, Theoretische Physik, Astronomie und Logik in München. Der Promotion im Jahr 1952 folgten eine Assistentenzeit und die Habilitation. Er wurde zunächst Privatdozent, dann 1958 Professor für Angewandte Mathematik an der Universität Mainz, schließlich 1963 Professor für Mathematik an der Technischen Universität München – von 1972 an für Informatik und Mathematik.

Im Jahr 1989 wurde er emeritiert. Bereits vor der Ehrung durch die Neubiberger Hochschule verliehen ihm die Universitäten von Grenoble und Passau die Ehrendoktorwürde. Er ist außerdem Träger des Bundesverdienstkreuzes, des Bayerischen Maximiliansordens für Wissenschaft und des internationalen „IEEE Computer Pioneer Award", der ihm 1988 verliehen wurde und dem manche Fachleute sogar den Rang eines Nobelpreises zuerkennen.

Hochschul-Präsident Hans-Georg Lößl hob in seinem Grußwort besonders die Verdienste Bauers um die „personelle und damit auch strukturelle Gestaltung des Faches und der Fakultät Informatik" hervor. Bauer habe auch die „ästhetische Dimension" des Faches Informatik mit erschlossen. Die Ehrendoktorwürde werde an der Universität der Bundeswehr nur sparsam vergeben, in der Fakultät für Informatik sei dies überhaupt erstmals der Fall, betonte Lößl. Professor Axel Lehmann, der Vorgänger von Fritz Lehmann als Dekan, lobte in seinem anschließenden Jahresbericht besonders die Reform des Diplomstudiengangs Informatik an der Universität, die verstärkte Zusammenarbeit zwischen den einzelnen Fakultäten und die Neustrukturierung der eigenen Fakultät.

Pressemeldung zur Bauers Ehrendoktorat an der Universität der Bundeswehr, 1998

Eine Fülle weiterer Ehrungen[8] hat Bauer erreicht, unter denen wenigstens diese Erwähnung finden sollten: Er wurde 1986 Mitglied im *Bayerischen Maximiliansorden für Wissenschaft und Kunst* — limitiert auf jeweils 100 lebende Personen. Ihm wurde am 22.10.1987, während der 17. GI-Jahrestagung in München, die Ehrenmitgliedschaft in der GI verliehen mit einer großen Laudatio durch Heinz Zemanek: `http://www.titurel.org/Hist6070/ZemanekLaudatio.pdf`

Bauer erlebte noch seinen 90. Geburtstag, verstarb aber im Jahr danach. Kurze Zeit später wurde ihm der *Friedrich L. Bauer-Hörsaal* im neuen Institutsgebäude in Garching gewidmet:

[8]Siehe etwa: `https://de.wikipedia.org/wiki/Friedrich_L._Bauer`

Nach dem Tode von Bauer hat Rudolf Berghammer in der Bibliothek der Mathematik und Informatik an der Christian-Albrechts-Universität zu Kiel eine dezente FLB-Vitrine mit nahezu allen seiner Bücher eingerichtet:

Noch neueren Datums wird die Friedrich-Ludwig-Bauer-Straße sein, die demnächst im Garchinger Forschungszentrum getauft werden soll. Der Beschluss dazu — und zu einer analogen Ehrung für Hans Piloty und Walther von Dyck — fiel schon im Jahre 2016. Der bisherige Stand:

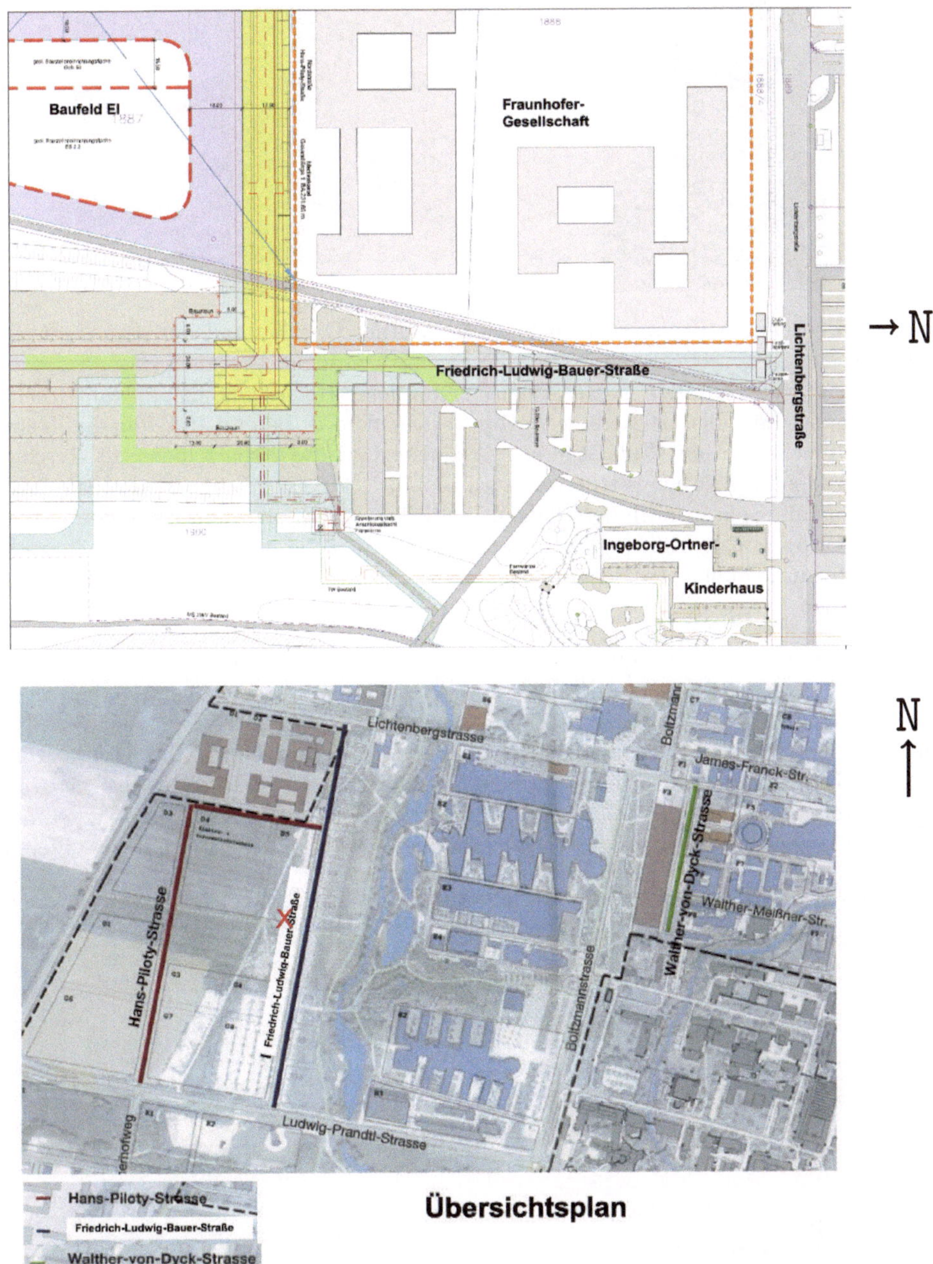

Der damit zu ehrende Münchner Mathematiker Walther Dyck[9] stand der damaligen Technischen Hochschule seit 1900 als *Direktor* vor. Er hatte mitgeholfen, auch das *Frauenstudium* zu ermöglichen. Schon ein Jahr später konnte er für seine Hochschule die *Rektoratsverfassung* erlangen und war 1903 bis 1906 erster *Rektor* — nachdem er bereits 1901 für die Technische Hochschule München gegen Widerstände im Ministerium das Promotionsrecht durchgesetzt hatte. Er wurde zum Walther Ritter von Dyck nobilitiert [122, 22] und schließlich 1908 zum Geheimrat ernannt. Später, nach dem Ersten Weltkrieg, wählte man ihn noch einmal für sechs Jahre (1919–1925) zum Rektor, und er musste der TH über die ganz schwierigen Jahre helfen. Im Jahre 2016 wurde daher beschlossen, eine Straße auf dem Forschungscampus Garching nach ihm zu benennen.

Was weit weniger über ihn bekannt sein dürfte (lt. [66]): Im Oktober 1916 hatte er kriegsbedingt die flämische Universität Gent an den Lehrkörper zu übergeben — in Anwesenheit des deutschen Generalgouverneurs in Belgien Generalobersten Dr. Moritz Freiherr von Bissing.[10] Die Reden wurden herausgegeben, und in seinem Vorwort des Heftes heißt es: *Die Umwandlung der Universität Gent in eine flämische Hochschule hat inmitten des Weltkrieges das Interesse und den Widerstreit der Meinungen weiter Kreise erregt; sie hat freudige Zustimmung gefunden ... verblendeten Widerstand ... Hass und Verleumdung ...* Dyck hat also durchaus differenziert.

An Walther von Dyck wird in der Station Garching-Forschungszentrum ebenfalls erinnert:

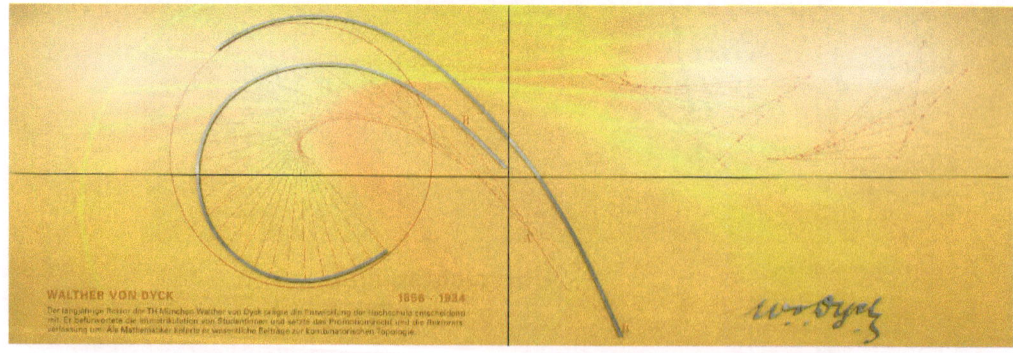


[9] 1856–1934
[10] 1844–1917

Am 25. Juni 2003 wurde in Garching ein Kolloquium veranstaltet in Erinnerung an *100 Jahre Rektoratsverfassung der Technischen Universität München.* Vor höchstrangigen Gästen wurde ein Walther von Dyck-Preis verliehen und Dycks Büste enthüllt, die man mit dem Umzug der Fakultäten nach Garching ebenfalls dorthin überführt hatte. Zuvor zierte sie den leider etwas dunklen Treppenaufgang im Trakt „Bestelmeyer Süd" des Hauptgebäudes der TU.

---

Mit einem Alter von nunmehr 50 Jahren ist die Informatik als Wissenschaft immer noch unglaublich jung, verglichen mit der Jahrtausende alten Medizin oder der Astronomie. Selbst die Ingenieurwissenschaften können bereits auf zwei Jahrhunderte ihrer Existenz verweisen, wenn man an die Gründung der École Polytechnique 1794 denkt, die 1804 von Napoleon zur Militärakademie erklärt worden ist. Die Münchner Informatik darf sich freuen, dass es neben einem Werner-Heisenberg-Weg oder einer Boltzmannstraße nun auch einen Samelsonplatz in Deutschland gibt und eine Friedrich-Ludwig-Bauer-Straße geben wird; wohl die ersten derartigen Würdigungen für Informatiker — nach den überwältigenden Ehrungen für Konrad Zuse.[11]

Auch die langjährige Kanzlerin der TH München, Angela Molitoris,[12] von Bauer immer wieder als Unterstützerin hervorgehoben, erhielt neuerdings eine — ebenfalls noch nicht praktisch vollzogene — Benennung als Ehre: In Pasing wird ein Platz nach ihr heißen, der sie ehren soll als Wegbereiterin des TUM-Campus Garching.

Es ist gewiss nicht alltäglich, dass ein kongenialisches Paar von Wissenschaftlern jenseits von Ehrendoktoraten und Orden so bleibend geehrt wird wie Bauer und Samelson. Aber ausgerechnet anlässlich des Jubiläums *50 Jahre Informatik München* wurde ein Sonderband [46] herausgegeben, dessen Einleitung an der durch einen Pfeil gekennzeichneten Stelle so aussieht:

## 50 Jahre Informatik an den Universitäten in München

Mit der Feier zu „50 Jahre Universitäts-Informatik in München" wird des Ereignisses gedacht, dass im Jahre 1967 F.L. Bauer an der Technischen Universität München erstmalig eine Lehrveranstaltung durchführte, die den Begriff „Informatik" verwendete.

Das Entstehen der Informatik in München war stark geprägt durch die Rechenanlage PERM. Neben den riesigen Herausforderungen bei ihrer Konstruktion wurde den Beteiligten schnell deutlich, dass die Programmierung ganz besondere Fragestellungen mit sich
⟶ brachte. F.L. Bauer und K. Samuelson waren dadurch frühzeitig auf dieses Thema aufmerksam geworden. Im Zentrum stand zunächst die Suche nach einer algorithmischen Sprache, insbesondere für numerische Anwendungen. ALGOL war die Antwort aus München und wurde 1960 die erste durch ein internationales Komitee festgelegte Programmiersprache. Schnell zeigte sich, dass nicht nur die Sprache von Bedeutung ist, sondern dass auch die methodische Beherrschung der Programmierung eine große Herausforderung darstellt. Mit der „NATO Software Engineering Conference" 1968 in Garmisch, organisiert von F.L. Bauer, wurde der Begriff des Software Engineerings eingeführt und nachhaltig geprägt.

---

[11]Seit 2006 führt die Stadt Hünfeld, zuletzt Zuses Wahlheimat, auf Briefköpfen und Ortsschildern die offizielle Zusatzbezeichnung „Konrad-Zuse-Stadt". In Berlin, Braunschweig, Bremen, Bielefeld, Erfurt, Frankfurt am Main, Heilbronn, Herzogenrath, Hoyerswerda, Itzehoe, Kaiserslautern, Kempten, Koblenz, Lüneburg, Leipzig, Immenstadt, Monheim und Unterschleißheim wurden Straßen nach ihm benannt (lt. Wikipedia).

[12]∗ 1912, † 2002

Schon in dem Büchlein zum 125jährigen Bestehen der TUM [57] war eine Bild-Beschriftung auf dessen Seite 75 etwas unglücklich:

Eröffnung der Informatik/Automatik-Ausstellung am 7. Mai 1988.
⟶ Der Beiratsvorsitzende Professor Ludwig Bauer zeigt Innenminister Friedrich Zimmermann die PERM, die von ihm in den fünfziger Jahren mitentwickelte Rechenanlage der Hochschule.

# 8 Nachwort

Um die Größenordnung des damals initiierten Umbruchs noch einmal zu betonen, seien zwei frappierende Notizen angefügt: Im Verhältnis zu dem, was uns heute mit vielleicht 256 GB[1] für das Handy angeboten wird, ist der schon erwähnte Trommelspeicher der PERM um den Faktor 16 Millionen kleiner !!! An derartige Faktoren der Miniaturisierung haben wir uns zwar inzwischen gewöhnt — doch ohne das so recht nachvollziehen zu können. Vergleichen wir es daher einmal plakativ in Richtung entsprechender Vergrößerung:

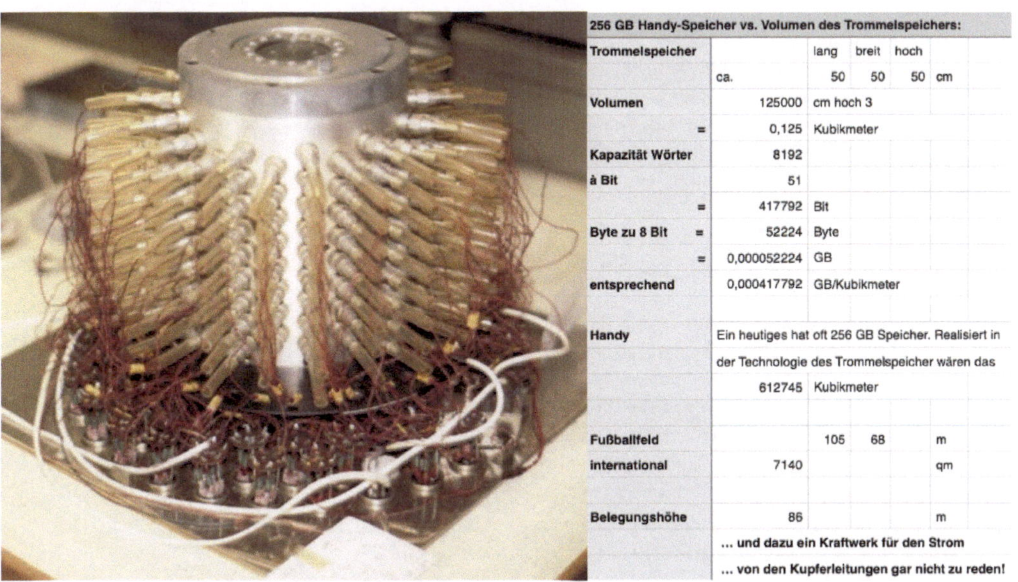

| 256 GB Handy-Speicher vs. Volumen des Trommelspeichers: | | | | | | |
|---|---|---|---|---|---|---|
| Trommelspeicher | | | lang | breit | hoch | |
| | | ca. | 50 | 50 | 50 | cm |
| Volumen | | 125000 | cm hoch 3 | | | |
| | = | 0,125 | Kubikmeter | | | |
| Kapazität Wörter | | 8192 | | | | |
| à Bit | | 51 | | | | |
| | = | 417792 | Bit | | | |
| Byte zu 8 Bit | = | 52224 | Byte | | | |
| | = | 0,000052224 | GB | | | |
| entsprechend | | 0,000417792 | GB/Kubikmeter | | | |
| Handy | | Ein heutiges hat oft 256 GB Speicher. Realisiert in der Technologie des Trommelspeicher wären das | | | | |
| | | 612745 | Kubikmeter | | | |
| Fußballfeld | | | 105 | 68 | | m |
| international | | 7140 | | | | qm |
| Belegungshöhe | | 86 | | | | m |
| | | ... und dazu ein Kraftwerk für den Strom | | | | |
| | | ... von den Kupferleitungen gar nicht zu reden! | | | | |

Dieser heutige Hosentaschen-Speicherplatz hätte in der damaligen Technologie demnach ein Fußballfeld erfordert, 86 m hoch gefüllt mit solchen Apparaten. Oder: ein per eMail versendbares jpg-Bild von 420 KB entspräche 8 solcher Geräte, also einem Kubikmeter. Die Prozessorgeschwindigkeit ist ähnlich rasant gestiegen.

---

Ja, und dann gibt es noch aus dem Jahre 1963 einen Antrag, den auch die LRZ-Chronik [78] wieder zeigte, unterzeichnet von den drei bereits hochrenommierten Ordinarien

— o. Prof. Dr. Hans Piloty,
— o. Prof. Dr. Friedrich L. Bauer,
— o. Prof. Dr. Robert Sauer,

[1] Ich wählte kürzlich eines mit nur 64 GB.


G. Schmidt, *Rückblick auf die Anfänge der Münchner Informatik*, Die blaue Stunde der Informatik, https://doi.org/10.1007/978-3-658-28755-9_8

R E C H E N Z E N T R U M
DER TECHN. HOCHSCHULE MÜNCHEN
o. Prof. Dr. H. Piloty o. Prof. Dr. R. Sauer

MÜNCHEN 2, den 15.5.1963
ARCISSTRASSE 21
TELEFON 5592-391

An den
Herrn Rektor der
Technischen Hochschule
M ü n c h e n

Betr.: Amtsanschluss für die Telefon-Nebenstelle am Akademie-Rechenzentrum in der Richard-Wagner-Strasse 18.

Vor einigen Wochen haben wir mehrere wissenschaftliche Mitarbeiter unseres Rechenzentrum an das Rechenzentrum der Bayerischen Akademie der Wissenschaften delegiert und sie beauftragt, die umfangreichen Vorarbeiten für den späteren Betrieb der TR 4 an Ort und Stelle voranzutreiben. Diese Arbeiten werden aber dadurch sehr erschwert, daß in den Räumen des Akademie-Rechenzentrums in der Richard-Wagner-Strasse 18 nur ein nicht amtsberechtigter Telefon-Anschluss vorhanden ist.

Dem kürzlich gestellten und genehmigten Antrag auf Einrichtung dieses Anschlusses lag die Annahme zu Grunde, die eigene Telefon-Anlage des Akademie-Rechenzentrums könne mit zwei Amtsleitungen in Betrieb genommen werden, sobald der Stand der Bauarbeiten dies zuliesse, also in kürzester Frist. Inzwischen hat aber eine Nachfrage beim Fernmeldeamt ergeben, daß dies frühestens im August möglich sein wird, obgleich schon vor längerer Zeit um die Anschlussgenehmigung nachgesucht worden war.

Wir bitten daher, den fraglichen Hausanschluss (Nr.396) solange in einen amtsberechtigten Anschluss umwandeln zu lassen, bis die eigene Telefonanlage in Betrieb ist.

H. Piloty F. Bauer R. Sauer

o.Prof.Dr.H.Piloty o.Prof.Dr.F.L.Bauer o.Prof.Dr.R.Sauer

worin sie beim Rektor der TH erbettelten, er möge dem Akademie-Rechenzentrum (später: LRZ) — wenigstens temporär — einen zweiten Telefon-Hauptanschluss gewähren. Heute stellt sich das LRZ so dar: … *sind die Standorte der Münchner Hochschulen, viele Studentenwohnheime, sowie einige außer-universitäre Einrichtungen wie z.B. die Bayerische Staatsbibliothek, Museen und Institute der Max-Planck- sowie der Fraunhofer-Gesellschaft angeschlossen. Insgesamt sind ca. 100.000 Endgeräte angebunden.*

Derartige Entwicklungssprünge in einer Spanne von nur 50 Jahren sind unfassbar.

Abschließend sei noch einmal hervorgehoben, dass dies keinerlei Biographie sein soll, vielmehr nur der kollektiven Erinnerung dienen möchte mit Hin- und Verweisen auf die Quellen. Wollte man es als Biographie etwa von Bauer verstehen, so fehlte als mindestes ein weit genaueres Eingehen auf ganz wichtige seiner überwältigenden Leistungen; u.a.

- der Aufbau der Abteilungen Mathematik [5] und Informatik [19] im Deutschen Museum,
- die Erwähnung seiner weiteren Medaillen und Würdigungen,
- der von ihm gestiftete F. L. Bauer-Preis und dessen Preisträger,
- seine vielfach aufgelegten Bücher zur Kryptographie [20],
- die zahlreichen Historischen Notizen im Informatik-Spektrum,
- seine kurze Geschichte der Informatik [21],
- die Herausgabe des Bandes zu 40 Jahre Informatik in München [25].

Ansätze zu seiner Autobiographie entnehme man dem Interview [127]. Erwähnt wurden hier immerhin die Anfänge der Marktoberdorfer Sommerschulen und der Ferienakademie im Sarntal.

Man mag sich wundern, dass bei Samelson manifeste Ergebnisse weit weniger zu beobachten sind als bei Sauer oder Bauer. Das war aber eine Art von „Aufgabenverteilung“. Bauer war nur einmal ganz kurz 1957/58 Gremienvertreter in dem Sinne, dass er der Gesamtheit zu dienen gehabt hätte; Samelson — viel zu früh verstorben — war Dekan, wie auch hochrangiger DFG-Vertreter. Er war die Seele des SFB 49. Jahrelang gehörte Samelson dem Präsidium der Gesellschaft für Informatik (GI) an, wo er insbesondere für Beziehungen zu auswärtigen Gesellschaften und als Vertreter in der Deutschen Arbeitsgemeinschaft für Rechenanlagen (DARA) tätig war. Als Vorsitzender der DARA war er deutscher Vertreter in der International Federation for Information Processing (IFIP). Im Deutschen Institut für Normung war er stellvertretender Vorsitzender des Normenausschusses für Informationsverarbeitung.

Dem für das Jahr 1981 geplanten 3. ECI-Kongress in München, dessen Präsidentschaft Samelson von der European Cooperation in Informatics übertragen worden war und der die 11. Jahrestagung der GI mit umfassen sollte, galten seine letzten organisatorischen Aktivitäten, als er gegen Ende des Wintersemesters 1979/80 die Arbeit völlig unerwartet einstellen musste.

# Literaturverzeichnis


[1] Materialien zur Entwicklung der Technischen Universität München von 1945 bis 1972, 1973. Siehe auch `https://www.titurel.org/Hist6070/THStatistik1973.pdf`.

[2] Aumann, G. *Reelle Funktionen*, Bd. 68 der *Grundlehren der mathematischen Wissenschaften – In Einzeldarstellungen*. Springer-Verlag, 1954. ISBN 978-3-662-42636-4.

[3] Aumann, G. *Reelle Funktionen*, Bd. 68 der *Grundlehren der mathematischen Wissenschaften – In Einzeldarstellungen*. Springer-Verlag, 1969. 2nd Edition.

[4] Bauer, F. L. Andrei — Eine Geschichte um Mathematik und Informatik. Privatdruck 1991.

[5] Bauer, F. L. Einladung zur Mathematik. Mathematik zum Begreifen und Erschauen — Begleitbuch zur Ausstellung Mathematisches Kabinett, ISBN 3-924-18349-X.

[6] Bauer, F. L. Beiträge zum Danilewski-Verfahren. In Lehmann [87], pp. 133–139. Vortrag, Internationales Mathematiker-Kolloquium: Aktuelle Probleme der Rechentechnik, Dresden, 22.–27. November 1955; erschienen beim Deutschen Verlag der Wissenschaft Berlin 1957; `https://www.titurel.org/Hist6070/BauerBDresden.pdf`.

[7] Bauer, F. L. Zusammenhänge zwischen einigen Iterationsverfahren der linearen Algebra. In Lehmann [87], pp. 99–111. Vortrag, Internationales Mathematiker-Kolloquium: Aktuelle Probleme der Rechentechnik, Dresden, 22.–27. November 1955; erschienen beim Deutschen Verlag der Wissenschaft Berlin 1957; `https://www.titurel.org/Hist6070/BauerADresden.pdf`.

[8] Bauer, F. L. *Andrei und das Untier. 6 Lektionen in Informatik.* Bayerischer Schulbuch-Verlag, 1972. ISBN-10: 3762730474, ISBN-13: 9783762730477.

[9] Bauer, F. L., Ed. *Advanced Course on Software Engineering*, vol. 81 of *Lect. Notes in Economics and Mathematical Systems.* Springer-Verlag, 1973.

[10] Bauer, F. L. Andrei and the monster — six lessons in Informatics, 1974. Translated by M. Woodger.

[11] Bauer, F. L., Ed. *Software Engineering — An Advanced Course*, vol. 30 of *Lect. Notes in Comput. Sci.* Springer-Verlag, 1975. ISBN-13: 978-3-540-37502-9, ISBN-10: 3540071687; Nachdruck der Ausgabe 1973, erschienen in den Lect. Notes in Economics and Mathematical Systems, Bd. 81.

[12] Bauer, F. L., Ed. *4th Intl. Conf. on Software Engineering, Sept. 17–19, 1979, TUM Munich* (1979), IEEE. Catalog No. 79CH1479-5C.




G. Schmidt, *Rückblick auf die Anfänge der Münchner Informatik*, Die blaue Stunde der Informatik, https://doi.org/10.1007/978-3-658-28755-9

[13] BAUER, F. L. Richard Baumann 70 Jahre, 1991. Mitteilungen der TU München 1991–92/Nr. 1.

[14] BAUER, F. L. *Kryptologie — Methoden und Maximen.* Springer-Verlag, 1993. ISBN 3-540-56356-3.

[15] BAUER, F. L. Die ALGOL-Verschwörung, 1994. Vortrag aus Anlaß des 60. Geburtstags von Hans Langmaack am 20. Mai 1994 zu Kiel; auch als artec-Paper Nr. 33, Dez. 1994, S. 42–55, 66–72.

[16] BAUER, F. L. *Decrypted Secrets — Methods and Maxims of Cryptology.* Springer-Verlag, 1997. ISBN 3-540-60418-9.

[17] BAUER, F. L. Robert Sauer 1898–1970 — Klaus Samelson 1918–1980. Tech. Ber., Informatik Club e.V., 1998. Mit Beiträgen von Oswald Giering, Roland Bulirsch, Hans Langmaack, Ludwig Morenz und Friedrich L. Bauer.

[18] BAUER, F. L. From the Stack Principle to ALGOL. In *Software Pioneers — Contributions to Software Engineering, Editors: Manfred Broy and Ernst Denert.* Springer, 2002, pp. 27–42.

[19] BAUER, F. L. *Informatik — Führer durch die Ausstellung.* Deutsches Museum München, 2004. ISBN 3-924-183-92-9.

[20] BAUER, F. L. *Decrypted Secrets. Methods and Maxims of Cryptology. Fourth, Revised and Extended Edition.* Springer-Verlag, 2007. ISBN 3-540-24502-2, XII + 524 p., 191 Fig., 29 Tab. and 16 Color Plates.

[21] BAUER, F. L. *Kurze Geschichte der Informatik.* Wilhelm Fink Verlag, 2007. ISBN 978-3-7705-4379-3, VI + 131 S.

[22] BAUER, F. L. Promotionsrecht und Rektoratsverfassung an der Technischen Hochschule München. *Informatik Spektrum 34* (2011), 220–221.

[23] BAUER, F. L., ET AL., Eds. *The Munich project CIP, Volume I: The wide-spectrum language CIP-L*, vol. 183 of *Lect. Notes in Comput. Sci.* Springer-Verlag, 1985. with H. Ehler, A. Horsch, B. Möller, H. Partsch, O. Paukner, P. Pepper; ISBN 3-540-18779-0.

[24] BAUER, F. L., ET AL., Eds. *The Munich project CIP, Volume II: The Program Transformation System CIP-S*, vol. 292 of *Lect. Notes in Comput. Sci.* Springer-Verlag, 1987. with H. Ehler, A. Horsch, B. Möller, H. Partsch, O. Paukner, P. Pepper; ISBN 3-540-18779-0.

[25] BAUER, F. L., ET AL., Hrsg. *40 Jahre Informatik in München: 1967–2007, Festschrift.* TUM, 2007.

[26] BAUER, F. L., GNATZ, R., UND HILL, U. *Informatik, Aufgaben und Lösungen, Erster Teil*, Bd. 159 der *Heidelberger Taschenbücher — Sammlung Informatik.* Springer-Verlag, 1975. ISBN 3-540-07007-9.

[27] BAUER, F. L., GNATZ, R., UND HILL, U. *Informatik, Aufgaben und Lösungen.* Verlag Mir, Moskau, 1975/1976. Beide Bände zusammen in kyrillischer Schrift; übersetzt und redigiert von Ershov.

[28] Bauer, F. L., Gnatz, R., und Hill, U. *Informatik, Aufgaben und Lösungen, Zweiter Teil*, Bd. 160 der *Heidelberger Taschenbücher — Sammlung Informatik*. Springer-Verlag, 1976. ISBN 3-540-07116-4.

[29] Bauer, F. L., und Goos, G. *Informatik, Eine einführende Übersicht, Erster Teil*, Bd. 80 der *Heidelberger Taschenbücher — Sammlung Informatik*. Springer-Verlag, 1971. ISBN 3-540-05303-4.

[30] Bauer, F. L., und Goos, G. *Informatik, Eine einführende Übersicht, Zweiter Teil*, Bd. 91 der *Heidelberger Taschenbücher — Sammlung Informatik*. Springer-Verlag, 1971. ISBN 3-540-05487-1.

[31] Bauer, F. L., Heinhold, J., Samelson, K., und Sauer, R. *Moderne Rechenanlagen - Eine Einführung*, Bd. 5 der *Leitfäden der angewandten Mathematik und Mechanik*. B. G. Teubner Verlagsgesellschaft Stuttgart, 1965.

[32] Bauer, F. L., Samelson, K., et al., Eds. *Language Hierarchies and Interfaces: An International Summer School* (1976), no. 46 in Lect. Notes in Comput. Sci., Springer-Verlag.

[33] Bauer, F. L., und Schmidt, G., Hrsg. *Erinnerungen an Robert Sauer* (1981), Springer-Verlag. Beiträge zum Gedächtniskolloquium anläßlich seines 10. Todestages, 75 Seiten, ISBN 978-3-540-10951-8.

[34] Bauer, F. L., und Weinhart, K. *Informatik*. Bayer. Schulbuchverlag, 1974. 156 Seiten, ISBN-13: 9783762730606.

[35] Bauer, F. L., und Wirsing, M. *Elementare Aussagenlogik*. Mathematik für Informatiker. Springer-Verlag, 1991. ISBN 978-3-540-52974-3.

[36] Bauer, F. L., und Wössner, H. *Algorithmische Sprache und Programmentwicklung*. Springer-Verlag, 1981. ISBN 3-540-09853-4; unter Mitarbeit von H. Partsch und P. Pepper; zum Andenken an Klaus Samelson.

[37] Baumann, R. ALGOL-Manual der ALCOR-Gruppe. Tech. Ber., Hrsg. von den Mitgliedern der ALCOR-Gruppe, 1961.

[38] Baumann, R. ALGOL-Manual der ALCOR-Gruppe (Teil 1). *Elektronische Rechenanlagen 5* (1961), 206–212.

[39] Baumann, R. ALGOL-Manual der ALCOR-Gruppe (Teil II). *Elektronische Rechenanlagen 6* (1961), 259–265.

[40] Baumann, R. *ALGOL-Manual der ALCOR-Gruppe — Einführung in die algorithmische Formelsprache ALGOL*. Oldenbourg-Verlag, 1964. 2. Auflage.

[41] Baumann, R., Hrsg. *Fachtagung Prozessrechner, München, 10.–11. März 1981* (1981), Bd. 39 der *Informatik-Fachberichte, Hrsg. W. Brauer*, Springer-Verlag.

[42] Baumann, R., Feliciano, M., Bauer, F. L., and Samelson, K. *Introduction to ALGOL – primer for nonspecialist, practical use of the algorithmic language*. Series in Automatic Computation. Prentice-Hall, 1964. ISBN 0-13-477828-6.

[43] BAYER, R., GRIES, D., PAUL, M., AND WIEHLE, H.-R. The ALCOR Illinois 7090/7094 post mortem dump. *Communications of the ACM 10*, 12 (1967), 804–808.

[44] BERGMANN, E., UND NOLL, H. *Mathematische Logik mit Informatik-Anwendungen*, Bd. 187 der *Heidelberger Taschenbücher — Sammlung Informatik*. Springer-Verlag, 1977. ISBN 978-3-540-08202-6.

[45] BIBEL, W., UND FURBACH, U. Formierung eines Forschungsgebiets — Künstliche Intelligenz und Intellektik an der Technischen Universität München. Tech. Ber. Preprint 15, Deutsches Museum, 2018. ISBN 978-3-940396-81-5, `https://www.deutsches-museum.de/fileadmin/Content/010_DM/050_Forschung/preprint-15-online.pdf`.

[46] BODE, A., BROY, M., BUNGARTZ, H.-J., UND MATTHES, F., Hrsg. *50 Jahre Universitäts-Informatik in München*. Springer-Verlag, 2017. ISBN 978-3-662-54711-3.

[47] BRAUER, W., Hrsg. *3. Jahrestagung der Gesellschaft für Informatik* (1973), Bd. 1 der *Lect. Notes in Comput. Sci.*, Springer-Verlag.

[48] BRAUN, S. *Algorithmische Linguistik*. Stuttgart u.a., Verlag Berliner Union / Kohlhammer, 1974. ISBN 3-408-53513-2, ISBN-13: 978-3-408-53513-8.

[49] BROY, M. *Informatik — Eine grundlegende Einführung, Teil I*. Springer Lehrbücher. Springer-Verlag, 1992.

[50] BROY, M. *Informatik — Eine grundlegende Einführung, Teil II*. Springer Lehrbücher. Springer-Verlag, 1993.

[51] BROY, M. *Informatik — Eine grundlegende Einführung, Teil III*. Springer Lehrbücher. Springer-Verlag, 1994.

[52] BROY, M. *Informatik — Eine grundlegende Einführung, Teil IV*. Springer Lehrbücher. Springer-Verlag, 1995.

[53] BROY, M., UND STEINBRÜGGEN, R. *Modellbildung in der Informatik*. Springer-Verlag, 2004. ISBN: 978-3-642-62267-0.

[54] BROY, M., AND WIRSING, M., Eds. *The Munich project CIP, Volume I: The wide-spectrum language 84 — by the CIP language group*. Technische Universität München, Institut für Informatik, 1983. with errata leaflet.

[55] DERICHSWEILER, F. *Strategiegesteuerte Transformation von Termgraphen*. PhD thesis, Universität der Bundeswehr München, 2002. Der Andere Verlag, ISBN 3-89959-026-0.

[56] DEUSSEN, P. *Halbgruppen und Automaten*, Bd. 99 der *Heidelberger Taschenbücher — Sammlung Informatik*. Springer-Verlag, 1971. ISBN 978-3-642-65275-2.

[57] DIENEL, H.-L., UND HILZ, H. *125 Jahre Technische Universität München 1868–1993*. Bayerns Weg ins technische Zeitalter. Hugendubel, 1993.

[58] DYSON, G. *Turings Kathedrale — Die Ursprünge des digitalen Zeitalters*. Propyläen-Verlag, 2012.

[59] EICKEL, J. Generation of Parsing Algorithms for CHOMSKY 2-Type Languages. Tech. Rep. TUM-INFO 6401, Technische Universität München, Institut für Informatik, 1964.

[60] EICKEL, J., Ed. *Compiler Construction — An Advanced Course* (1974), vol. 21 of *Lect. Notes in Comput. Sci.*, Springer-Verlag. ISBN 3-540-06958-5; Series Editors Gerhard Goos, Juris Hartmanis; 04.–15.03.1974 Munich.

[61] EICKEL, J., Hrsg. *Zielsetzungen und Inhalte des Informatikunterrichts* (1976), Ernst Klett Verlag Stuttgart. Sonderdruck aus Zentralblatt für Didaktik der Mathematik (ZDM 76/1); W. Brauer, V. Claus, P. Deussen, J. Eickel (Federführend), W. Haacke, W. Hosseus, C.H.A. Koster, D. Ollesky, K. Weinhart.

[62] EICKEL, J., PAUL, M., SAMELSON, K., AND BAUER, F. L. A Syntax Controlled Generator of Formal Language Processors. *Communications of the ACM 6* (1963), 451–455.

[63] EICKEL, J., UND WARLO, F. SAFRAN-Programmbeschreibung, 1965. Mathematisches Institut und Rechenzentrum der Technischen Hochschule München.

[64] FELDMAN, J., AND GRIES, D. Translator Writing Systems. *Comm. ACM 11*, 2 (1968), 77–113.

[65] FRIELINGHAUS, W., LANGMAACK, H., PAUL, M., UND SEEGMÜLLER, G., Hrsg. *Zweite Fachtagung über Programmiersprachen* (1972), Gesellschaft für Informatik, Bericht Nr. 4, GMD St. Augustin. Bericht 4; Saarbrücken, 07.–09. März 1972, 279 Seiten.

[66] Die flämische Hochschule in Gent — Reden zur feierlichen Übergabe und Wiedereröffnung, gehalten am 20., 21. und 24. Oktober 1916, 1917.

[67] GERLACH, W. *Humor und Witz in Schriften von Johannes Kepler.* Verlag der Bayerischen Akademie der Wissenschaften; in Kommission bei C. H. Beck, 1968.

[68] GERLACH, W. Johannes Kepler zum 400. Geburtstag, 1972. Festrede, gehalten in der Feierlichen Jahressitzung der Bayerischen Akademie der Wissenschaften am 4. Dezember 1971.

[69] GILOI, W. *Rechnerarchitektur*, Bd. 208 der *Heidelberger Taschenbücher — Sammlung Informatik.* Springer-Verlag, 1981. ISBN 3-540-10352-X.

[70] GNATZ, R., UND SAMELSON, K., Hrsg. *Methoden der Informatik für Rechnergestütztes Entwerfen und Konstruieren* (1977), Bd. 11 der *Informatik-Fachberichte, Hrsg. W. Brauer*, Springer-Verlag.

[71] GOOS, G. Studiengang Informatik — die Anfänge. In *Tagungsband 20. Kolloquium Programmiersprachen und Grundlagen der Programmierung, KPS'20* (2019), Shaker Verlag, pp. 89–99. 20. Kolloquium Programmiersprachen und Grundlagen der Programmierung, KPS'19, 23.–25.09.2019 Baiersbronn; ISBN 978-3-8440-6933-4.

[72] GRAU, A. A., HILL, U., AND LANGMAACK, H. *Translation of* ALGOL *60*, Bd. 137 der *Grundlehren der Mathematischen Wissenschaften.* Springer-Verlag, 1967. 397 Seiten; Handbook for Automatic Computation vol. Ib; Chief editor: Klaus Samelson.

[73] Gumin, H. Digital computers, mathematical logic and principal limitations of computability. In *Proc. of the IFIP Congress 62* (1962), North-Holland Publ. Comp., pp. 29–32.

[74] Gumin, H. The influence of programming languages on the organization of digital computers. In *Proc. of the IFIP Congress 62* (1962), North-Holland Publ. Comp., pp. 566–567.

[75] Hahn, W. *Elektronik-Praktikum für Informatiker*, Bd. 85 der *Heidelberger Taschenbücher — Sammlung Informatik*. Springer-Verlag, 1971. ISBN 3-540-05364-6.

[76] Hahn, W., und Bauer, F. L. *Physikalische und elektrotechnische Grundlagen für Informatiker*, Bd. 147 der *Heidelberger Taschenbücher — Sammlung Informatik*. Springer-Verlag, 1975. ISBN 3-540-06900-3.

[77] Hashagen, U. Mathematik für Ingenieure oder Stellenmarkt für Mathematiker — Die ersten 50 Jahre Mathematikunterricht an der TH München. In *Die Technische Universität München — Annäherungen an ihre Geschichte*, U. Wengenroth, Hrsg., Nr. 1 in FAKTUM — Fakten, Analysen, Konzeptionen. Technische Universität München, 1993, pp. 39–86.

[78] Hegering, H.-G., Hrsg. *50 Jahre LRZ — Das Leibniz-Rechenzentrum der Bayerischen Akademie der Wissenschaften — Chronik einer Erfolgsgeschichte.* LRZ, 2012. ISBN 978-3-00-038333-5.

[79] Hermes, H. *Aufzählbarkeit, Entscheidbarkeit, Berechenbarkeit. Einführung in die Theorie der rekursiven Funktionen*, Bd. 87 der *Heidelberger Taschenbücher — Sammlung Informatik*. Springer-Verlag, 1978. ISBN 978-3-540-08869-1.

[80] Höll, E., Schmidt, G., Ströhlein, T., und Wimmer, K. MASTER — Ein Programmsystem zur automatischen oder rechnerunterstützten Erstellung von Schulstundenplänen. Forschungsauftrag Stundenplan des Bayer. Staatsministerium für Unterricht und Kultus, Institut für Informatik, Technische Universität München, Interner Bericht, 1978. 171 Seiten.

[81] Hujer, M. *Arnold Schwarzenegger — Die Biographie.* DVA Spiegel Buchverlag, 2009.

[82] Kandzia, P., und Langmaack, H. *Informatik: Programmierung*, Bd. 18 der *Leitfäden der angewandten Mathematik und Mechanik LAMM.* B. G. Teubner Stuttgart, 1973.

[83] Krückeberg, F. Die Geschichte der GI, 2012. Gesellschaft für Informatik — 2. Auflage, `https://gi.de/fileadmin/GI/Hauptseite/Themen/geschichte-der-gi.pdf`.

[84] Kugler, B. *Kaiser Wilhelm der Große und seine Zeit.* R. Walther's Verlag, Leipzig, 1897. Jubiläumsausgabe 1797–1897.

[85] Langmaack, H. Klaus Samelsons frühe Beiträge zur Informatikentwicklung. *Informatik-Spektrum* (2002), 132–138.

[86] Langmaack, H., und Paul, M., Hrsg. *GI – 1. Fachtagung über Programmiersprachen* (1972), vol. 75 of *Lecture Notes in Economics and Mathematical Systems – Operations Research, Computer Science, Social Science*, Springer-Verlag. Bericht 3; München, 09.–11. März 1971.

[87] Lehmann, N. J., Hrsg. *Internationales Mathematiker-Kolloquium* (1957), VEB Deutscher Verlag der Wissenschaften Berlin.

[88] Lenz, H. *Mehr Glück als Verstand: Erinnerungen von Hanfried Lenz.* Books on Demand, Norderstedt, 2002. `http://www.amazon.de/Mehr-Glueck-Verstand-Hanfried-Lenz/dp/3831136181`; 334 Seiten.

[89] Nowacki, H., und Gnatz, R., Hrsg. *Geometrisches Modellieren* (1982), Informatik-Fachberichte, Hrsg. W. Brauer, Springer-Verlag. Fachtagung der GI und der TU Berlin, November 1982.

[90] Perlis, A. J., and Samelson, K. Report on the Algorithmic Language ALGOL by the ACM Committee on Programming Languages and the GAMM Committee on Programming. *Numerische Mathematik 1* (1959), 41–60.

[91] Petzold, H. *Moderne Rechenkünstler — Die Industrialisierung der Rechentechnik in Deutschland.* C. H. Beck, München, 1992. ISBN 3-406-35755-5.

[92] Proebster, W. E. An oral history conducted in 1993 by William Aspray, 1993. `http://ethw.org/Oral-History:Walter_Proebster`.

[93] Rechenberg, H., und Lagally, K. Einführung in die Theorie der Elementarteilchen — Ausarbeitung der Heisenberg-Vorlesung vom SS 61, 1962.

[94] Remmele, W., und Schecher, H., Hrsg. *Microcomputing — Berichte des German Chapter of the ACM, Tagung III/1979 am 24./25.10.1979 in München.* B. G. Teubner Stuttgart, 1979. ISBN 35190242259.

[95] Rutishauser, H. *Description of* ALGOL *60*, Bd. 135 der *Grundlehren der Mathematischen Wissenschaften.* Springer-Verlag, 1967. 323 Seiten; Handbook for Automatic Computation vol. Ia.

[96] Samelson, K. Probleme der Programmierungstechnik. In Lehmann [87], pp. 61–68. Vortrag, Internationales Mathematiker-Kolloquium: Aktuelle Probleme der Rechentechnik, Dresden, 22.–27. November 1955; erschienen beim Deutschen Verlag der Wissenschaft Berlin 1957; `https://www.titurel.org/Hist6070/SamelsonDresden.pdf`.

[97] Samelson, K., Ed. *ECI Conference 1976, Proceedings of the 1st Conference of the European Cooperation in Informatics Amsterdam* (1976), no. 44 in Lect. Notes in Comput. Sci., Springer-Verlag.

[98] Samelson, K., und Bauer, F. L. Optimale Rechengenauigkeit bei Rechenanlagen mit gleitendem Komma. *ZAMP — Zeitschrift für angewandte Mathematik und Physik IV*, 4 (1953), 312–316.

[99] Samelson, K., und Bauer, F. L. Maßnahmen zur Erzielung kurzer und übersichtlicher Programme für Rechenautomaten. *ZAMM — Zeitschrift für angewandte Mathematik und Mechanik 34*, 7 (1954), 262–272.

[100] Samelson, K., und Bauer, F. L. Sequentielle Formelübersetzung. *Elektronische Rechenanlagen 1* (1959), 176–182.

[101] SAUER, R. *Anfangswertprobleme bei partiellen Differentialgleichungen*, Bd. 62 der *Grundlehren der mathematischen Wissenschaften – In Einzeldarstellungen.* Springer-Verlag, 1952. ISBN 3-642-85597-9.

[102] SAUER, R. *Anfangswertprobleme bei partiellen Differentialgleichungen*, Bd. 62 der *Grundlehren der mathematischen Wissenschaften – In Einzeldarstellungen.* Springer-Verlag, 1958. 2. Auflage.

[103] SAUER, R. *Nichtstationäre Probleme der Gasdynamik.* Springer-Verlag, 1966. 195 Seiten.

[104] SAUER, R. *Differenzengeometrie.* Springer-Verlag, 1970. ISBN: 978-3-642-86412-4.

[105] SAUER, R., UND SZABÓ, I., Hrsg. *Mathematische Hilfsmittel des Ingenieurs – In Einzeldarstellungen mit besonderer Berücksichtigung der Anwendungsgebiete, Teil I*, Bd. 139 der *Grundlehren der mathematischen Wissenschaften.* Springer-Verlag, 1967.

[106] SAUER, R., UND SZABÓ, I., Eds. *Mathematische Hilfsmittel des Ingenieurs – In Einzeldarstellungen mit besonderer Berücksichtigung der Anwendungsgebiete, Teil III*, Bd. 141 der *Grundlehren der mathematischen Wissenschaften.* Springer-Verlag, 1968.

[107] SAUER, R., UND SZABÓ, I., Hrsg. *Mathematische Hilfsmittel des Ingenieurs – In Einzeldarstellungen mit besonderer Berücksichtigung der Anwendungsgebiete, Teil II*, Bd. 140 der *Grundlehren der mathematischen Wissenschaften.* Springer-Verlag, 1969.

[108] SAUER, R., UND SZABÓ, I., Hrsg. *Mathematische Hilfsmittel des Ingenieurs – In Einzeldarstellungen mit besonderer Berücksichtigung der Anwendungsgebiete, Teil IV*, Bd. 142 der *Grundlehren der mathematischen Wissenschaften.* Springer-Verlag, 1970.

[109] SCHECHER, H. Programmierung für eine Maschine mit erweitertem Adressenrechenwerk. In Lehmann [87], pp. 69–81. Vortrag, Internationales Mathematiker-Kolloquium: Aktuelle Probleme der Rechentechnik, Dresden, 22.–27. November 1955; erschienen beim Deutschen Verlag der Wissenschaft Berlin 1957; `https://www.titurel.org/Hist6070/SchecherDresden.pdf`.

[110] SCHECHER, H. *Funktioneller Aufbau digitaler Rechenanlagen*, Bd. 127 der *Heidelberger Taschenbücher — Sammlung Informatik.* Springer-Verlag, 1973. ISBN 978-3-540-06275-0.

[111] SCHIRMER, J., SCHMIDT, G., SCHWESINGER, B., STRÖHLEIN, T., UND WIMMER, K. METHUSALEM — Ein Programmsystem für die Zuweisung von Lehrkräften. Forschungsauftrag Lehrerzuweisung des Bayer. Staatsministeriums für Unterricht und Kultus am Math. Institut der Technischen Universität München, Abschlußdokumentation, 1973. 299 Seiten + 121 Seiten Programmteil.

[112] SCHMIDT, G. Das Computerprogramm als Flußdiagramm und in Matrizenschreibweise. In *Zensuren aus dem Computer — Objektivierte Auswertung programmierter Prüfungen*, H. Wölker, Hrsg. Manz-Verlag München, 1968, Kap. 4, pp. 145–150. Reihe Pädagogik – Didaktik – Methodik.

[113] SCHMIDT, G. *Relational Mathematics*, vol. 132 of *Encyclopedia of Mathematics and its Applications.* Cambridge University Press, 2011. ISBN 978-0-521-76268-7, xiii + 567 pages.

[114] Schmidt, G., und Ströhlein, T. Einige operative Ansätze zur Lösung von Stundenplanproblemen. Tech. Ber. 7312, Abteilung Mathematik der Technischen Universität München, 1973.

[115] Schmidt, G., and Ströhlein, T. A boolean matrix iteration in timetable construction. Tech. Ber. 7406, Abteilung Mathematik der Technischen Universität München, 1974.

[116] Schmidt, G., and Ströhlein, T. Some aspects in the construction of timetables. In *Proc. IFIP Congress 74 Stockholm* (Amsterdam, 1974), J. L. Rosenfeld, Ed., North-Holland, pp. 516–520.

[117] Schmidt, G., and Ströhlein, T. A boolean matrix iteration in timetable construction. *Linear Algebra and Its Applications 15* (1976), 27–51.

[118] Schmidt, G., and Ströhlein, T. Timetable construction — An annotated bibliography. *Computer Journal 23* (1980), 307–316. `https://doi.org/10.1093/comjnl/23.4.307`.

[119] Schmidt, G., und Ströhlein, T. *Relationen und Graphen.* Mathematik für Informatiker. Springer-Verlag, 1989. ISBN 3-540-50304-8, ISBN 0-387-50304-8.

[120] Schmidt, G., and Ströhlein, T. *Relations and Graphs — Discrete Mathematics for Computer Scientists.* EATCS Monographs on Theoretical Computer Science. Springer-Verlag, 1993. ISBN 3-540-56254-0, ISBN 0-387-56254-0.

[121] Schmidt, G., and Winter, M. *Relational Topology*, vol. 2208 of *Lecture Notes in Mathematics.* Springer-Verlag, 2018.

[122] Schmidt, H. Geheimrat v. Dyck zum 70. Geburtstag! *Die Technische Hochschule München — Nachrichtenblatt der Studentenschaft 1* (1926), 3–4.

[123] Schorn, G. *Mengen und Algebraische Strukturen — Grundlagen der modernen Mathematik für Naturwissenschaft und Technik an Hoch- und Fachhochschulen.* R. Oldenbourg Verlag München Wien, 1976. ISBN 3-486-20291-X.

[124] Schorn, G. *Zauberkunst.* epubli GmbH Berlin, 2018. ISBN 3746748615.

[125] Seegmüller, G. Some Remarks on the Computer as a Source Language Machine. In *Proc. IFIP Congress 62 Munich* (1963), Cicely M. Popplewell, Ed., pp. 524–525. A panel note with discussion.

[126] Seegmüller, G. *Einführung in die Systemprogrammierung.* Nr. 11 in Reihe Informatik. BI Wissenschaftsverlag, 1974. ISBN 3-411-01437-7.

[127] Siefkes, D., Hrsg. *Friedrich L. Bauer* (1999), Springer-Verlag. Pioniere der Informatik im Interview; ISBN 3-540-64857-7.

[128] Siegert, H.-J., Hrsg. *Virtuelle Maschinen: Nachbildung und Vervielfachung maschinenorientierter Schnittstellen* (1979), Bd. 18 of *Informatik-Fachberichte, Hrsg. W. Brauer*, Springer-Verlag.

[129] STEINBUCH, K. Technik und Gesellschaft im Jahre 2000. Tech. Ber., Deutsches Museum, 1968. 36. Jahrgang, Heft 2.

[130] STOER, J. *Einführung in die Numerische Mathematik I*, Bd. 105 der *Heidelberger Taschenbücher*. Springer-Verlag, 1972. ISBN 3-540-05750-1.

[131] STOER, J., UND BULIRSCH, R. *Einführung in die Numerische Mathematik II*, Bd. 114 der *Heidelberger Taschenbücher*. Springer-Verlag, 1973. ISBN 3-540-05924-5.

[132] STOER, J., AND BULIRSCH, R. *Introduction to Numerical Analysis*. Springer-Verlag, 1973. ISBN 3-540-05924-5.

[133] STOER, J., AND BULIRSCH, R. *Introduzione all'analisi numerica*. Nicolo Zanichelli, Bologna, 1975. übersetzt von C. Barozzi, ISBN 3-540-05924-5.

[134] STOER, J., AND BULIRSCH, R. *Wstęp do analizy numerycznej*. Państwowy Wydawnictwo Naukowe PWN, Warschau, 1987. übersetzt von Jerzy Cytowski, ISBN 3-540-05924-5.

[135] STOER, J., UND BULIRSCH, R. Einführung in die Numerische Mathematik, 1995. chinesisch.

[136] STOER, J., AND WITZGALL, C. *Convexity and Optimization in Finite Dimensions I*, vol. 163 of *Grundlehren der Mathematischen Wissenschaften – in Einzeldarstellungen*. Springer-Verlag, 1970.

[137] STRÖHLEIN, T. *Untersuchungen über kombinatorische Spiele*. Dissertation, Technische Universität München, 1970.

[138] STRÖHLEIN, T., AND ZAGLER, L. Analyzing games by boolean matrix iteration. *Discrete Mathematics 19* (1977), 183–193.

[139] STRÖHLEIN, T., UND ZAGLER, L. Ergebnisse einer vollständigen Analyse von Schachendspielen: König und Turm gegen König, König und Turm gegen König und Läufer, 1978. TUM-INFO-09-78-00-FBMA, 202 p.

[140] WEINHART, K., Hrsg. *Handreichungen für den Informatikunterricht in der Kollegstufe*. Abteilung Mathematik der Technischen Universität München, 1974. Bericht Nr. 7413.

[141] WEINHART, K., Hrsg. *Informatik im Unterricht – Eine Handreichung*. Nr. 2 in Mathematik, Didaktik und Unterrichtspraxis. Oldenbourg Wissenschaftsverlag, 1979. 209 Seiten, ISBN-13: 9783486226911.

[142] WENGENROTH, U. Die Technische Hochschule nach dem Zweiten Weltkrieg auf dem Weg zu High-Tech- und Massenbetrieb. In *Die Technische Universität München — Annäherungen an ihre Geschichte*, U. Wengenroth, Hrsg., Nr. 1 in FAKTUM — Fakten, Analysen, Konzeptionen. Technische Universität München, 1993, pp. 261–298.

[143] WIEHLE, H.-R., SEEGMÜLLER, G., URICH, W., UND PEISCHL, F. Ein Betriebssystem für schnelle Rechenautomaten — A monitor system for high-speed computers. *Elektronische Rechenanlagen 6*, 3 (1964), 119–125. heute: it – Information Technology.

[144] Wilkinson, J. H. *Rundungsfehler*, Bd. 44 der *Heidelberger Taschenbücher*. Springer-Verlag, 1969. 208 Seiten; engl. Original von 1963 übersetzt durch G. Goos.

[145] Wilkinson, J. H., and Reinsch, C. *Linear Algebra*, vol. 186 of *Grundlehren der Mathematischen Wissenschaften – in Einzeldarstellungen*. Springer-Verlag, 1971. 439 Seiten; Handbook for Automatic Computation vol. II; Chief editor: F. L. Bauer.

[146] Zemanek, H., Ed. *A quarter of a century of IFIP — The IFIP Silver Summary* (1986), North-Holland. ISBN 0 444 70003 x.

[147] Zirngibl, R. Curricularer Lehrplan und Handreichungen für die Berufsoberschule — Ausbildungsrichtung Technik und Gewerbe: Informatik, 1977. Rudolf Zirngibl: Teil III — Handreichungen.

# Index




G. Schmidt, *Rückblick auf die Anfänge der Münchner Informatik*, Die blaue Stunde der Informatik, https://doi.org/10.1007/978-3-658-28755-9

# Quellenangaben

Autor und Verlag verweisen auf die folgenden Quellen für eventuell Copyright-gebundenes Material; sie sind sehr dankbar soweit nötige Erlaubnisse und Genehmigungen explizit erteilt wurden.

Die Mehrheit der Fotos sind als private Schnappschüsse erkennbar; recht oft fotografierte Thomas Ströhlein. Das Foto der Altgeräte auf Seite 73 stammt von Ernst Graf. Die Fotos auf den Seiten 101 und 102 steuerte Günter Schorn bei. Andreas Battenberg fertigte Fotos der drei Tafeln im U-Bahnhof *Garching Forschungszentrum* auf den Seiten 166 und 176; es liegt die Genehmigung der Bahnhofsgestalter Haak & Nakat vor, dieses Sujet zu nutzen. Ferner stammen von ihm die Fotos des Hörsaalschildes von Seite 174 sowie der Dyck-Büste auf Seite 176. Die Zeitung *Le Dauphiné Libéré* übersandte dankenswerterweise das Bild der drei Ehrendoktoren auf Seite 172 mit der Genehmigung, es zu nutzen. Für die Abbildungen der Titelblätter der drei Museumsführer vom Deutschen Museum auf Seite 155 wurde die entsprechende Nutzungsgebühr entrichtet.

Weitere Fotos gehören zum Bestand der in TUM-Schriften vielfach genutzten Bilder: auf Seite 1 der Große Physik-Hörsaal, auf Seite 92 das Foto vom Treffen in Gatlinburg, auf Seite 163 die Aufnahme des Südgeländes der TUM, oder auf Seite 164 die Straßenansicht der Robert-Sauer-Bauten. Sie wurden vielfach genutzt und sind damit wohl gemeinfrei.


G. Schmidt, *Rückblick auf die Anfänge der Münchner Informatik*, Die blaue Stunde der Informatik, https://doi.org/10.1007/978-3-658-28755-9

springer.com

Organ der Gesellschaft für Informatik e.V. und mit ihr assoziierter Organisationen

Hauptherausgeber: Thomas Ludwig

Chefredakteur: Peter Pagel

ISSN: 0170-6012 (gedruckte Version)

ISSN: 1432-122X (elektronische Version)

# Informatik Spektrum

Hauptaufgabe dieser Zeitschrift ist die Publikation wissenschaftlicher Ergebnisse und aktueller, praktisch verwertbarer Informationen über technische und wissenschaftliche Fortschritte aus allen Bereichen der Informatik und ihrer Anwendungen in Form von Übersichtsartikeln und einführenden Darstellungen sowie Berichten über Projekte und Fallstudien, die zukünftige Trends aufzeigen.

Sie spricht alle Leser an, die sich in neue Sachgebiete der Informatik einarbeiten, sich weiterbilden oder sich einen Überblick verschaffen wollen. Damit wendet sie sich nicht nur an ausgebildete Informatikspezialisten, sondern auch an Praktiker, die neben ihrer Tagesarbeit die wissenschaftliche Entwicklung der Informatik verfolgen, sowie an Studierende an Hochschulen oder Universitäten, die sich Einblick in Aufgaben und Probleme der Praxis verschaffen möchten.

springer.com/journal/287

Part of SPRINGER NATURE

A78139